港口工程企业数智化转型路径研究与应用

何　军　著

中国矿业大学出版社
·徐州·

内容简介

在数字经济的推动下，港口工程企业正在积极探索数字化与智能化，推动技术转型，以带动企业升级和管理创新。本书旨在探索港口工程企业数字化、智能化转型的实施路径，内容包括：数智建造框架及模式、数智建造现状及其发展趋势、国内外企业数智建造典型案例、基于天津津港建设有限公司的案例分析及应用等。

本书是一部系统论述港口工程企业数字化、智能化整体规划和转型路径的著作，内容新颖丰富，既具有前沿性，又贴近实际应用。可供企业管理者、建设行业专业技术人员、高等院校相关专业师生学习参考，也可作为智能建造专业、港航工程专业备选教材。

图书在版编目(CIP)数据

港口工程企业数智化转型路径研究与应用 / 何军著.
徐州：中国矿业大学出版社，2025.4. — ISBN 978-7-5646-6769-6

Ⅰ. F550.6

中国国家版本馆 CIP 数据核字第 2025H9K952 号

书　　名	港口工程企业数智化转型路径研究与应用
著　　者	何　军
责任编辑	吴学兵
出版发行	中国矿业大学出版社有限责任公司 (江苏省徐州市解放南路　邮编 221008)
营销热线	(0516)83885370　83884103
出版服务	(0516)83885312　83884920
网　　址	http://www.cumtp.com　**E-mail**:cumtpvip@cumtp.com
印　　刷	苏州市古得堡数码印刷有限公司
开　　本	787 mm×1092 mm　1/16　**印张** 13.75　**字数** 262 千字
版次印次	2025 年 4 月第 1 版　2025 年 4 月第 1 次印刷
定　　价	60.00 元

(图书出现印装质量问题，本社负责调换)

前　言

当前，云计算、大数据、5G、人工智能、区块链等新技术方兴未艾，正持续推动产业革命向纵深发展，也加速了建筑企业数智化转型的进程，推动建筑企业从信息化到数字化，最终实现智能化升级。然而作为国民经济的支柱性产业，建筑业相比制造业、服务业等领域，长期面临着经济增长方式落后、行业整体效益低下、资源能源消耗较高、科技含量偏低等问题。在新一轮科技革命背景下，建筑企业正积极探索数字化与智能化转型路径以带动企业升级和管理创新。当前，数智建造技术及其应用方面存在如下问题：① 技术本身发展不成熟，存在泛化能力不足、兼容性差、应用成本高、专业人才短缺等问题；② 企业缺乏整体规划和科学布局，应用呈现零散化特征，易造成数据孤岛，难以形成持续性经济效益，劳民伤财；③ 跨项目、跨企业以及企业内部的数据信息难以共享，无法对数据资源进行大数据分析和深度利用。基于此，本书立足国家政策导向，借鉴国内外数智建造的先进实践与经验，提出港口工程企业数智化转型的可行路径，具体包括以下内容：

（1）搭建数智建造框架及模式。在明晰数智建造内涵的基础上，融合关键新兴技术，瞄准技术转型、业务转型、组织转型等角度，形成1个目标、2个层面、4个领域、1个引领的数智化框架体系，深层次剖析数智建造技术要素、业务要素、组织要素、人才要素对企业的应用启示。

（2）从定性与定量角度解析数智建造现状及其发展趋势。基于文献计量学分析建筑业与港口工程数智建造研究热点，为企业数智建造发展前景搭建基础；基于内容分析法和政策分析工具对数智建造政策文本进行导向解读，构建分析文本框架，从技术应用、业务优化、组织治理、人才培养、绿色建造方面为企业指明转型方向。

(3) 全面剖析国内外数智建造典型案例的转型经验和实施路径。结合实地调研与案例对比方法，挖掘宁波舟山港、大连港、日照港、欧洲鹿特丹港四大港口企业的数智化发展进程，从总体规划、信息化建设、智慧港口、绿色发展四个方面分析其优势及不足；结合资料分析与案例比对方法，调研中国国际工程咨询有限公司、上海建科工程咨询有限公司、重庆赛迪工程咨询有限公司、美国 AECOM 设计集团四大头部工程咨询企业，从 BIM 技术应用、信息管理平台运营、智慧工地建设、全生命周期管理四个方面总结企业在数智转型升级方面的特点、应用条件及不足。

(4) 深入探究天津津港建设有限公司数智建造发展状况。在明确企业文化、组织结构、主要业务和经验成果的基础上，分析公司企业层面与业务层面数智建造现状，运用横纵向对标分析方法评估公司数智建造整体发展水平，结合企业特点将数智建造阶段划分为规范级、场景级、领域级、平台级和生态级 5 个级别并做详细阐明，最后综合定位企业发展阶段。

(5) 从 SWOT 要素分析法解析公司数智建造发展策略。利用 SWOT 要素分析法对企业数智建造的战略环境进行有效识别，然后通过 SWOT-AHP 结合的定量分析方法构建层析分析模型，得出企业数智建造转型的发展对策。此部分研究将定量分析和定性分析相结合，为企业选择最优战略方案，也为其他建设企业发展提供案例借鉴。

(6) 系统划分天津津港数智转型发展目标与发展战略。在明确指导思想与基本原则的基础上，基于以上研究内容，详细阐述天津津港数智建造总体与分阶段的发展目标、发展战略，并从近期、中期、长期三个阶段制定出公司实施路径。

(7) 制定天津津港数智建造具体举措与实施保障。从组织治理、业务优化、技术创新、人才强企角度制定公司数智建造具体举措，分别规划近期、中期、长期发展任务，并对组织、制度、资金、人才、技术五个方面举措进行完善，以确保实施保障的成功转型。

(8) 提出现阶段重点建设任务。从组织治理、业务优化、技术创新、人才强企角度制定公司数智建造现阶段的重点建设任务。

本书在撰写过程中，得到了天津津港建设有限公司萧白、魏飞、左大伟等专业工程师的支持，得到了中国矿业大学许娜副教授及其课题团队的悉心指导。

数智转型方兴未艾。由于认识局限、水平有限，著者对数智建造的理解难免存在偏差，恳请广大读者不吝批评指正。

著 者

2024年9月

目　录

1 绪 论

1.1 研究背景

1.1.1 传统建造方式面临的挑战

我国是建造大国,但还不是建造强国。碎片化、粗放式的工程建造方式带来一系列的问题亟待解决,建筑产品质量性能欠佳、资源浪费大、环境污染、生产效率低等问题仍较突出。同时,社会发展的新需求也使得工程建造目标更加多元化、建造活动更趋复杂,传统建造方式面临巨大挑战,具体如下:

(1) 劳动生产效率低下。建筑业作为我国国民经济发展的支柱产业,在促进经济增长、带动相关产业发展、缓解就业压力以及提升民众生活质量方面发挥了重要的作用。2024 年,全国建筑业总产值 326 501 亿元,同比增长 3.9%;第二产业(包括工业和建筑业等)增加值 492 087 亿元,增长 5.3%,可见其国民经济支柱地位的稳固。然而研究表明,目前我国建筑业仍需投入大量劳动力,虽然通过加大劳动生产力的数量,确保了建设生产活动的平稳进行,但同时也存在着忽略提升劳动力的质量和难以提高机械化水平的问题。相较于其他行业,我国建筑业劳动生产率依旧处于低位,远不足机械行业的四分之一。从 2009 年以来,随着建筑市场劳动力结构的重组和乡村振兴战略的变化,农村富余劳动力逐渐流向第二、第三产业,建筑业用工难、用工荒等问题频现,劳动力成本也持续上升,此种情况下,继续使用传统作业方式,通过增加建筑业劳动数量投入的方式来发展建筑业已成为下策。

(2) 作业环境恶劣。建设工程的施工作业环境条件复杂多变,且工人作业活动方式多样,施工环境恶劣,导致作业过程中危险频发。首先,施工作业易受到恶劣自然环境的影响,施工作业过程中,工人露天作业量大、时间长,受气候条件影响较大。据统计,建筑项目施工作业中露天作业量可达总量的 70%,工人进行户外作业易受大风、暴雨和雷电等恶劣自然环境的影响,危险性大。其次,建设项目工序繁多,作业环境变化大,危险源难以有效甄别。建设项目从基础施工、主体工程施工到后期内部装修,工序、方法各异,这就导致隐藏的危险源众多，加大了危险源识别难度。除此之外，施工中高处作业多，防护不当，极易发生高处坠落等安全事故，而且施工作业面狭小，交叉作业多，常常受进度影响，需要多工种在同一工作面进行施工作业，导致危险源在有限的时空内高度集中，事故易发。

(3) 资源消耗严重。建筑业是国民经济的支柱，为我国社会经济发展和民生改善做出了重要贡献，但施工过程往往伴随着大量自然资源的消耗及对环境产生负面影响。据统计，建筑活动使用了人类所使用的自然资源总量的40%，能源总量的40%，而产生的建筑垃圾也占人类活动所产生的垃圾总量的40%。在建筑业所用的所有资源中，三大主要建筑材料——水泥、钢材和木材的消耗量巨大。除了建筑材料的大量消耗外，水、电等资源消耗也巨大，国家统计局数据表明，一个中型工地，每月的用水量在5 000吨以上，用电量也达到5万千瓦时，这些水和电都来自城市的生活用水和用电。因此，在2020年联合国大会上，中国承诺力争在2030年前实现碳达峰，2060年前实现碳中和，在建筑领域遵循可持续发展原则，将对人类实现可持续发展发挥极其重要的作用。

(4) 住宅使用寿命短。目前，我国每年老旧建筑拆除面积占新建建筑面积的40%，很多处于正常使用年限内的建筑被强行拆除，大幅缩短了住宅的使用寿命。按照我国的强制标准，普通建筑的合理使用年限是50年，但统计结果显示我国建筑平均寿命不到30年，而英国则超过130年。重复设计、拆建频繁，住宅生命周期过短，浪费严重。同时，也产生了大量的建筑垃圾，对环境产生了极大的威胁。

(5) 信息管理效率低。工程项目建设是一个涉及建设方、设计方、施工方、监理方等多个部门，需要处理和协调项目成本、质量、进度、材料等多个方面的系统工程。因此，信息管理的水平直接决定工程项目管理水平。然而，现在建筑行业信息化技术主要用在施工前期，如招投标、造价预算和施工组织设计等阶段，在施工中的进度、质量和成本控制等过程应用较少，这就导致企业不同项目、不同部门间的数据信息无法实现共享，设计、管理、生产的数据难以进行有效交流，造成各个流程中数据出现脱节；公司内外有效的信息交流存在壁垒，管理效率低下。以港口企业为例，从企业自身建设发展角度来看，企业建设仍过于依赖人的主观经验，管理方式相对传统，与绿色、智慧港口建设标准要求不匹配。

因此，引入和实践数字化、智能化技术，成为建筑行业改革和发展的必经之路。

1.1.2 建筑企业数字化上升为国家发展战略

随着大数据时代的到来，以5G、人工智能、大数据、物联网、云计算等为代表的新一代信息技术，正深刻改变社会经济的发展模式。建筑业作为国民经济的支柱产业之一，为我国经济持续健康发展提供了有力支撑，也在社会信息变革的浪潮中不断进行着产业变革。我国为扩大数智建造规模，提高数智建造发展质量，中央和地方陆续出台相关政策，为建筑企业提供了良好的数智建造政策环境。同时，在大数据浪潮下，大型建筑及建设管理企业纷纷探索数字化和智能化驱动的转型升级路径，即如何加快推动智能建造与建筑工业化协同发展，形成涵盖科研、设计、生产加工、施工装配、运营维护等全产业链融合一体的数智建造产业体系，走建筑业企业集约式高质量发展之路。

在信息技术蓬勃发展的潮流中，数智建造为建筑企业自身发展提供了良好的发展机遇，能否有效把握这一契机，关键在于企业如何立足自身实际加快推进信息化建设进程。具体而言，建筑企业面临的发展机遇如下：

(1) 我国建筑行业信息化水平提升空间大

我国建筑业普遍存在建筑体量大但建筑信息化水平低的现象，提升建筑业建造信息化水平将为建筑企业信息化提供巨大发展空间。建筑业是我国经济支柱型产业，近年来保持良好的增长态势，在国内 GDP 中的比重一直保持在 6% 以上，2023 年我国建筑业总产值达到 31.59 万亿元，2024 年达到 32.65 万亿元，其中建筑增加值达到 8.6 万亿元，在全球占据着重要地位。但与此相对的是，我国建筑业信息化率仅约 0.07%，与国际建筑业信息化率 0.5% 的平均水平相比，差距巨大。基于我国建筑业现有的体量测算，信息化率每提升 0.1% 将带动 300 亿元的市场增量。因此，我国建筑业未来在建筑信息化方面具有巨大提升空间，将为建筑企业信息化发展提供支撑。

(2) 信息技术助力建筑业产业革新

智能建造要求建筑企业更新原有落后的建造理念，将信息技术与实际工程建造结合以提升工程建造效率及信息化水平。BIM 技术的推广应用为建筑界带来了数字革命，为建筑全生命周期各个阶段共享标准信息提供了关键的技术平台，实现了信息的收集、传递、反馈及三维动态的可视化管理。物联网作为构建智慧建筑的神经传导系统信息的承载体，通过局域网和互联网让所有物体实现互联互通，全面激活建筑的感知能力并获取实时动态信息。在构建完整的建筑信息模型时，BIM 技术与物联网深度融合，将为建筑智慧化提供核心的基础支持。而人工智能、云计算和大数据技术则赋予建筑分析和学习能力，使建筑应用“决策”和“自学习”成为一种可能，并支撑建筑向智慧化深度发展。“BIM＋无人机”技术用于工程勘察测绘与施工现场分析，使无人勘察成为可能；“AI＋可穿戴设备”帮助现场工作人员提高工作效率；防护施工机器人用于提升施工现场安全性和效率；虚拟现实设备通过介入设计、施工、交付与运维全过程，给建设各参与方带来新体验；建筑设备分享经济模式帮助建筑企业降低成本；互联网金融支持建筑企业供应链融资管理；互联网保险为建筑企业提供更高效的财产与人身保障；区块链技术应用于提升建筑企业合同信用管理等方面，都是信息技术以智能建造的方式赋能建筑业，未来信息技术将赋予建筑业更智能的应用场景。

(3) 国家政策支持建筑业向智能建造方向发展

2022 年以来，国家多部委联合发文，将建筑行业数字化进程推向了新的发展高潮，仅住房和城乡建设部就颁布了多个指导意见推动信息化、数字化、智能化在产业内的布局。2022 年 1 月，为阐明"十四五"时期建筑业发展的战略方向，明确发展目标和主要任务，住房和城乡建设部印发了《"十四五"建筑业发展规划》，规划提出加快智能建造与新型建筑工业化协同发展，鼓励建筑企业、互联网企业和科研院所等开展合作，加强物联网、大数据、云计算、人工智能、区块链等新一代信息技术在建筑领域中的融合应用等；同年 10 月，发布了《住房和城乡建设部关于公布智能建造试点城市的通知》，选取北京、天津、重庆等 24 个城市作为智能建造试点城市。通知明确要求试点城市要积极探索适合本地区的智能建造发展路径，培育智能建造产业生态，加强技术研发与应用，推动智能建造与建筑工业化协同发展。2024 年 8 月，中央网络安全和信息化委员会办公室秘书局等 10 部门联合发布了《关于印发〈数字化绿色化协同转型发展实施指南〉的通知》。通知指出，推动建筑行业与互联网、大数据、人工智能等新一代信息技术深度融合，加强数字化绿色化技术在建筑领域的集成应用，打造绿色智能建造体系；同年 10 月，住房和城乡建设部正式印发了《"数字住建"建设整体布局规划》。该规划是住建领域数字化转型的纲领性文件，旨在通过数字化技术推动住房和城乡建设领域的全面升级，构建高效、智能、绿色的住建管理体系，明确了一系列发展目标、重点任务和保障措施，为住建行业的数字化转型提供了系统性指导。

建筑企业在信息技术推动建筑业变革的条件下，应抓住机遇进行信息化建设并响应国家数字化发展战略，改变粗放型劳动密集型生产方式，加快信息化、数字化、智能化转型步伐。因此，建筑企业需改变建筑行业传统的生产方式，加快信息化、数字化、智能化转型步伐。

1.1.3 市场竞争倒逼企业转型升级

以物联网、大数据、云计算、人工智能为代表的新一代信息技术正在不断培育新的产品形态和服务方式，从业务流程、商业模式、生态系统等多个方面重建各行业的运行模式，通过发挥数据作为新生产要素的价值创造作用，实现存量增加和增量拓展。行业之间的竞争日趋激烈，使得企业的发展遭遇了很大的压力，企业管理者为了获得更好的效益，不得不开始关注如何提高员工工作效率、降低成本、提高企业效益和竞争能力的问题。目前，我国建筑业存在快速扩张式发展的需要与建设施工技术落后的矛盾，普遍存在以下问题：

（1）施工管理不当

由于行业的特殊性，建筑企业对于施工过程中管理人员的学历水平等并不看重，而是优先看重其项目经验，而这些管理人员的知识和能力难以随着行业技术发展的变化而迅速转变，多数人仍然沿用老旧落后的管理方式。例如，为求中标而压低报价，导致施工后预算超支；对工程质量重视程度不足，导致项目返工和工期延迟等。这些管理不当所衍生的问题造成了不必要的损失和浪费，影响企业效益。目前很多工程企业都存在这样的施工管理不当的问题，需要得到重视，这是完善和加强数字化管理的紧迫性和必要性之所在。

（2）盈利能力不足

我国建筑业的产值和体量在世界大环境中处于领先地位，这得益于我国对于基础设施建设的重视和国内市场经济的不断发展，但建筑企业的盈利能力稍显不足，盈利率较低，部分建筑企业更是出现亏损。盈利能力的不足影响了我国建筑行业在世界市场中的占有率，与我国的大国地位不匹配。

（3）高素质人才流失严重

我国建筑企业不仅管理人员的管理水平有待提升，普通员工的素质也参差不齐。目前建筑行业固定员工人数较多，消化就业的能力较强，但是学历较低的施工人员占比较高，高素质人才极易流失，能够一直在建筑业从业的高级技术员工仍然较少。

（4）新技术和新管理思想的采纳率低

我国建筑企业的运营方式较为落后，除了必要的机器设备外，作业模式主要为人工作业和人为管理，人为管理则主要依靠于传统的管理经验，对于新技术和新管理方式的采纳率较低，与发达国家相差甚远。以设备使用费为例，目前我国建筑业中人均设备使用费仅为 1 万元，而发达国家则在 2 万美元以上。从企业的设备使用更新年限来看，目前我国建筑业平均设备使用年限为 15 年，而发达国家则为 5 年。

党的十八大之后习近平总书记提出了“一带一路”倡议，鼓励中国企业走出去，这对建筑企业提出了新的要求和挑战，对生产方式、生产结构、管理水平提出了更高的要求和标准，而数字化、智能化技术的发展为建筑企业提供了解决方案。

数字化、智能化技术赋予了企业更低的价格、更多的选择、更全面的信息、更好的可持续性以及更强的盈利能力，具体体现在以下几点：

首先，引入数字化、智能化技术有助于提高建筑企业的项目管理水平。工程项目建设是一项复杂且具有集约性的管理活动。建设的项目具有资金投入量大、项目周期长、涉及单位多等特点，因此项目管理工作也显得烦琐且难度大。采用传统的管理方式，项目管理效率低下，无法满足建筑企业快速发展的要求。建筑行业引入数字化和智能化管理，有利于健全管理体系，健全大数据收集体系，推动项目管理，以可靠的数据库提供智能决策依据，帮助企业实现全方位、高水平的项目管理，进一步优化项目管理水平。

其次，发展数字化、智能化技术有助于推动工程项目利润最大化。利用数字化手段将申请立项到项目完工交付的全过程归纳到一个完整的管理体系中，通过对项目过程中的环节进行评估和分析，使得工程项目的各阶段信息无缝对接。通过对各个环节的细节进行管理，帮助企业审视整个项目过程中的损耗和成本，将责任细分，出现问题有助于及时追溯到源头，推动项目利润最大化，提高建筑企业盈利率。

再次，发展数字化、智能化技术有利于提高建筑企业的知识管理层次和水平。随着“互联网＋”时代的来临，知识信息俨然成为社会现阶段的关键经济财富，企业和个人都需要对知识进行管理与应用，帮助其提高自身竞争力。在建筑业中，企业需要对企业及员工的隐性和显性知识进行转化和再利用。通过数字化、智能化技术，能够帮助企业收集和处理项目建设过程中产生的信息，同时，通过智能化技术手段进行信息与知识的整合、存储、转化及利用，从而进行不断创新，使企业的知识资产进一步壮大，不断提升管理效率和水平，提高企业的竞争能力。

最后，发展数字化、智能化技术有助于实现建筑企业整体运维模式的优化。随着我国整体经济结构的转型，建筑业也随之进入产业结构调整的阶段，在此背景下，建筑企业自身的运维模式只有不断地优化，形成优越的市场经济管理模式，才能在建筑业中立于不败之地。当前，各个建筑企业正在摸索优化策略，提高自身管理水平。数字化、智能化技术的引进，要求企业实现自身管理流程的重组和组织结构的对应调整，促进建筑企业优化整体运维模式。

1.2 研究价值和意义

本书以天津津港建设有限公司为研究对象，在建筑业数字化转型背景下，提出公司数智建造转型升级的战略和实现路径，具有非常重要的理论意义和实践意义，具体体现在以下几个方面：

(1) 提出的数智建造框架体系，为企业数字化和智能化转型指明方向。

数智建造是一个涉及多领域知识及多参与方的复杂过程，需要深入把握国际国内宏观经济环境、优势龙头企业的发展模式和先进经验，结合企业自身实际情况，以求突破和创新。本书通过分析建筑企业数智建造领域技术发展现状，政策导向及头部企业发展经验，构建了数智建造框架体系，提出了关键技术并搭建了业务应用框架。该框架可为建筑企业数字化和智慧化转型指明方向，对天津港探究数智建造转型路径、制定改革与发展方略具有指导作用。

(2) 为目标企业量身定制数智建造战略及实施路径，能够有效指导目标企业转型升级，提升企业竞争力。

在政策分析、应用现状分析、问卷调查等研究的基础上，本书利用量化分析模型揭示目标企业(天津津港建设有限公司)自身的竞争力及发展薄弱项，从多技术融合创新视角为数字化转型升级提供发展战略及实施路径，对于企业自我评价和促进企业高质量发展具有重要指导意义，能够有效指导目标企业转型升级，提升企业竞争力。

(3) 通过目标企业的示范引领作用，推动港口建设数字化转型升级。

本书旨在提升目标企业的行业竞争力，并通过其示范引领作用，推动港口建设行业数字化转型升级。同时，本书提出的数智建造整体解决方案亦可为同类型企业转型升级提供借鉴，加快推进我国建筑业持续健康发展。

1.3 研究内容、方法及思路

1.3.1 研究内容

(1) 数智建造框架及模式

对数智建造的相关概念进行界定，提出数智建造的目标，构建数智建造框架体系，从技术、业务、组织和人才的角度剖析数智建造的关键要素。通过对数智建造框架及模式的分析，为天津港数智建造解决方案提供理论指导。

(2) 数智建造现状及发展趋势分析

运用文献计量学方法分析数智建造相关研究成果，探究建筑业数智建造研究热点、港口项目数智建造研究热点。引入内容分析法，构建以政策工具、政策主体和政策价值导向为主体的多维分析框架，对我国数智建造相关政策文本进行量化分析，研究我国在数智建造领域的政策导向。通过对数智建造现状及发展趋势进行分析，为天津港数智建造解决方案指明发展方向。

(3) 国内外企业数智建造典型案例分析

采用实地调研和案例对比的方法，调研了舟山港、大连港、日照港、鹿特丹港 4 个数智化水平处于行业领先地位的港口企业，以及中国国际工程咨询有限公司、上海建科工程咨询有限公司、重庆赛迪工程咨询有限公司、美国 AECOM 设计集团等工程咨询企业。通过剖析行业头部企业在数智转型升级方面的特点、基础和应用条件，为天津港数智建造解决方案提供对比借鉴。

(4) 天津津港数智建造现状分析

对天津津港建设有限公司概况、企业文化、组织结构、主要业务和取得的经验成果进行分析，从企业层面和项目层面两个维度系统分析公司在数智建造领域的现状，并在企业层面对标分析行业头部企业，在项目层面对标分析先进典型项目的先进转型经验，最后，根据企业数字化转型指标，对公司数智建造整体水平进行评价。

(5) 天津津港数智建造发展策略分析

运用 SWOT 法(优势—劣势—机遇—挑战)剖析天津津港建设有限公司的数智建造发展要素，通过专家打分、调查问卷，运用层析分析法，构建公司发展策略的量化模型，对公司发展策略进行权重评估，制定对应的数智建造发展策略，为天津港数智建造的发展目标和发展战略提供策略支撑。

(6) 天津津港数智建造发展目标与发展战略

制定天津津港数智建造发展的指导思想、基本原则和整体框架，提出天津津港数智建造发展总体发展目标、分阶段发展目标、总体发展战略、分阶段发展战略。

(7) 天津津港数智建造具体举措与实施保障

从组织治理、业务优化、技术创新、人才强企 4 个角度给出天津津港数智建造的具体举措，从组织保障、制度保障、资金保障、人才保障、技术保障 5 个角度提出天津津港数智建造的实施保障。

(8) 当前重点建设内容

围绕数智建造 1.0 阶段的发展目标和战略，从组织治理、业务优化、技术创新、人才强企 4 个维度进一步明确公司在本阶段内的重点建设任务，提出"三大支撑、四个平台、五条路径、七项内容"的"3457"路径，实现数智建造关键技术在重点项目中的深度应用，保障数智化总体水平由场景级迈向领域级的平稳过渡。

1.3.2 研究方法

采用理论研究和实证分析相结合、宏观认识和微观分析相结合、定性分析和定量分析相结合的方式进行系统研究，以历史归纳法和逻辑演绎法进行补充研究，并在必要部分进行测算或案例应用分析。具体研究方法有：

(1) 文献分析法

文献分析法是国内外普遍采用的一种科学研究方法，通过互联网、电子文献检索系统，广泛搜集、查阅、鉴别、整理和分析获得的文献资料，形成对于事实的科学认知。

本书通过查阅各大文献数据库、政府工作报告和法规政策数据库以及相关网站，对计算机领域关键技术及建筑领域、工程咨询领域、港口领域的现状进行系统梳理、归类总结，明晰领域内相关理论和概念的内涵，了解领域内学术研究和应用现状，为研究提供理论基础与数据支持。

(2) 文献计量学方法

文献计量学是以文献为研究对象，借助文献的各种特征，采用数学和统计学的方法来描述、评价和预测研究领域的现状及发展趋势。Citespace 作为分析和可视共引网络的可视化软件，具有强大的文献分析功能，通过关键词共现、机构分布、作者合作网络等算法，绘制某一领域的知识图谱，可用于展示和分析该领域学科前沿的演进趋势和热点动向，帮助学者快速了解该领域的相关状况，是一种文献综述定量分析方法。

研究聚焦于计算机领域、建筑业发展领域、港口建设领域内相关的数字化和智能化发展的核心文章，针对其关键词进行时间演变分析及文章主题聚类等分析，探究数智建造领域研究前沿随时间的变化趋势及其演化路径，探究领域内不同研究前沿间的内部联系，从而在理论研究层面为津港建设数智建造提供解决方案。

(3) 内容分析法

内容分析法是一种通过深入分析研究对象来探究本质的方法，其本质是分析文献内容所蕴含的信息量及其变化，以求通过数据对内容进行可再现地、有效地推断。它可以将非结构化文本转化为可量化数据，并将分析结果采用统计数字描述，通过对文献内容"量"的分析，找出能够反映文献内容的一定本质方面而有益于技术的特征。

本书以国家层面的数智化政策为研究对象，构建政策文本分析框架，对政策文本内容进行编码和频数统计，在量化分析的基础上对我国数智化政策进行客观评价，从而在国家政策层面为津港建设数智化转型提供解决方案。

(4) 比较借鉴法

本书对国内外头部企业转型发展相关成果进行借鉴，对比分析企业在智能生产与现场管控能力、一体化运营管理能力、需求定义能力、快速响应能力、增值服务能力等方面的转型发展措施，从而在市场和产业层面为津港建设数智化转型提供解决方案。

(5) 现实案例调查法及访谈法

现实案例调查法是深入研究内部，向被访企业或者研究目标了解情况和获取信息，以达到对相关问题的客观了解和认识的有效方式，其一般为访谈调研形式，并辅助以问卷调查形式和关键指标专家打分等方法。

本书采用线上访谈、实地访谈交流的方式，获取天津津港建设有限公司不同层级人员的想法构思、工作方式等信息；通过分析报告及相关资料的整理汇总，获得公司在战略方面的较新数据与资料；对收集到的第一手信息，进行数据处理和数据分析，并用图表的形式进行辅助表达，为后续的研究提供足够的数据基础。

(6) SWOT-AHP 分析模型

SWOT 分析法是将研究对象的内部优势（strengths）和内部劣势（weaknesses）及其所处外部环境的机会（opportunities）和威胁（threats）4 个方面的因素结合考虑，从而制定出与内部条件与外部环境相适应的发展战略，该方法常被用于组织制定企业战略中。为了弥补 SWOT 分析法在研究中忽略分析要素的重要性等问题，引入层次分析法，将 SWOT 分析法与层次分析法（AHP）结合起来，以系统评估决策过程中各要素的优先权数。通过对 SWOT 中各要素进行两两比较，并应用特征值方法进行分析，增强了 SWOT 分析在战略决策应用中的能力。

本书运用 SWOT 分析法和 AHP 法相结合的方法，构建出一个定量分析和定性分析相结合的分析模型，来探究天津港数智建造转型的定位及战略方向，该方法的运用对系统分析我国数智发展面临的内外部环境和发展路径具有十分重要的现实意义。

1.3.3 研究思路及技术路线

本书首先通过分析研究界定了数智建造的概念和目标，基于数智建造关键技术、数智建造技术业务运用、数智建造人才保障和数智建造组织保障 4 个维度构建数智建造框架。其次，基于顶层框架从 4 个层面去深入探究数智建造领域应用现状：利用文献分析法和文献计量学方法探究数智建造领域研究前沿随时间变化的趋势及演化路径，明晰数智建造技术的发展方向；利用基于政策工具的内容分析法对国内政策文本进行解读，从国家层面获悉政府对企业当前数智建造转型发展的引导方向和具体要求；并采用现实案例调查法和比较借鉴法分析国内外港口企业和工程咨询行业在数智建造转型升级方面的特点、基础和应用条件，为天津港数智建造提供经验借鉴。再次，通过 SWOT-AHP 分析模型的方法去剖析天津津港建设有限公司的特点，并确定天津津港建设有限公司选择的战略。最后，提出了天津津港数智建造战略及发展路径和具体举措。研究思路如图 1-1 所示。

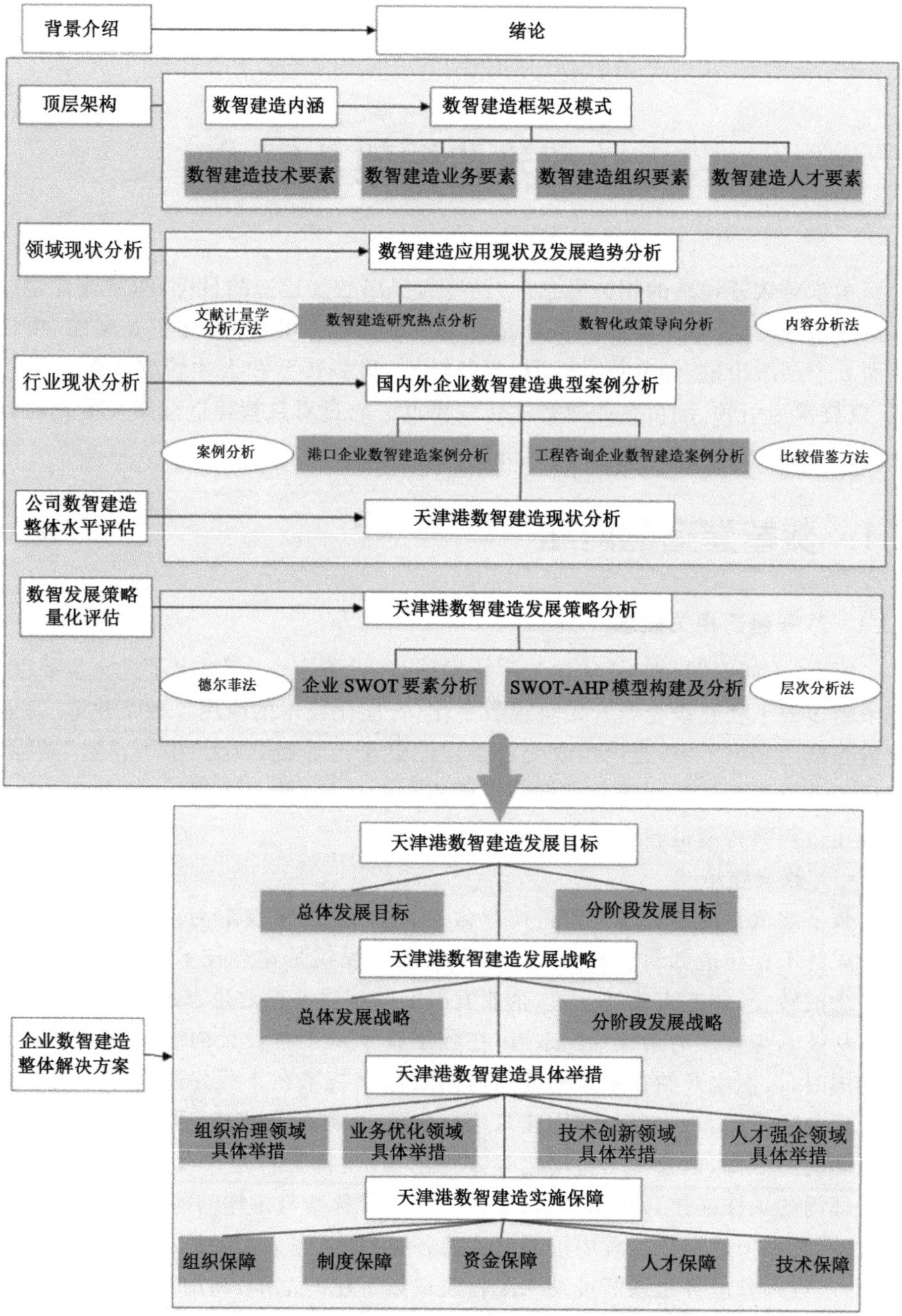
背景介绍
绪论
顶层架构
数智建造内涵
数智建造框架及模式
数智建造技术要素
数智建造业务要素
数智建造组织要素
数智建造人才要素
领域现状分析
数智建造应用现状及发展趋势分析
文献计量学分析方法
数智建造研究热点分析
数智化政策导向分析
内容分析法
行业现状分析
国内外企业数智建造典型案例分析
案例分析
港口企业数智建造案例分析
工程咨询企业数智建造案例分析
比较借鉴方法
公司数智建造整体水平评估
天津港数智建造现状分析
数智发展策略量化评估
天津港数智建造发展策略分析
德尔菲法
企业SWOT要素分析
SWOT-AHP模型构建及分析
层次分析法
天津港数智建造发展目标
总体发展目标
分阶段发展目标
天津港数智建造发展战略
总体发展战略
分阶段发展战略
企业数智建造整体解决方案
天津港数智建造具体举措
组织治理领域具体举措
业务优化领域具体举措
技术创新领域具体举措
人才强企领域具体举措
天津港数智建造实施保障
组织保障
制度保障
资金保障
人才保障
技术保障

图 1-1　技术路线图

2 数智建造框架及模式

本章对数智建造的相关概念进行界定，提出数智建造的目标，构建数智建造框架体系，针对天津津港建设有限公司是项目型企业的特点，从企业层面、项目层面2个层级出发，划分技术转型、业务转型、组织转型和人才转型4个转型领域，以技术为引领，剖析企业数智化转型要点。通过对数智建造框架及模式的分析，为天津港数智建造解决方案提供理论指导。

2.1 数智建造的内涵

2.1.1 数智建造相关概念

国家"十四五"规划对"加快数字化发展，建设数字中国"提出了进一步要求，越来越多的工程建设企业开始重视数字化、智能化技术的应用。数字建造、智能建造等概念层出不穷，正悄然改变着工程建造全产业链，成为"中国建造"做强、做优的重要抓手。数智建造具有广泛而深刻的内涵，涉及数字建造、智能建造、数智建造与数智建造转型4个方面的含义。

(1) 数字建造

数字建造指的是在新一轮科技革命大背景下，数字技术与工程建造系统融合形成的工程建造创新发展模式。数字建造不仅仅是建造技术的提升，更是经营理念的转变、建造方式的变革、企业发展的转型以及产业生态的重塑。

从技术与管理的集成维度来看，在数字技术从工程设计向施工领域逐渐渗透的同时，人们也开始在更大的范围内探索数字技术在工程建造全寿命周期集成管理中的应用。一方面，利用建筑信息建模、多维信息集成、可视化虚拟仿真、信息驱动的协作，以及施工自动化等数字化技术，将工程建设项目中独立的、各业务部门的工作连接与集成起来，增强工程项目各参与主体间的沟通、交流与合作，协调处理项目交付过程中可能遇到的各类问题，完成项目的综合目标。另一方面，工程运营服务也逐渐被纳入工程建造数字化的范围，利用数字工具来改善工程产品的整个交付和运维服务流程，使建筑环境的交付、运营和更新更加协调、安全、高效，确保在建造过程全寿命周期的每一个阶段都能获得更好的结果。

因此，可以从以下两个维度理解数字建造的概念：① 数字建造的方法。利用信息技术、传感器技术及其他先进的数字化技术。② 数字建造的目的。实现数字链驱动下的立项策划、规划设计、施（加）工生产、运维服务一体化集成与高效协同。

（2）智能建造

智能建造是人工智能技术在工程建造全寿命周期中融合应用所涉及的理论、技术和方法，目前还未形成系统化的体系。其相关研究与实践主要包括工程智能化设计、智能化施工、智能化运营以及智能化管理。

“智能”是理解智能建造内涵的重点，即能够捕捉场景信息，并做出适当的反应。新一代智能技术已经进入了以万物互联和深度学习为支撑的数字逻辑推理阶段，以数字化为前提，借助网络实现多种异构设备集成，支持用户参与，利用传感网络采集海量数据，在各种智能算法的支持下，发挥云计算和高性能计算能力，进行知识发现、组合与应用，从而实现智能化的生产与服务。

因此，智能建造可以理解为是以数字建造为基础，通过规范化建模、全要素感知、网络化分享、可视化认知、高性能计算以及智能化决策支持，进而促进工程价值链提升和产业变革。

（3）数智建造

从字面意思理解，数智建造即“数＋智＋建造”。因此，数智建造是数字建造与智能建造的有机统一，即从工程建造行业现状出发，以数字建造为切入点，补足工程建造机械化、自动化方面的短板，切实推进工程建造的数字化变革，在逐步提升工程建造整体效率的同时，为智能建造积累数字资源，同时积极应用人工智能技术发展的最新成果，有序统筹工程建造自动化、数字化、智能化、智慧化的协调发展，为用户提供以人为本、绿色可持续的工程产品与服务。

（4）数智建造转型

转型一词从组织变革角度而言指的是组织内部的根本变化，它对战略、组织结构以及权力分配会产生重大影响。随着大数据、5G、人工智能等技术的发展，数智建造研究已从数字化和智能化技术的开发应用层面，逐步提升至助力企业实现转型升级的战略高度。因此，数智建造转型被视作企业和行业在受到数智建造影响时所引起的动态变化，即数智建造的过程及其后续影响被定义为数智建造转型。

从行业角度出发，数智建造转型以数字建造技术为基础，人工智能为手段，企业组织制度流程优化重构和人才为保障，进而实现行业在数字化技术支撑下的组织业务创新发展。从企业角度出发，数智建造转型的重点不仅仅局限于技术，还包括管理方式、商业模式和客户关系等，需要企业积极地设计方案和实行变革。因此，数智建造转型主要分为以下2个方面：一方面是先进技术的实施和使用；另一方面是组织使用新技术并以新颖且不同的方式来开展业务。

本书认为数智建造发展需要新的业务模式、技术应用、组织流程以及良好的文化、领导力和风险承受能力，并改善组织与员工、客户、供应商、合作伙伴和相关利益者的关系，从而在不断变化的数字经济中更有效地竞争，这一过程就是数智建造转型。

(5) 数字建造、智能建造、数智建造与数智建造转型的关系

广义上来说，数字建造、智能建造、数智建造三者的概念可以通用，而从狭义上来看，三者的概念又各有侧重。表2-1对数智建造相关概念进行了对比分析。

表2-1　数智建造相关概念对比分析

<table>
<tr><th>方面</th><th>侧重点</th><th>驱动因素</th><th>宏观角度</th></tr>
<tr><td>数字建造</td><td>实现数字链驱动下的立项策划、规划设计、施(加)工生产、运维服务一体化集成与高效协同</td><td>数字技术</td><td rowspan="4">数字化建造和智能建造是工程建造发展的不同阶段，智能建造是在数字建造的基础之上实现的</td></tr>
<tr><td>智能建造</td><td>建造过程中的相关对象具备感知能力、思维与判断能力、学习能力、自适应能力、行为决策能力</td><td>人工智能技术</td></tr>
<tr><td>数智建造</td><td colspan="2">数字建造＋智能建造的有机统一</td></tr>
<tr><td>数智建造转型</td><td>业务和技术产生交互，改变传统的建造方式和管理方式</td><td>技术＋组织＋业务</td></tr>
</table>

2.1.2　数智建造目标

经过几十年的发展，数智建造相关技术已经形成了一个丰富的技术体系，从最初网络时代的互联和感知时代的互通，逐渐发展到现在的智能，其满足的需求和追求的目标也在逐步提升。如图2-1所示，从数智建造相关技术的发展趋势来看，数智建造的最终目标在于遵循“适用、经济、绿色、美观”的建筑方针，为用户提供“以人为本，绿色可持续”的工程产品和服务。具体体现在以下3个方面：

(1) 满足以人为本的服务需求，用户对工程产品和服务的需求是不断变化的，且要求越来越高，个性化的定制需求正在逐步代替传统的共性需求，工程建造产品不再只是一个被动的空间、物质范畴，而是一个能够与用户进行互动的对象，能够更主动地识别、理解并响应人的个性化行为和要求。

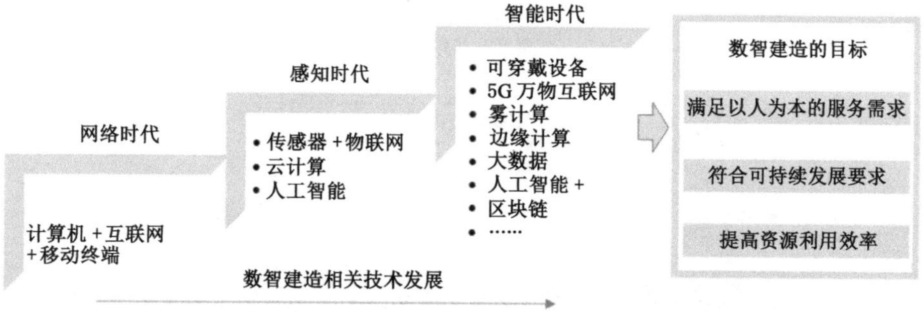

图 2-1 数智建造相关技术的发展

(2) 符合可持续发展要求。工程建造活动、产品和服务要遵循生态环境保护和可持续发展理念,充分考虑所处的环境特征,避免影响生态环境,最终实现工程建造与生态环境的有机融合和可持续发展。

(3) 提高资源利用效率。资源利用效率直接反映工程建造生产力发展水平,同时也决定工程建造企业的经营效益。工程建造涉及大量资源的使用,其中包括各种物质资源、数据信息和知识资源,如何提升各种有形和无形资源综合利用效率,最大限度减少工程建造过程中资源的浪费,以尽可能少的资源与时间投入,交付功能更为丰富、品质更为优良的工程产品与服务,并在整个产业体系中构建高效的资源循环利用模式,是数智建造追求的重要目标。

2.2 数智建造转型框架设计

成功的数智建造转型需要合理且适合的顶层设计。结合当前企业数字化转型的框架体系,构建天津津港建设有限公司的数智建造转型框架如图 2-2 所示,形成 1 个目标、2 个层面、4 个领域、1 个引领的数智化转型体系。

1 个目标:提升企业竞争力。

2 个层面:考虑到天津津港建设有限公司是项目型企业,优先发展项目层面的数智化转型,能带动企业层面的整体转型,因此设计了项目层面和企业层面 2 个层面,以工程项目的价值带动企业整体转型升级。项目层面指围绕工程项目的数智化转型,目的是为单个项目降本增效,如智慧工地建设、BIM 深入应用等。企业层面指围绕企业管理和业务转型的数智化建设,目的是提升企业的核心竞争力,如大数据辅助管理决策、企业知识库构建等。

4 个领域:通过技术转型、业务转型、组织转型、人才转型,共同推动企业和项目层面转型,这 4 个转型领域也是企业数智化转型的根本任务,组织是企业数

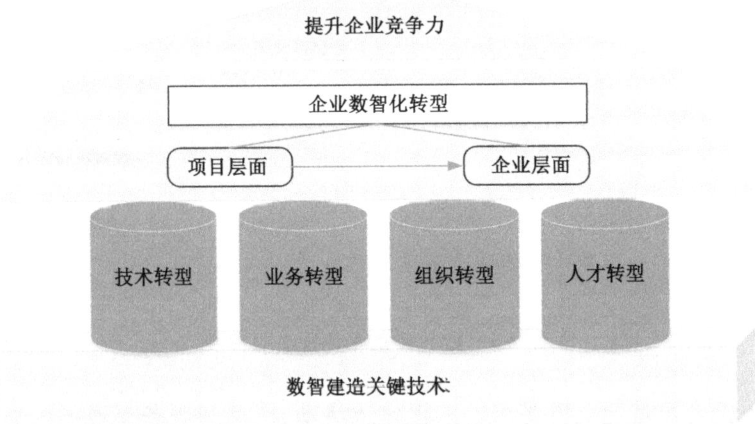

图 2-2　天津津港数智建造转型框架

智化转型的保障，业务是企业数智化转型的根本任务，技术是企业数智化转型的根基，人才是企业数智化转型的第一动力，企业通过数智技术重构企业组织和企业业务，而数智技术掌握在人才手里。

业务转型指企业通过全价值链的数字化变革实现运营指标的提升，包括在销售和研发环节利用数字化手段增加收入，在采购、制造和技术部门利用数字化技术降低成本，在供应链、资本管理环节利用数字化方式优化现金流。

技术转型是指搭建企业数字化转型所需的工业物联网架构和技术生态系统。工业物联网架构是支撑数字化业务用例试点和推广的"骨骼"，数据架构是确保"数据—信息—洞见—行动"能够付诸实现的"血液"，而整体架构的构建需要始终以数字化转型的终极目标为导向。技术生态系统则是一个囊括外部丰富数字化智慧和能力的"朋友圈"，数字化用例的部署、数字化技术的迭代创新以及新技术的引进，都离不开技术生态系统其他合作伙伴的支持。成功的技术转型需要健全物联网架构，创造并引领主题明确的技术合作伙伴生态圈，促进企业借力合作，取长补短，共同发展。

组织转型是指在组织架构、运行机制和组织文化上的深刻变革。成功的组织转型是一场自上而下推动的变革，需要企业高层明确目标，构建绩效基础架构，成为指导转型行动方向的"大脑"；形成转型举措和财务指标的映射，成为反映转型业务影响的"眼睛"；树立全组织一致的变革管理理念和行为，成为引领组织上下变革的"心脏"。

人才转型是指数智化人才团队的构建，弥补员工的能力差距，营造数字化知识学习的文化氛围并使之传承下去；推进数字化能力和人才梯队的建设，组成推动转型大规模推广的“肌肉”；构建敏捷型组织和团队，为又快又好实施和优化转型举措储备人才。

1 个引领：以数智建造关键技术引领企业数智化转型。目前，以建筑信息模型(building information modeling，BIM)技术、物联网、人工智能、云计算、大数据与 3D 打印为代表的技术手段为数智建造转型夯实了坚实基础。

2.3 数智建造技术要素

罗兰贝格国际管理咨询有限公司总结出最能引导行业变革的 8 大技术分别是物联网、人工智能、机器人、3D 打印、增强现实、虚拟现实、智能装备和建筑机器人技术及区块链。目前建筑业应用的比较核心的技术还包括 BIM、大数据、云计算和数字孪生。

数智建造融合了 BIM 技术、数字孪生、物联网、人工智能、云计算、大数据、3D 打印、区块链、虚拟现实、智能装备和建筑机器人等技术，它们互相独立又互相联系，共同构成了数智建造的关键技术体系，是数智建造的技术基础，如图 2-3 所示。BIM 技术和数字孪生是贯穿工程项目全生命周期的协同平台技术，物联网和云计算技术可实现对工程大数据的实时追踪、采集和存储，区块链技术是数据安全的保障，大数据和人工智能技术则起到“大脑”的作用，实现对工程大数据的挖掘、分析和应用，虚拟现实技术是实现对工程项目的可视化，而 3D 打印、智能装备和建筑机器人是建造方式的转变，这些技术共同实现数智建造场景。

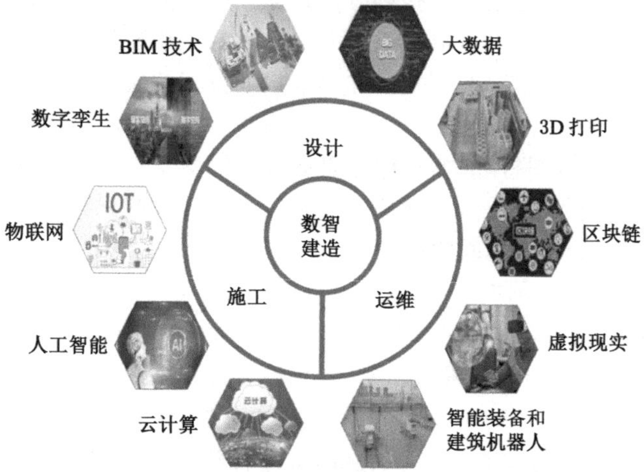

图 2-3 数智建造领域关键技术

2.3.1 BIM 技术

BIM 技术是对建设工程及其相关设施的物理和功能特征的数字化表述[1]，是以三维模型的形式表达建筑设施，可将其理解为一个将建筑工程全部信息储存在内部的大型数据库。这些隐藏在三维模型背后的信息使 BIM 不仅仅是一个三维可视化的工具，而是可在建筑工程全生命期内提供关于建筑的各种信息的数据源。其三维可视化的特性已在多个施工场景中得到了应用，同时作为建筑信息数据库，还能与其他智能建造技术相结合提供数据基础；也可对模型或软件进行二次开发；或者通过另行开发的 BIM 应用平台与其他技术相结合。BIM 技术的典型应用如图 2-4 所示。

(1) 深化设计

BIM 技术三维可视化的特性解决了二维图纸在结构空间关系表达上的困难，因此被广泛用于复杂构造、复杂节点等的深化设计，如钢结构、钢骨混凝土节点等[2]。在装配式结构中 BIM 技术用于 PC(precast concrete，混凝土预制)构件或钢构件的拆分工作，生成的深化设计成果还可与工厂设备对接进行数字化加工。二次结构施工中可应用 BIM 技术进行排砖优化、洞口预留、用量统计等[3]。BIM 技术还提供碰撞检测功能，用于在施工之前消灭各种建筑结构构件间的冲突问题，避免因冲突而发生变更和返工。在港口设计中 BIM 技术被广泛应用于工程环境现实重构、方案设计、港口场平设计、互通、引桥、码头建模、工程量统计和二维出图等，设计人员也可利用渲染软件对 BIM 模型进行方案可视化的展示与成果交互，如为了提高水运工程港口规划和设计阶段的质量，将 BIM 技术引入港口设计中，通过三维参数化建模方法建立港口三维模型，实现参数调整方案的迭代优化，并通过倾斜摄影方法建立三维实景模型，分析码头设计的合理性，优化方案布置。同时，BIM 技术可实现二维出图并进行工程量计算，通过实时渲染实现可视化方案的交付，以此提高设计方案的质量[4-5]。

(2) 施工质量

在 BIM 中以“按图钉”的方式标记质量检查信息，将质量检查信息化[6]。马智亮等依据国家施工验收标准，将施工质量验收属性关联到三维实体元素上，利用算法在 BIM 中自动生成验收任务[7-8]。

(3) 施工安全

建筑行业历来是工伤事故发生率最高的行业之一。工程施工前使用 BIM 技术可对施工中的危险因素进行识别，找到施工过程中潜在的危险源，如施工过程中安全通道的建立、临时防护装置的设立等问题，可以在 BIM 中以“按图钉”方式标记安全风险信息，并对这些危险因素进行相关等级的设置。BIM 技术可作为建筑信息三维可视化的平台，结合物联网、人工智能等技术对人员、设备、环

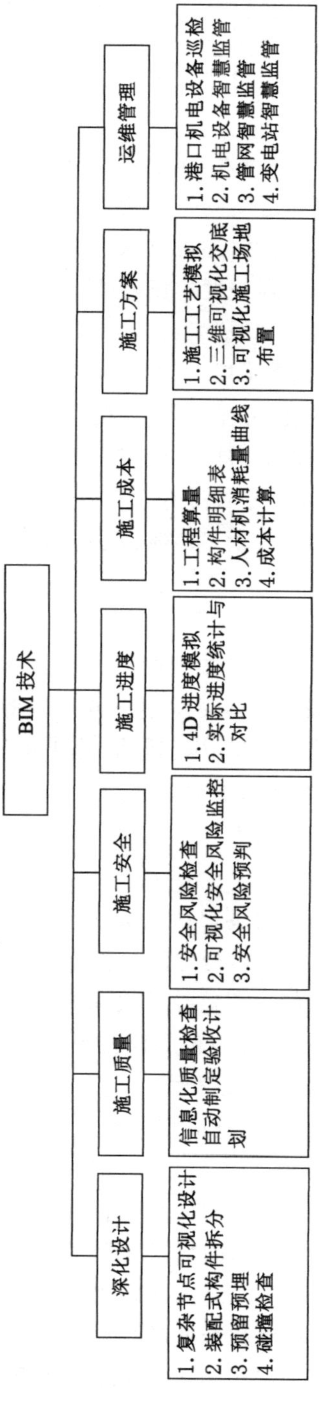

图 2-4　BIM技术的典型应用

境进行监控,实现对安全风险的分析、判断和预警。施工中的安全风险可通过施工模拟进行预判,辅助安全措施的制定。BIM 技术还可在三维空间中模拟各工序的空间占用,结合人工智能模型对并行作业中的空间冲突进行预测[9]。

(4) 施工进度

BIM 技术的第四维度为时间维度,可表示工程项目随时间的变化情况。将进度计划导入 BIM 数据库中并落实到每个构件上,可进行施工进度模拟,对整个工程的进度安排进行展示。同时,还可以采用三维可视化的方式查看施工形象进度,分析项目计划进度和实际进度的偏差[10]。

(5) 施工成本

BIM 技术的第五维度为成本维度。BIM 技术可进行工程量计算,得到构件明细表、工程量明细表等报表,也可算出人工、材料、机械的用量,进而算出成本。将进度与成本相结合,可得到人工、材料、机械、资金等的消耗随时间的变化[11],辅助采购和预算计划的制定,也可通过挣值分析法研究项目的进度和成本情况[12]。BIM 数据库中存储的工期、价格、成本等信息可作为工程结算的参考[13]。

(6) 施工方案

在施工方案编制过程中,对施工方案相关部位和施工设备建立高精度的模型,BIM 技术能以视频或动画的形式展示施工方案。将模拟成果用于三维可视化交底,提高交底效率和准确度。建立建筑物、施工机具、临时设施等的施工现场 BIM,通过场景漫游、碰撞检查等方式,确定现场临时设施的布局并可视化地进行调整,可提高施工场地利用效率[11]。

(7) 运维管理

在建设项目的运维阶段,针对港口机电设备分散、结构复杂、巡检困难等痛点,将 BIM 技术与物联网技术结合,构建港口智慧监控平台,实现对港口机电设备运行状态、技术参数等信息的远程监控及故障成因的智慧预判,从而提高港口机电设备巡检效率和正确率。建立的智慧监控平台可实现机电设备智慧监管、管网智慧监管、变电站智慧监管、港区智慧安防及智慧作业管理[14]。

综上所述,目前 BIM 技术已充分应用在建设项目各阶段,能有效解决建设项目存在的问题,但各阶段的研究较分散,实现项目全寿命周期的研究目前仍是一个棘手的问题。同时,我国并没有广泛使用国际工业基础类数据交换标准(industry foundation classes,IFC),BIM 技术的数据交换方面存在不足,因此对数据标准进行拓展补充进而实现 BIM 技术数据标准化仍有待研究。

港口建设项目由于其专业性和行业特殊性等,相对于其他建设项目,BIM 技术的应用更加保守和滞后,主要存在以下问题:一是 BIM 技术相关软件大多是基于房建系统开发的，对于水运工程存在很多不适用性，如缺少相应的构件模块，很多构件需要单独创建，参数需要单独设置，对模型的构件数据标准化以及与其他软件的衔接会存在一定的影响。二是由于各软件间的数据暂时还无法达到无缝、完整、精确的交互，与计算软件间的交互尚存在一些不足，难以实现一体化计算设计。现有的 BIM 软件，在不同的 BIM 系统内进行的交互尚未达到数据无障碍交互，如 Autodesk 和 Dassault 之间的交互通过 IFC 格式数据和插件完成，但是在导入对方软件里时，模型的属性存在大量丢失，而且不再具备可编辑性。2019 年底，交通运输部颁布了《水运工程信息模型应用统一标准》，但此标准还需要工程实践，以及 BIM 平台和技术应用开发商具体落实。三是在水运工程建模中还存在较多的技术问题，比如建立三维地形和按照不同坡比对不同土层放坡计算时，会影响水下疏浚工程的建模。四是 Revit 出图过程中尚无法进行模型数据信息的自动输出，需要通过半人工化对图纸进行修改或者对建模软件进行二次开发，这间接增加了设计人员的工作量，也是推进 BIM 技术在设计中应用的阻力之一。五是 BIM 技术的应用对于施工安全管理人员具备的技术水平和自身整体素质的要求比较高，擅长相关技术的管理人才匮乏。

2.3.2 数字孪生

数字孪生(digital twin)技术是以高度仿真的动态数字模型来模拟物理实体的状态和行为的技术，旨在以虚映实、以虚控实[15]。数字孪生技术是建筑业实现数智建造的关键前提，想要实现数智建造，其内涵之一是要运用 BIM 技术、物联网等为基础和手段的信息技术将建造的各个阶段串联成一个整体，这就要求建造过程中做到物理信息的融合，而数字孪生就是实现物理信息融合的有效手段[16]，它能提供数字化模型、实时的管理信息、覆盖全面的智能感知网络，以及实现虚拟空间与物理空间的实时信息融合和交互反馈。

数字孪生的出现是信息化发展到一定程度的必然性结果，正成为人类解构、描述、认识物理世界的新型工具。随着建筑业的转型升级，数字孪生技术应用于建造领域并推动智能建造的发展，其在建造过程中的应用如图 2-5 所示。

在建造过程的设计阶段，融合数字孪生技术可以实现建筑物的协同化设计。在设计过程中，将建筑物的孪生模型融合虚拟现实技术可及时预测和规避设计的不合理之处，提高设计精度，在施工过程中避免图纸的多次返工整改，保证施工质量和速度。

在建造过程的施工阶段，装配式建筑施工中，应用数字孪生理念，通过人工建模、物联网和设备采集信息的方法，实现物理实体同虚拟模型的交互映射，构建出孪生模型，并生成孪生数据[17]，最后利用机器学习算法等对数字孪生模型中的信息进行分析，通过智能设备把分析结果传达给施工人员。在数字孪生技

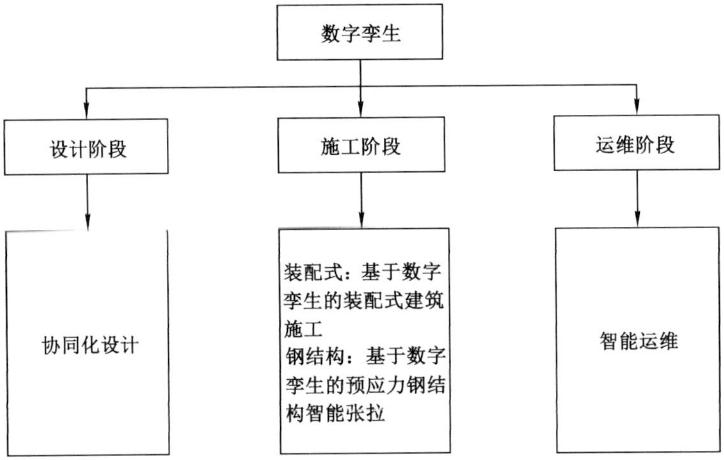

图 2-5　数字孪生技术在建造过程中的应用

术的驱动下实现了施工过程安全风险管理等服务功能。在预应力钢结构的张拉过程中,充分考虑时间与空间 2 个维度,在空间维度,实现对张拉系统纵向维度的多尺度建模;在时间维度,建立以孪生智能体为主的动态协同运作机制,支撑智能张拉虚实交互配置建模以及多维多尺度时空域下的智能张拉过程的建模,实现对智能张拉系统的仿真模拟与虚实集成管控。

在建造过程的运维阶段,融合数字孪生技术可以实现建筑物的智能运维管理,应用数字孪生理念,由包括虚拟模型数据和设备参数数据在内的各种数据库作为支撑,融合建筑结构和设备在运行和维护过程中产生的数据,形成建筑结构和设备的数字孪生体。由此实现建筑结构和设备实体与虚拟建筑结构和设备实体之间的同步反馈和实时交互,以达到对建筑结构和设备故障准确地预测与健康管理服务的目的。

2.3.3　物联网

物联网(internet of things,IoT)技术作为“连接物品的网络”,承担着从现实世界收集信息和控制现实世界的各种物品的工作[18]。物联网技术可对施工过程中产生的大量信息进行实时感知和动态采集,并将采集到的数据和信息进行实时传输,实现现场施工过程中产生的各种信息和数据的实时获取和汇总;对施工过程中的各种控制指令进行下达,实现自动化施工设备的实时控制。现实世界信息的采集一般通过二维码、射频识别技术(radio frequency identification,RFID)、定位标签、视频摄像机、各种传感器等自动化采集技术,或以人工录入的形式进行。数据的传输通过电缆、低功耗无线局域网(long range radio,LoRa)、窄带物联网、蓝牙、4G/5G 等有线或无线通信技术进行。物联网是智能建造系统中的“神经系统”，可实现智能建造体系中的前端感知和终端执行[19]。物联网技术在施工中通常用于对施工现场人员、机械、材料、施工方法、施工环境等要素的在线实时监测和控制，如图 2-6 所示。

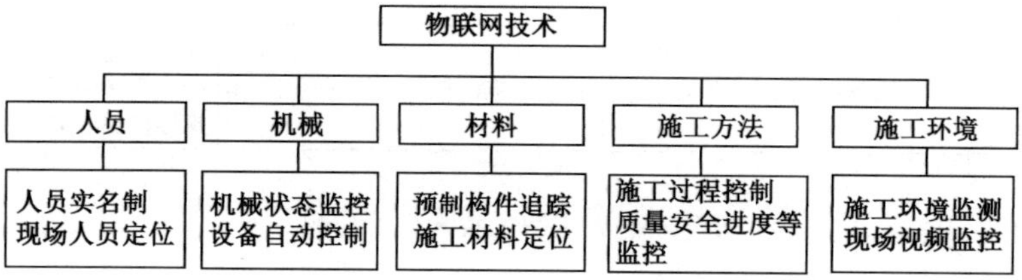

图 2-6　物联网技术典型应用

人员管理方面，通过具有 RFID 芯片的安全帽等可穿戴设备，可实现施工人员身份管理、定位追踪、安全预警等功能[20-21]。机械管理方面，可实现对机械状态的监控，如追踪机械设备的分布状况和运动轨迹、对塔式起重机结构和作业状态的监控、盾构油液状态的在线监测等[22-24]，也可用于远程控制自动化的施工设备。材料管理方面，通过二维码、RFID、无线网络等技术，在预制构件进场、堆放、出堆、吊装等环节实现构件的追踪和管理[25]。通过物联网技术还可实现对施工材料定位和管理，简化材料的收发和库内盘点。施工方法管理方面，可实现施工风险因素的实时监测，如高支模架体稳定性、边坡稳定性、受施工影响既有结构健康、工地非法入侵、个人防护装备使用情况等监测[26-31]。施工质量监测如混凝土施工质量监测、混凝土强度监测、混凝土振捣质量监测、大体积混凝土浇筑温度信息采集等[32-34]。施工过程控制如预制构件吊装控制、施工数据采集等[35-38]。环境监测方面，通过各种传感器和有线或无线传输技术进行噪声、扬尘等环保监控、远程视频采集、基坑变形监测等[39]。

2.3.4　人工智能

人工智能(artificial intelligence，AI)在工业 4.0 中扮演着核心角色，在物理世界和虚拟世界之间通过智能系统和技术建立积极联系。建筑行业充满了复杂的科学问题，人工智能是帮助解决这些问题的强大工具。遗传算法、神经网络、模糊逻辑、模糊集和机器学习是建筑行业中应用最广泛的人工智能算法。优化、模拟、不确定性分析、项目管理和桥梁监测是使用人工智能方法最常用的领域。

人工智能技术的应用是智能建造中“智能”的体现之一，在智能建造中起到“大脑”的作用。人工智能技术以智能算法为载体，对施工现场的多源多维数据进行分析，总结数据中隐含的规律，进而实现对施工过程的智能监测、预测、优化和控制。人工智能技术在施工中有以下应用，如图 2-7 所示。

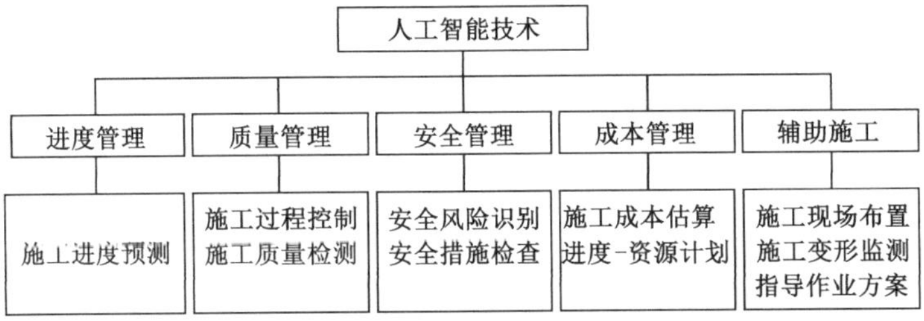

图 2-7　人工智能技术典型应用

进度管理方面，可利用人工智能技术进行施工进度的自动生成、优化和预测，如利用基于人工智能的推理模型来预测项目的生产力、利用进化模糊支持向量机预测变更引起的生产力损失、利用神经网络的长短时记忆模型估计工程竣工进度、基于图像识别的施工进度的自动识别等[40-43]。

质量管理方面，人工智能技术可进行施工过程控制和施工质量检测。对施工过程进行控制以保证质量，如预应力拉索的智能张拉、预测渗透注浆中水泥浆的结浆性能、预测大体积混凝土浇筑时的温度和应力变化、混凝土智能养护等[44-48]。利用人工智能方法对施工质量进行检查，如混凝土表面裂缝检测、混凝土振捣质量实时监测等[49]。

安全管理方面，人工智能技术的应用集中于安全风险的识别和安全措施的检查方面，如施工机械操作员的疲劳作业检测、施工中不安全行为预警、安全帽佩戴检测、安全风险评估等[50-55]。

成本管理方面，包括施工成本的预测和控制，如工程造价估算、机械数量的合理安排、辅助制订进度计划和资源配置方案等[56-58]。

辅助施工方面，人工智能技术可辅助现场施工，如塔式起重机的自动化规划、施工过程中变形情况的监测和预测、隧道围岩的自动分级、施工机械位置和姿态的确定、机械工作参数的预测等[59-64]。

2.3.4　云计算

云计算(cloud computing)是随着计算、存储以及通信与网络技术的快速发展而出现的一种新型的共享基础资源的商业计算模式。云计算从端到端的解决方案为建筑行业提供了一个建筑数据存储库，提高了建筑行业的生产力。云计算在建筑行业的应用包括建筑废物管理、施工安全、建筑供应链管理、项目信息化管理、建筑能源管理。

(1) 建筑废物管理

云计算在建筑废物管理中的应用体现在使建筑垃圾最少化方面，建筑物全生命周期的浪费最小化是减少项目成本的有效途径。目前，云计算技术可以整合供应商和现场实际需求，解决施工现场大量库存导致的材料浪费问题。同时，云计算信息系统协作工具可以改善参与施工各方缺乏协调而导致的生产率下降以及承包商订单变更时组件交付不准确和预制安全成本高的问题。

(2) 施工安全管理

由于施工现场大量工人、材料、设备具有动态以及不可预见性，施工现场安全风险时常存在。云计算技术可对安全信息进行及时访问，从而提高施工现场的安全性能。基于云计算开发的云信息系统也可监控施工现场建筑施工活动，分析工人在施工现场的活动轨迹，提高建筑工人施工活动的安全性。此外，利用公共云提供的 PaaS(platform as a service，平台即服务)可捕获、共享带有位置信息的现场安全数据，辅以 GPS 技术可对现场进行不定期的检查。

(3) 建筑供应链管理

在供应链管理中，时常存在材料供应不协调导致工期延误等问题。云平台可以跟踪施工现场的物料移动，解决中小企业无法跟踪施工现场物料移动的问题。基于云技术的应用管理系统也可解决预制构件安装时沟通失误和信息传输不当的问题。同时，利用公共云与私有云平台的互操作性，将采购过程中的利益相关者聚集在一起，可实现高效的施工过程，提高供应链管理水平。

(4) 项目信息化管理

项目信息化管理的重点在于沟通及协调，提高设计、施工的效率。建筑行业的人员具有流动性，云计算技术能支持不同人员、项目、地点的站点建设以交换施工信息。将现场使用的 PMIS(project management information system，项目信息管理系统)、网络摄像机、RFID、PDA(personal digital assistant，掌上电脑)以及办公室工作中的实时现场信息集成在一起，实现快速决策。中小企业也可使用私有网格和公共云进行施工数据管理，优化数据传输。

(5) 建筑能源管理

建筑在施工和运营阶段都会消耗大量的能源，云计算技术已被用于各个建设阶段以进行能源的有效管理；同时，为了实现绿色消费，云计算平台还可被用于管理建筑生命周期的建筑信息以减少能源消耗和二氧化碳排放。云服务在建筑和工程实践中对建筑能源进行参数模拟方面具有显著优势，可对建筑节能进行经济模拟设计；同时，在云环境中使用链接数据可对能源释放进行跟踪[65]。

(6) 建筑设备维修管理

从技术层次看，港口设备经历了从逻辑控制到继电器控制再到 PLC

(programmable logic controller,可编程逻辑控制器)控制,驱动控制也从直流控制到交流 SPMW(sinusoidal pulse width modulation,正弦波脉宽调制)变频控制再到交流变频回馈控制的过程,设备管理从传统的人工统计制表分析到引入 ERP/EAM 等软件的数据库管理。这些设备方便了人们的生活,但设备制造厂家需要在各地区派驻大量的设备维保人员,以保障设备正常运行,而相对于正常运行的时间长度而言,故障时间毕竟占比不高,维修力量许多时候都处于待命状态而被闲置。因此,利用云计算等技术,基于智能移动便携设备,构建一个港口设备管理维修的社区交流平台,并赋予社交、在线教育、在线诊断和大数据交流分析等功能。通过该平台的实时诊断分析和数据挖掘,在完善设备管理、加快人员培训、提高维修服务速度和质量及降低成本等方面提供有效的支持。通过云技术就可以将各港口的许多资料信息联系在一起,形成大数据的交流分析。

但云计算技术在建筑行业的应用中也存在一些问题。首先,基于云计算开发的应用程序在传输速率和响应时间方面可能会存在延迟。其次,数据隐私和安全问题随着云计算的使用而凸显。同时,建设项目的众多参与方,需明确各方访问数据的权限,明确数据是否可以共享。此外,建筑施工场地可能存在网络连接不畅问题,云计算优势难以发挥。最后,云计算技术长期使用的积累成本较高,需对建筑公司可能需要的云部署模型进行个性化成本分析。

2.3.5 大数据

大数据(big data)是指无法在一定时间内用传统数据库软件工具对其进行采集、存储、管理和分析的数据集合,也指处理数据的过程复杂。国际数据公司(international data corporation,IDC)将大数据描述为一个复杂的动态过程。大数据本身不仅是一个固定的主体,更是一个横跨很多信息技术边界的动态活动。

在建筑业,以工程为载体的大数据我们称之为工程大数据,传统施工管理主要依靠管理人员的实践经验和主观判断,更多采用事中调整和事后控制,难以实现项目的全面管控以及各参与主体的协调[66]。工程大数据的应用有助于实现施工管理由“经验驱动”到“数据驱动”的转变。施工管理包含成本、进度、质量和安全管理等多个方面,大数据技术在施工管理中有以下应用,如图 2-8 所示。

(1) 成本管理

施工成本管理指对施工成本的预测、计划、控制、核算和分析,是提高企业利润的关键管理工作。施工成本包括材料成本、机械成本、人工成本、其他直接成本以及组织管理等间接成本,其相关数据主要来源于生产、销售企业发布

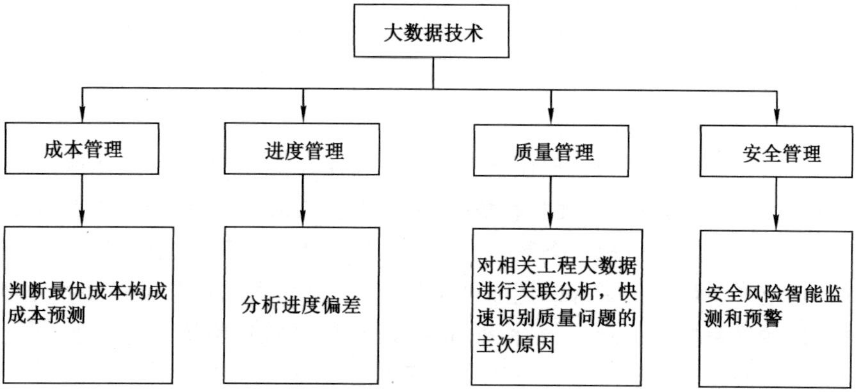

图 2-8　大数据技术典型应用

的材料、机械价格，劳务市场发布的用工信息，施工单位历史数据等[67]。施工单位利用这些与成本管理相关的工程大数据，可以对单位工程、分部工程、分项工程、施工工序等不同层次的需求，根据拟建工程的地域、工期、分包模式等具体情况，判断最优的成本构成，并在成本预测、成本过程管控等方面实现更好的效果。

(2) 进度管理

施工进度管理主要是对进度偏差进行分析，建立计划实施的检测记录体系和统计报告制度，并在此基础上采取措施，纠正进度偏差。施工进度计划管理已有不少成熟的软件工具，也有企业定制的进度计划管理系统。施工单位可以利用这些系统，将各项目的进度数据进行整合，统筹分析影响项目进度的因素，并分析工期履约情况，预估延期成本。

例如，在某隧道项目的施工过程中，施工单位整合已完成工程的大量数据，基于动态贝叶斯网络建立了隧道工期的概率预测模型。该模型考虑了施工过程中地质水文条件不确定性、施工效率不确定性和不利事件(如安全事故)不确定性所带来的工期延误风险，并进一步提炼出开挖区域、围岩等级、隧道几何尺寸、施工方法、人员因素、单位开挖时间、不利事件性质、不利事件发生频率、不利事件造成的延误时间等变量。然后，施工单位基于专业知识建立变量之间的关系并考虑对总工期的影响，通过采集对应模型节点的历史数据，对模型进行参数学习，并把模型用于新项目的工期实时预测。

(3) 质量管理

施工质量不仅指完成的建筑产品的质量，也包括施工过程中的工序质量和工作质量。影响施工质量的主要因素涉及人工、机械、材料、施工方法以及环境等多个方面。因此，在施工质量管理过程中，除了按相关规程进行质量过程检查外，还需要对人工、机械、材料、施工方法和环境等因素进行综合分析。这个过程得益于工程大数据的支持，让施工单位能够准确地把握施工质量问题产生的原因，从而提出更有效的解决措施。

施工质量管理需要的数据包括管理人员属性数据、工人属性及作业数据、机械设备属性及作业数据、工程材料数据、施工工艺数据、施工作业环境数据、国家及行业设计与施工规范标准等数据。这些数据主要来源于施工过程中各关键环节的过程记录和日常记录等。例如，施工单位可以利用手持移动设备在施工现场进行机械设备检查记录，物料检查和验收记录，日常自检记录等工作，并记录发现的质量问题。记录的数据可以通过网络进入服务器进行集成和处理。针对施工过程中出现的质量问题，对采集到的相关工程大数据进行关联分析，可以快速识别出问题发生的主次原因。

(4) 安全管理

施工安全管理是对施工过程中的人员、机械、环境等因素的管理，有效制止各类不安全行为，消除或避免安全事故。由于施工本身的复杂性，各种因素相互交错，传统安全管理办法存在监管力度不够、管理效率不高等问题。特别是地铁隧道施工，由于其周边环境复杂，地质条件等不确定性因素多，因而需要利用工程大数据建立智能预测模型，对施工过程进行安全风险监测和预警。

2.3.6 3D 打印

建筑 3D 打印是新时代极具潜力的一种建造方式，对我国建筑业的转型升级有重大意义。建筑 3D 打印是利用打印喷嘴对可凝固建筑材料进行选择性分层叠加的一种建造方法，是一种融合了建筑设计、计算机、机器人、材料等多学科的新兴建造技术，有着提高资源利用率、提升建造效率、降低垃圾废弃物排放、满足定制化设计等优点[68]。

建筑 3D 打印与工业领域其他 3D 打印相比，具有体积大、材料结构性能要求高等特点，尤其是在材料性能方面，过高的强度要求导致建筑 3D 打印的应用还无法普及。但由于建筑 3D 打印具有施工工期短、施工过程无污染、成本低、墙体自重轻的优点，能够建造出复杂、特殊、个性化的建筑产品，可快速解决人口居住问题，与传统施工作业相比优势明显，具有广阔的应用前景[69]。

我国目前在建筑 3D 打印方面已经取得了大量的研究成果，并培育出了一系列的市场机构和公司，在打印机的硬件设备、软件系统以及打印材料方面做出了大量贡献。目前上海盈利、北京华商陆海、杭州彭博等公司已经能够独立打印建筑物，我国公司 3D 打印应用现状见表 2-2。

表 2-2 我国公司 3D 打印应用现状

完成时间	打印内容	应用特点
2014 年 4 月	上海盈创打印全球首批 3D 打印建筑	1 d,10 幢,规模小,打印厚度 2 cm
2015 年 1 月	上海盈创打印全球首幢 3D 打印别墅	3 d,1 100 m^2,3 层,预制打印墙体并现场吊装
2016 年 3 月	上海盈创打印全球首幢中式庭院建筑	60 d,130 m^2,1 层,设计融合声学、光学与人体学,构建打印+装配式
2016 年 7 月	北京华商陆海打印全球首栋整体 3D 打印别墅	45 d,200 m^2,2 层,预埋管线钢筋,现场打印
2017 年 8 月	杭州博彭打印全球最大一体成型建筑	1 d,200 m^2,2 层,现场打印
2018 年 10 月	上海盈创利用固废钢渣打印环保小屋	2 h 组装搭建工时,回收利用钢铁废渣
2018 年 11 月	北京华商陆海打印第二幢大型别墅	90 d,600 m^2,3 层,预埋管线钢筋,现场打印
2019 年 7 月	北京华商陆海打印全球首座 3D 装配式建筑别墅	—
2020 年 2 月	上海盈创为湖北咸宁市中心医院打印 15 套隔离屋	密封性和保温性均可满足单独新冠肺炎隔离需要

2.3.7 区块链

区块链(block chain)是将数据区块按照时间逻辑顺序依次相连而构成的一种类似于链条状的数据结构,并运用了非对称加密算法的不可被任意伪造、篡改的分布式账本。通俗地讲,区块链就如同是每一个参与者都可独立拥有的一本公开共享、安全可信的账册。账册记载了所有参与者按照时间顺序发生的交易数据,每位账册持有人的账册上的数据都是相同且被加密的,一旦记录数据就不可被篡改。在没有中介机构的统筹下,互不信任的参与者们可以通过自己持有的账本建立信任,从而进行信息或价值的交换。

建筑工程是数据量庞大且信任度需求极高的领域,往往需要多个参与单位和部门协调合作,相互沟通需基于极高的信任基础,工作流程也需大量资源监督和管控,区块链技术具有的特性及应用场景特征与建筑工程领域当前需求高度契合,目前我国很多企业和科研团队也开启了建筑工程领域区块链技术的应用研究,主要在招投标、工程总承包管理、建筑产品供应链管理等方面。

(1) 构建建筑行业资信平台,辅助招投标

在传统招投标活动前期准备工作中,投标人需编制翔实的资格预审文件,

而招标人也需付出大量时间和精力审核资质文件。区块链技术因基于数字技术的信任机制及数据不可篡改等特点，可很好地融入招投标活动资格预审环节，在资格预审场景中，利用区块链"去信任""去中心化""信息透明""无法篡改"的特点，建立一个基于区块链技术的建筑行业资信平台，任何资信评定权威机构均可利用自己的私钥在区块链中签署一份关于企业/从业人员资质、信用、奖励、惩罚的数字证书，并按照时间顺序不断记录所产生的每一条资信数据。在此平台上所发生的每一次信息发放和查询，都不会更改原始被记录的数据，确保了资信的真实和稳定性。在招标资格审核过程中引入资质存证的区块链技术，实现企业/个人资信与招标资质评审无缝连接，节省了人力审核的同时也保证了准确性[70]。

解决前期资质预审问题后，进入正式投标竞争环节。区块链技术的引入可让多方共同监管该流程，每个阶段的每一环节都在监管范围内，如在招投标场景中，每个投标人的产品、投标及违法记录都可被追踪，保证过程公开透明，防止恶性竞争和人为干预。

通过区块链技术的可溯源性和不可篡改性，建筑材料的数据信息一目了然且值得信赖。材料厂家、供应链及工程管理方都能同时同步建筑材料的数量、质量、规格、型号等数据，全透明过程控制，从源头杜绝假货次品的出现。此时的竞标过程不再是价格战，投标方更关注于合理优化方案、加强成本管理和细节控制，净化整个建筑工程招投标环境。

(2) 工程总承包履约管理

工程总承包管理存在履约率低的问题，许多合同中无法细节化的过程，如工程款发放时间、施工图纸及相关材料的移交等环节，并未受到合约有力约束，每个环节微小的拖延将导致整个工程巨大的延迟。

目前，区块链技术已计划引入工程总承包管理应用场景中。中国雄安官网于 2019 年 6 月发布《雄安新区孝义河河口湿地水质净化工程总承包招标公告》，公告中表示"项目建设内容应按照雄安新区关于智能城市建设的相关要求，需充分考虑数字化、智能化。要以大数据和区块链为基础，全过程产生的建筑信息模型(BIM)数据需统一接入新区城市信息模型(CIM)管理平台；通过区块链资金管理平台对本项目的全过程资金进行管理，落实雄安新区关于建设者工资保障金等相关规定"。区块链技术定期更新并链接新区块信息，及时收集并录入建筑工程总承包项目各环节数据，各参与者在统一的平台上实现数据共享，去中心化的特性使任意 2 个参与节点可基于共识机制直接达成一致，完成点对点间的信息互通，有效促进工程管理协调配合与完善信息反馈机制。

(3) 建筑产品供应链管理

供应链是由生产商、经销商、零售商和配送中心等构成的网络，一件商品从生产商最终到消费者手中，中间可能会经过许多流通环节，在如今假冒伪劣商品横行的市场中，如何确定到手的商品是指定厂商生产的正品，特别是对于一些贵重设备，像家用设备如空调、坐便器、浴缸、消毒柜和冰箱等，对消费者而言十分重要。原有的正品验证往往是通过中心化的方式，数据统一存储，但是根据以往的行业特性，贩假的并非仅仅来自企业外部，甚至企业内部的信任问题也是无法保证的。通过区块链技术可溯源和永久验证的特点，将商品有关生产、交易、中间加工和流转的信息实时记录在区块链上，保证商品信息在任何环节都是公开透明的，各企业和个人均能及时了解物流的最新进展，最重要的是由于验证信息一直是同步上链的，使得篡改验证信息的可能性几乎为零[71]。

2.3.8 虚拟现实

虚拟现实(virtual reality，VR)技术是通过计算机技术来模拟现实环境，构建出一个仿真虚拟环境，在虚拟环境中带给人沉浸感。目前VR技术在建筑行业尚未形成成熟的市场，技术应用主要集中于安全培训的相关场景[72]。VR技术在建筑领域中的典型应用如图2-9所示。

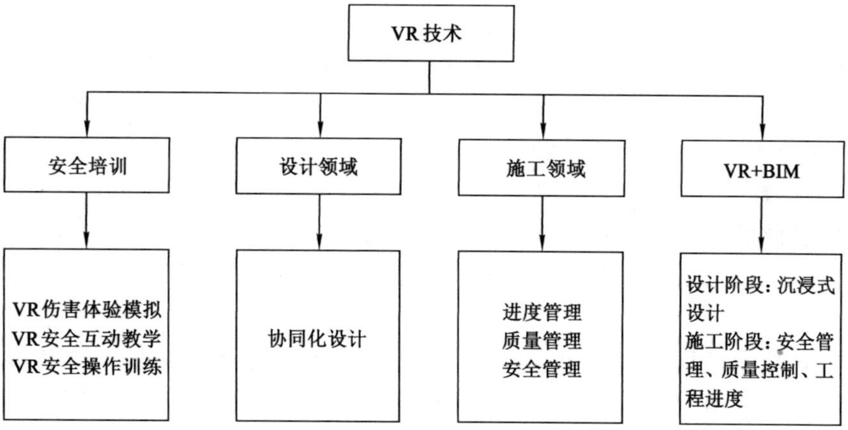

图2-9 VR技术在建筑领域中的典型应用

目前，面向建筑行业的领先的VR技术厂商，已经能够提供集VR伤害体验模拟、VR安全互动教学、VR安全操作训练等于一体的安全培训解决方案，基于集成的VR场景，能够为建筑企业带来融合教学、互动和实践于一体的体验。VR伤害体验模拟，可以构建一个高仿真的施工场景，基于VR技术还原典型的施工伤害的发生过程，基于视觉、听觉和触觉的融合，培训者可以真实感受到高空坠落、机械伤害、触电伤害、坍塌伤害、重物打击等伤害体验;VR 安全互动教学,是在传统多媒体教学基础上进行可视化、可互动的升级,目前很多厂商已经开发了工地事故模拟、安全带使用体验、钢丝绳使用展示、护栏推倒、隐患排查等场景的互动课程;VR 安全操作训练,旨在构建一个安全实操的体验区,提供建筑施工中常见的安全实操,不同于以往以安全手册的方式进行宣传讲解,VR 安全操作训练,可以让参与人员真实感受到工作中的危险,并模拟安全操作和安全逃生的场景,提升安全自救的技能。

在传统的设计领域中,设计师只能采用图纸或者 CAD 二维制图来实现,这个过程中,不同专业设计师在任务组织、工作协调、成果集成等方面的效率十分低下,设计信息的不共享、变更信息的不同步,更是为设计方案的失败埋下了严重的隐患。基于 VR 技术,可以为设计师创造一个虚拟环境,不同专业的设计师基于共同的参数在同一个三维模拟环境中作业,实现最大程度的信息共享,并且可对设计成果及时进行成果验证,极大地缩短了设计时长、提升设计效率、减少项目返工、降低设计成本[73]。

虚拟现实在施工领域也有很多应用,在进度管理上,VR 技术能够模拟各种工序,及时找到影响进度的干扰因素,使得施工得以在不影响正常作业的前提下提前调整,保证进度的有效推进。在质量管理上,VR 技术能够模拟各种建筑结构,在虚拟环境中对建筑结构的分析结果能够直接反馈到现实中,有效推动建筑行业从事后的质量检查向事前质量优化转变。在安全管理上,安全培训本身就是 VR 最常用的领域,此外,VR 技术还能用于隐患排查。在传统的隐患排查中,由于安全管理人员水平参差不齐、不同建筑施工环境各不相同,所以很难清楚地知道现场有哪些安全隐患。VR 技术可以虚构施工场景和隐患,将系统的安全隐患知识体系与施工场景相结合,实现具有高针对性的隐患排查。

VR 技术和 BIM 技术的结合也将产生巨大的价值,VR 场景 BIM 数据化,BIM 场景 VR 化,BIM 的数据价值将进一步增强。在设计阶段,应用最多的就是设计方案评审。将设计师、评审人员带入 VR 场景中,基于 VR 的特性,便可实现常规看纸质图纸和透过屏幕看 BIM 模型所达不到的效果。特别是对于决策层以及一些非设计专业人士,VR 的沉浸性让他们也能参与进来[74]。目前针对建筑规划设计阶段,已经有大量的 BIM+VR 软件供选择。比如 IrisVR、Enscape、Mars、TwinMotion、Lumion 等。在施工阶段,BIM+VR 主要集中在安全管理、质量控制、进度控制及组织协调方面。BIM+VR 在施工领域的应用现状见表 2-3。

表 2-3　BIM+VR 在施工领域的应用现状表

应用领域	应用现状
安全管理领域	将 BIM 数据实时导入 VR 场景，实现安全措施自动规划布置、安全计算功能等
质量控制领域	交底和培训考核。特别是对于大型工程的复杂施工部位，将 BIM 模型用来搭建 VR 场景，设置交互流程和考核标准后，即可用来进行培训
工程进度领域	工程进度控制强调事前控制，国外有专门的 VDC(virtual design and construction)工程师，VDC 工程师就是利用 BIM 和图纸，来进行施工进度的虚拟仿真、事前控制，排除所能察觉到的所有不合理项、问题点后，再去指导实际的现场施工，降低施工不确定性和返工的人力、资金、时间成本。在国内，BIM 工程师只需要将其搭建的 BIM 导入 VR 场景，编排好施工进度顺序，做好和虚拟工期时间的精确挂接关系，即可在一个虚拟场景中，完整复现一个未来的施工场景。管理人员不再仅仅依据自己的施工经验，而是依据 BIM 上精确的材料、成本、人员等数据，通过调节各类资源曲线，用线性规划的方式来寻找到最佳施工进度路线，让进度仿真达到优化施工方案，降低施工的不确定性。

2.3.9　智能装备和建筑机器人

建筑施工的无人化、少人化意味着在施工过程中采用自动化的施工设备和技术。智能装备和建筑机器人可自动执行建筑施工工作，可以按计算机程序或人类的指令工作，代替或协助人完成施工任务[75]，如图 2-10 所示，该智能焊接机器人正在进行焊接作业。

图 2-10　智能焊接机器人

在智能建造体系中，建筑机器人用于控制指令的执行。在预制工厂中，预制构件主要由制造业工厂生产，生产环境较为简单，为智能制造技术的应用提供了便利，智能装备和智能机器人已广泛应用于预制构件生产工厂等场景，实现了预制生产的自动化。然而在现场施工中，建筑机器人通常面临现场计量不完善、公差较大、工件不确定性较大等问题，这与制造机器人十分不同[76]。与制造业另外一点不同在于建筑业施工现场采用产品不动、设备移动的生产方式，而施工现场较为恶劣的环境为智能设备和建筑机器人的移动造成了困难。对于传统的施工过程，建筑机器人的研发需要理解施工步骤背后的物理原理，且不同工序之间施工环境、施工方法、质量要求等存在很大差异，一般需要对不同施工过程研发专用机器人。这些问题对施工现场智能设备和机器人的应用带来了挑战，因此目前智能装备和建筑机器人在施工现场的应用不多，大部分施工过程仍以人工作业为主[77]。建筑机器人和智能装备在施工中的应用如图 2-11 所示。

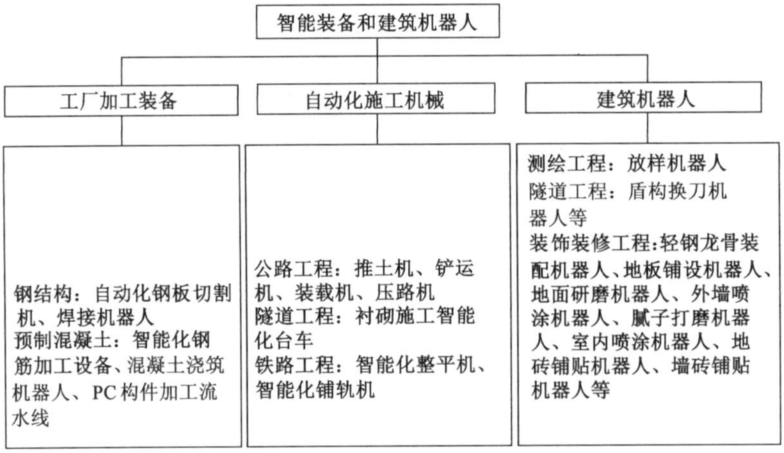

图 2-11　建筑机器人和智能装备在施工中的应用

在工厂加工阶段，建筑部件生产的自动化、智能化程度已大大提高。自动化钢板切割机、焊接机器人、智能化钢筋加工设备、混凝土浇筑机器人、PC 构件加工流水线等自动化设备实现了钢构件、预制混凝土构件等预制部品部件的自动化生产，可将部分现场施工的工序转移到工厂中[78-80]。

对现有的施工机械进行智能化改造是实现土木工程施工自动化的途径之一。目前已对推土机、铲运机、装载机、压路机等设备进行智能化改造，增加自动控制模块，结合 BIM、物联网、人工智能等技术，实现机械的自动控制，工人无须操作或仅进行简单的操作即可完成相应的施工过程。例如公路工程中使用的路面无人智能化集群施工技术，使用智能化的摊铺机、压路机等协同进行路面铺设；在隧道工程的盾构施工中可实现混凝土自动布料、浇筑情况监控、自动化振捣等功能的智能化衬砌台车;在铁路工程中使用的智能化整平机、智能化铺轨机等[81-83]。

已有部分施工工序通过开发专用设备的方式实现机器自动或人机协作的施工方式。在测绘工程中,自动化的放样机器人已经较为成熟,可依据移动设备的指令或BIM模型,自动指向放样方位或追踪并指导棱镜移动直至到达放样点,已用于地下管线、高层建筑、钢结构工程、水电工程等的放样定位工作[84-87]。在隧道工程中,盾构施工也向着自动化智能化方向发展,如换刀工序中换刀机器人的使用实现了全自动换刀,完全代替人工换刀,避免了盾构换刀过程中工人的安全风险[88]。装饰装修工程中,根据施工工艺的不同,在混凝土布料、地面抹平、砌砖、钻孔、地面研磨等工序已有相应类型的智能机器人投入现场使用[75,89]。

2.4 数智建造业务要素

随着科技的快速发展,人工智能、物联网及大数据等先进技术应运而生,在这种背景下,建筑行业也在先进工程建造技术中引入新一代技术,设计构造数智建造技术并应用于工程建设管理之中,以推动工程建设的设计、施工、运维等阶段的工作更为有效地开展。在数智技术的加持下,设计阶段形成了基于BIM的协同设计、全过程咨询服务、智能地质勘查业务等,施工阶段形成了智慧工地、电子招投标、施工图审查等,运维阶段包括工程与资产管理、能源管理及可持续发展、应急管理等方面。

2.4.1 设计阶段业务优化

(1) 基于BIM的协同设计

基于BIM的协同设计主要是进行三维建筑或结构设计,从方案到施工图到后期的运营维护管理进行全程服务,主要包括审图及图纸正向设计。通过BIM模型可检查模型中的管线碰撞,解决二维图纸中出现的审图错误,实现管线图纸的优化与可视化[90]。同时,BIM咨询方可根据多家设计企业提供的设计图纸建立BIM设计模型,进行基于BIM的模拟与性能分析,提出设计优化改进建议[91]。也可在Revit软件平台上对设计中建筑专业规范条款进行自动化检查[92]。在BIM正向设计方面,BIM正向设计能减少部分建模环境、降低劳动和信息交换成本[93]。然而,在正向设计方面实施性较低,还存在缺乏与BIM相适应的标准、国内环境的制约、技术链和产业链不够成熟等问题。需要补充对应的标准体系、加大国内BIM软件和云平台体系的开发力度,促进设计与施工管理一体化[94]。

在投资控制方面,BIM技术能够发挥其强大的计算能力和协作平台资料共享能力，确保投资控制的科学性和先进性。当前，大型公建项目结构越来越异形，造型越来越复杂，相比于传统的人工计算工程量，BIM 技术的优势尤为明显。例如，针对复杂的双曲面幕墙，饰面复杂的装饰和异形的隐蔽结构，BIM 技术能够高效识别不同构件和面层，根据几何结构和物理信息对各种构建进行测算，所获得的工程量清单和设计参数都具有更高的精度和准度。一旦发生设计变更，即可在模型中进行调整，动态增减分析成本，从而显著提高造价管理能力。另外，运用 BIM 协作平台创建项目造价数据库，可以实现对整个建造过程中涉及成本和流程报验审批工作的信息化和标准化，同时将整个工程与造价相关的信息整合起来，以便后期及时准确地查阅、调用和核对各种数据[95]。

但目前 BIM 平台缺乏统一标准与评价体系，此外大多数企业尚未将 BIM 技术应用提升到数字资产管理高度，各参建单位在 BIM 技术应用上各自为战，导致 BIM 技术很难发挥数字传递价值[96]。加强这些问题的探讨，将使 BIM 技术跨上新台阶。

(2) 工程建设全过程咨询业务

工程建设全过程咨询是对工程建设项目前期研究和决策以及工程项目实施和运营的全生命周期提供包含设计和规划在内的涉及组织、管理、经济和技术等有关方面的工程咨询服务，它为项目决策、实施和运营持续提供局部或整体解决方案，避免“碎片化”咨询管理，从而有效防控项目风险[97]。工程建设全过程咨询具体内容有以下几项：向项目前期延伸的有施工图设计审查、招标代理、清单编制和造价咨询等；向项目管理延伸的有代建、代建＋监理一体化、变更索赔审查和项目管理咨询等；向项目后期延伸的有决算编制、后评价等[98]。

(3) 智能地质勘查业务

随着智能技术的不断涌现，勘察设计人员能够在开展具体工作时将最新智能技术应用于地质勘查和数据收集分析之中，增强勘查设计准确性及全面性。智能地质勘查业务具体有 2 方面内容，一方面是深层地质探测，借助雷达等先进探测技术，可以对地质构造和地形条件复杂地区的施工地质状况进行深层探测，对矿物、水文、地质、地形等环境信息自动扫描识别和存储；另一方面是遥感大数据智能解译，基于勘测大数据和遥感观测数据，对施工区域海量的多维度勘查信息进行智能分析，实现有用设计参考数据的快速提取和勘查数据的自动分类等。

2.4.2 施工阶段业务优化

(1) 智慧工地

智慧工地是将 BIM、GIS、云技术、大数据、移动通信、物联网监测、远程视频监控等技术与建造技术深度融合的产物，贯彻了精益建造、绿色建造和生态建造的“数智建造”理念。

搭建智慧工地管理平台，可将各子系统完美整合的同时，实现所有系统功能在信息化管理平台上实时展示。智慧工地管理系统平台的主要功能要求为：

① 具有真实地理空间坐标的、可快速更新的实景三维(3D)模型。以具有真实地理空间坐标的3D实景模型作为系统大场景的数据源。

② 人员、车辆定位信息的管理。构建完整的人员、车辆信息数据库，可将人员、车辆的定位信息实时显示在3D模型中，给用户在真实场景中最直接的视觉感受。

③ 高清视频监控与3D模型的无缝融合。将视频监控接入3D模型场景中，在3D模型场景中进行浏览、查看，并做出智能分析响应。根据系统预设智能识别相关问题，及时给施工管理人员发送预警信息，提高管理水平效率的同时降低管理人员工作强度[99]。

利用这些功能将工地现场的工人管理、安全管理、质量管理、进度管理、生态环境管理、设备管理、物料管理等集于一体，实现综合化。目前智慧工地已经在建筑领域广泛应用，但在港口建设领域应用较少。

(2) 电子招投标

① 基于区块链和大数据智能分析技术的智能评审平台

区块链技术不仅在引入供应商时对招标人和投标人的数据形成不可篡改的记录，还可以在专家评审过程中，将评审的每个环节数据加密记录在区块链上，保证数据的原始、不可逆、不可改，保证评标过程和结论记录的完整性和真实性。区块链技术可以为每一位专家创建唯一数字身份，在评标过程中，全面记录评标过程，系统可以进行追溯和评价，保证参与专家的行为规范合理，从而保证项目的公平性和公正性。

首先，可以利用大数据技术对既往案例中围标串标的特点和规律进行总结提炼，帮助增强评标专家的甄别能力。其次，在电子招投标过程中通过大数据技术分析招标人、投标人、代理人、评委之间的关联关系，真正做到利益相关者回避，保证项目评审处于相对公平的平台。再次，通过在评标过程中，先应用大数据技术对投标文件根据进行筛查，筛选出有异议或需澄清的问题发给评标人来鉴别，再根据情况由投标人澄清或解释，从而杜绝弄虚作假或围标串标情况的发生。参与专家的行为得到有效规范，从而保证项目的公平性和公正性。

将区块链技术和大数据技术应用到电子招投标上，开发资格预审智能评审平台。目前，国家电网已经开发基于大数据的全流程资格预审智能评审平台，统一供应商申请文件的结构格式、固化评审专家工作流程和过程记录，有效避免了专家人工评审的差错，主动帮助供应商提升申请文件的编制质量，解决了招标标段数量多、评审规则复杂和参考规则多样影响决策的问题[100]。

② 基于人工智能的智能评标系统

在评标过程中，借助于人工智能技术对投标文件进行全面的评审，结合评标专家的评审对投标文件进行全面的审视；也可用智能评标系统对投标人的投标文件进行分析，分析其围标串标的可能性，亦或对投标文件存在的在关键、重要技术上的缺陷提出建议供评标专家进行参考，甚至可以探讨人工智能评标为主的可能性。

开发基于人工智能的智能评标辅助系统，可以帮助招标单位更科学地决策和定标。目前已经有公司开发基于人工智能及企业信用数据的智能评标辅助系统，对投标单位自动进行信用的评级，提高对投标单位资质的审查，避免了传统企业信用评估过程中的人为干扰情况的发生，提高了评价的科学性及合理性[101]。

(3) 施工图、施工方案和施工合同智能审查

智能审查，是指通过人工智能的方式，自动识别文本、图片、格式等是否符合规范标准，从而提高审查的效率，节省人力成本，降低内容安全风险，是当前智能建造领域的研究热点，随着人工智能技术的发展，智能审查逐渐成熟，分为合同审查、施工图审查和施工方案审查。

合同审查：合同智能审查方面，赵旭升等[102]对现有合同文本数据进行研究和分析，从合同类别、合同标的、合同相对人等维度进行分类，对合同文本进行结构化处理，提取合同文本关键要素。依据相关法律法规、管理制度、合同审查规则、历史合同审查记录等对数据进行标注，制定审查规则。利用自然语言识别技术，建立数据模型，输入语料库和合同文本数据。同时，通过机器学习大量的合同文本及审查规则，使机器掌握相关内容并形成自身的知识图谱，并通过不断地学习提升审查能力。李玲等[103]对自然语言处理的合同智能审查应用设计进行研究，合同智能审查应用的功能设计为 2 大类：一是合同关键信息自动提取，实现系统自动填写合同表单的能力；二是合同智能预审，对合同文本中可能出现的错误、风险等进行主动提示，降低风险，减少人工审查的工作量。目前合同智能审查在我国处于起步阶段，一方面中文以意合为主、缺乏形态标记，规则制定和语义识别有一定的难度；二是对于非结构化的复杂内容还无法进行处理，仍需要进行人工审查。

施工图审查：甘晨[104]开发了基于 IFC 和本体的施工图合规性审查的原型系统，用于辅助人工审查建筑施工图，减轻审查人员的工作负担，提高审查工作效率，在一定程度上避免审查工作中出现建筑设计规范条文漏审和错审的情况。

施工方案审查：X.Xu 等[105]基于语义技术和人工智能技术对城市地下管网的空间配置进行合规性审查，利用人工智能技术自动推理出最合适的地下管网

配置以及当前的管网配置是否会发生碰撞和对未来的影响。

深圳市住建局和重庆市万科四季花城项目都已经采用施工图智能审查来辅助人工审查，同时，研发出施工图智能审查系统，并与设计管理系统对接，针对建筑、结构、给排水、暖通、电气5大专业的国家设计规范，实现批量自动审查，单张图纸审查时间平均约6分钟，准确率达到90%以上[106]。

2.4.3 运维阶段业务优化

工程项目建设完成并交付使用后，业主方需要组织开展设备的维护保养，所属区域内卫生、安全的保持，基础设施的维修管理等工作。从设备安全经济实用的角度来说，维保人员必须做好日常维护管理，消除不良因素与隐患，切实保障建筑工程建造的安全与质量[107]。

集成BIM、物联网、大数据、人工智能以及VR等新兴技术的建筑设备运维管理系统是目前的一大应用趋势。BIM技术实现了对设备的全生命周期信息的动态化管理，实现了从购买安装到使用等全流程的有效管理。在BIM中，项目各参与方具体负责设备资料录入工作，联通设备的基本资料、合同文本以及维修保养手册等，形成设备的动态数据库，并在设备运维期间不断完善、更新设备运维情况。物联网技术主要通过大量传感器的布置，实时采集与传输，掌握其能耗、温度等基本情况，对比分析实时数据与设计数据，超出临界线及时预警。大数据和人工智能技术实现对建筑设备工程大数据的分析，能够对设备的故障、年限、隐患做出判断分析。VR等可视化技术能够通过沉浸式体验，实现对空间的优化设计，合理规划配置设备，实现对设备配置与运行的有效管理。基于云计算技术，对环境、安全、设备、人员等多维多级建筑运维信息进行云端存储、快速计算、优化处理等操作，为运营单位提供监测、预警等全方位决策分析支持，提高运维和管理效率。

我国运维管理方面的技术并不成熟，研究探索的重点主要偏向于建筑信息对运维管理的实践运作方面，在运维管理的生命周期以及理论结构的构建方面有所欠缺，且建筑信息在运维管理领域中的作用相对比较小。国外运维管理正朝着专业化、智能化、可视化方向不断发展，在设备管理研究方面已经很成熟，市场上已经出现了大批优秀的设施管理软件，比如Archmibus、BentleyFM、MAXIMO等，能为用户提供完整的设施管理解决方案[108]。国内设备运维管理依然停留在以“物业＋BIM”管理为主体的阶段，未将建筑设备的作业运维与BIM设备模型深度融合[109]。

当前，建筑业运维阶段智慧化管理主要集中在以下3个方面。

(1) 工程与资产管理

建筑设备的运维管理包括建筑设备的维护和建筑设备的运行，建筑设备的运维管理成本常常会占到运维总成本的一半。通过对建筑资产的运维管理成本合理规划和使用,可以很大程度地降低后期的运维费用。建筑设备运维管理的对象包括建筑物暖通系统、给排水系统、机电建筑设备系统、建筑周边市政基础设施等。建筑设备运维管理的目的是保障运维对象的正常运转,让建筑设备更好地服务于建筑使用者,提高居住环境品质[110]。传统的设备资产管理方式一般依赖非自动化的形式,以纸张文件作为管理系统的数据资料,对于一些重要的设备会用到条形码,实现资产的识别与管理,但管理效率较低,管理数据出错率较高。因此,如何实现精确的设备资产管理,代替人工管理,从而提高数据的精准度是日后发展大方向。

(2) 能源管理

能源管理主要是对建筑设备的能耗进行管理,如建筑物的照明能耗、暖通和空调能耗等。通过管理可以适当提升能源的使用效率,降低能源消耗,提升人居环境品质的同时还能够最大化降低运维成本,延长建筑设备的使用寿命[111]。因此,BIM 的探测模块将会主动收集水、电、气、冷热源消耗的基础数据,对比各系统能源消耗的实时数据及历史数据,通过图表形式呈现建筑设备的能耗使用情况。商用项目建筑设备能源管理的业务需求主要包括能源消耗信息及能耗预警等功能。其中,建筑设备能源消耗信息包括实际能耗、设施运行效率等。能耗预警包括历史能耗、设计能耗、能耗预警线等。按照 BIM 设定的能源参数并结合设备能耗历史数据,动态调整建筑设备运行状态,科学预测未来设备能耗情况,调整优化设备能源使用计划,力求在满足使用环境需求的前提下实现建筑设备能耗最小化[112]。例如国际学术交流中心项目日常运营与维护[113]涉及监控监测、门禁安防、报警系统等工作。如:运维报警系统根据故障监测采集到的各种关键故障数据分别进行实时不间断的数据分析,包括信息数据对比、信号处理逻辑数据分析、智能管理数字化数据分析、故障自动识别诊断等[114]。

(3) 应急管理方面

在传统的应急管理工作中,通常是灾害发生后,管理人员关注灾后管理工作,在面对突发事件时,往往缺乏临时应急管理能力,对应急预案的响应迟钝[115]。假设需要进行人流疏散的时候,人们在面临突发事件时做出的行为运动相对于正常状态下会变得不受控制,传统的应急管理工作很难对人流进行合理妥善地疏散,而 BIM 技术能够以其三维可视化的特点进行准确定位,在需要进行疏散的时候,可快速提供最佳的几条疏散线路,同时可以向救援人员、管理人员提供实时信息,在时间上最大可能地将损失降到最低。在建筑物的给排水管道出现破裂的情况时,通过 BIM 技术可准确发现管道破损的位置,在突发事件发生初期就可以提供有效手段进行控制,与传统的模式相比,运用 BIM 技术可以事先进行方案模拟,提高管理效率[116]。

2.5 数智建造组织要素

组织治理是在企业组织架构内，对企业组织流程、组织结构、职能职责、管理方式、组织机制、组织文化等进行协调以实现组织目标的过程。在数智建造环境下，建筑企业信息化进程日益加快，新一代信息技术催生建筑企业利用数字化管理工具解决企业粗放低效的管理方式，提高建筑企业组织治理的有效性以使建筑企业适应智能建造的发展需求。组织治理作为数智建造框架体系维度之一，从建筑企业组织机制、管理方式、企业数字化治理等方面阐释建筑企业为适应智能建造发展需求在企业职能职责调整、企业员工变动及岗位匹配等方面的转型升级，从企业层级为建筑企业提供价值保障。

数智建造是做强做优中国建造的关键抓手，是国家发展的重要驱动力之一。2020年7月，住房和城乡建设部、国家发展和改革委等13部门联合发布了《关于推动智能建造与建筑工业化协同发展的指导意见》(以下简称《指导意见》)，《指导意见》明确提出：到2025年，推动形成一批智能建造龙头企业，引领并带动广大中小企业向智能建造转型升级，打造"中国建造"升级版；到2035年，我国智能建造与建筑工业化协同发展取得显著进展，企业创新能力大幅提升，产业整体优势明显增强，"中国建造"核心竞争力世界领先，建筑工业化全面实现，迈入智能建造世界强国行列。可见，智能建造是中小企业实现弯道超车的有效方式，为智能建造环境下我国建筑企业的未来发展指明了方向。

但对标发达国家建筑企业，国内大部分建筑企业在管理体制、经营机制、数字化建设及核心竞争力等方面，与美国、日本、法国等发达国家建筑企业还存在较大差距。从自身发展看，建筑企业产权结构单一，国有股份比重大，受限于体制机制的约束，现代企业制度不完善，市场意识不够，竞争意识较差，缺乏积极性和主动性。从市场规模看。建筑业总产值虽然持续增长，但增速连续2年下降，2024年建筑业总产值增速3.90%，相比2022、2023年分别降低了2.60%、1.90%。因此，依托数字技术手段推动企业转型升级，深化企业改革，提升核心竞争力，拓展新兴市场和海外市场将是建筑企业未来重点发展方向，也是必然选择。

因此，建筑企业需吸收数字化转型的新理念、新内涵。首先，企业领导者必须对数字化转型有清晰的认知、有坚定的信念、有持续投入的魄力。其次，赋予数字创新文化新内涵，树立想转敢转的创新意识，将数字创新作为企业文化建设的重要组成部分，明确转型升级发展目标和发展方向。最后，利用数字化技术手段，改变原有落后的生产方式和管理模式，用数字化驱动产业转型升级。

此外，建筑企业需创新数字人才培养机制及组织管理模式。建立数字技术人才引、培、用机制，规范数字创新人才的能力素质标准，明确数字技术人才需求，积极引进高端数字人才，着力解决数字创新人才紧缺问题；建立基于能力水平的数字技能人才培养计划，结合工程建设主营业务，提升数字技能人才的专业能力及跨界融合能力，为人才发展指明成长路径；以重点项目为依托，为人才的快速成长提供实践锻炼平台，实现数字技术人才与建筑行业的融合。建立符合数字化转型的组织架构及现代企业制度，加大改革力度，做到标准化、流程化、细节化，加快组织管理信息化建设，推动企业由粗放式管理向精细化管理转型，提升企业管理效能及组织效能，为数字化转型升级提供坚强的组织保障和人才支撑。

2.6 数智建造人才要素

数智建造是在信息技术与工程建造深度融合背景下提出的，培养适应智能建造背景的专业人才，尤其需要掌握信息技术方面的知识与方法，以实现信息技术与土木工程知识的融会贯通[117]。同时，数智建造正促使建筑业发生深刻变革，支撑这一变革的关键因素正是拥有高水平信息技术的专业人才。

建筑业作为我国发展的重要支柱，国家投入巨大，然而科技发展水平相对滞后。建筑企业在数智建造技术推广应用与企业数智技术融合发展方面都面临技术人才短缺、培训标准不齐备的问题，同时企业自身改革的滞后性导致建筑行业从业人员职业化进展缓慢。因此，培养适应建筑行业未来发展需要的创新型智能建造专业人才、为建筑企业提供人才保障、弥补建筑企业智能建造复合型人才缺乏短板，对我国建筑企业向智能建造方向发展具有重要意义。

在国家层面，为推进建筑工业化、数字化、智能化升级，加快建造方式转变，推动建筑业高质量发展，2020 年 7 月发布的《指导意见》明确指出加大人才培育力度，各地要制定智能建造人才培育相关政策措施，明确目标任务，建立智能建造人才培养和发展的长效机制，打造多种形式的高层次人才培养平台。鼓励骨干企业和科研单位依托重大科研项目和示范应用工程，培养一批领军人才、专业技术人员、经营管理人员和产业工人队伍，加强后备人才培养，鼓励企业和高等院校深化合作，为智能建造发展提供人才后备保障。

在企业层面，为响应国家数智建造发展需求，建筑企业应积极组织企业职工参与 BIM 工程师、装配式工程师、智能建造工程师等专业证书考试，为企业数智建造发展储备人才；设立数字化人才岗位及数字化专业人才培养机制；采用信息技术创新员工工作模式等。

从国家、企业在数智建造方面做出的努力可见，建筑企业为适应数智建造需求在人才培养方面应制定健全人才扶持政策。一是建立健全人才政策体系。建立数智人才定向培养、激励机制和高端数智人才引进机制，打造适应建筑行业转型需求的数智专业人才供需信息平台，拓宽人才引进渠道。二是建立绩效考核机制，强化绩效激励机制和惩罚约束机制，完善绩效考核评价体系。培养适应数智建造需要的复合型人才是建筑企业走向数智建造时代的关键环节，国家有需求，企业有动力，数智建造的人才队伍才会不断壮大，才会不断给国家、企业提供人才保障。

3 数智建造现状及发展趋势分析

本章基于数智建造领域研究热点及趋势，从国家政策的角度分析数智建造的政策导向，从港口企业、工程咨询企业两个角度分析数智建造应用现状及企业数智化转型现状，从而为天津津港建设有限公司的数智建造战略和实施路径提供理论基础和参照标杆。

3.1 基于文献计量学的数智建造研究热点分析

3.1.1 分析方法与流程

(1) 文献计量学方法

文献计量学是指运用数学和统计学的方法，定量地分析一切知识载体的交叉学科，它是集数学、统计学、文献学为一体，注重量化的综合知识体系。文献计量学通过对科学文献进行统计分析可以探究某个研究领域的发展历史与研究重点[118]。利用文献计量学方法能从宏观层面理清数智建造的整体热度和热点趋势，这对于洞悉建筑行业和港口工程数智建造发展现状至关重要，并且通过对数智建造发展现状的研究可以明确建筑行业和港口工程在数智建造方面的发展方向。因此，采用文献计量学方法，以知识图谱可视化的方式揭示建筑行业与港口工程企业在数智建造方面的研究热点，为建筑行业和港口工程企业数智建造的未来发展方向提供科学依据。

目前，使用文献计量学方法对某一研究主题以知识图谱的方式进行可视化展示的软件有 CiteSpace 、VOSviewer 等。CiteSpace 作为绘制知识图谱的代表性软件已经在经济管理、工程科技等方面得到广泛应用，逐渐成为科学研究的新方法和新趋势[119]。它是一款在科学计量学、数据和信息可视化背景下发展起来的着眼于分析科学文献中蕴含的潜在知识，通过可视化的手段来呈现科学知识的结构、规律和分布情况的引文分析软件[120-122]。因此，在后续的知识图谱展示方面皆利用 CiteSpace 软件进行数据处理。

(2) 分析流程

利用文献计量学方法进行数智建造研究热点分析的流程如图 3-1 所示，涉及数据收集、数据清洗、整体热度分析和热点趋势分析等过程。

① 数据收集。使用具有代表性的期刊搜索引擎——中国知网的中文数据库进行数据收集，检索的数据仅限于期刊文章或会议论文，不包括硕博士学位论文。

② 数据清洗。数据清洗的目的在于过滤掉与智能建造研究主题不相关的期刊文章或会议论文，并将代表具有同一含义的关键字规范化，以提高智能建造研究热点趋势分析的准确性。

③ 整体热度分析。借助知识图谱以可视化的方式展示文献在不同年度的分布情况，以此理清智能建造研究主题在同一时间轴上不同年份的发展脉络。

④ 热点趋势分析。利用数据清洗后的文献关键字，从智能建造相关应用、智能建造技术发展等角度，结合人工分析以知识图谱展示的方式，探究智能建造在建筑行业和港口工程企业的研究热点趋势。

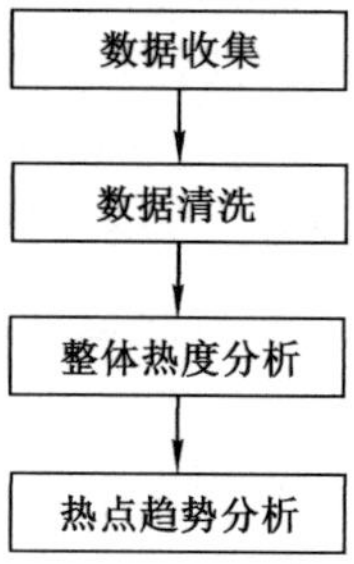

图 3-1　数智建造研究热点分析流程

3.1.2　建筑业数智建造研究热点分析

（1）数据收集

为保证研究数据的全面性与可靠性，本书选择中国知网作为数据源，以“主题(数字化＋数字化转型＋数字化技术＋数字化应用＋数字转型＋智慧建造＋智能建造)AND 主题(建筑业＋建筑行业)”为检索式在中国知网中进行检索。发现第一篇相关文献发表时间为 1986 年，文献大规模增长的起始年为 2008 年，于是对检索时间范畴进行了重新界定，限定时间区间为 2008—2020 年(2021 年数据不全暂不分析)；初步检索出 824 篇文献，经剔除与本研究主题无关的文献后，最终得到 531 条有效文献作为此次分析的基础数据。

（2）整体热度分析

建筑业智能建造随时间发展的研究热度趋势如图 3-2 所示。从 1986—2020

年建筑业进行智能建造研究的年度发文量变化趋势可以看出，发文量的变化趋势可以划分为 2 个阶段，第一阶段为 2008—2013 年，第二阶段为 2013—2020 年。

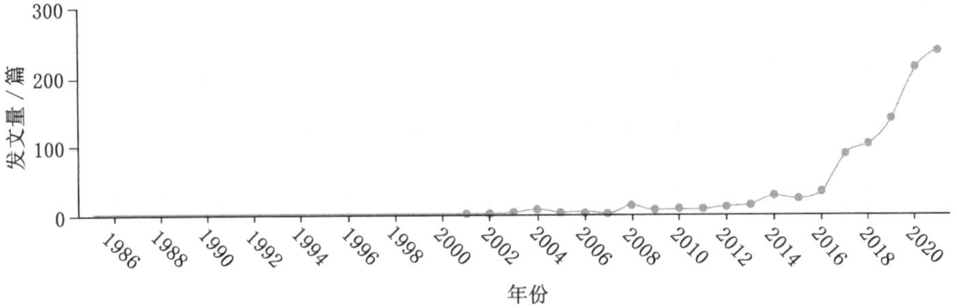

图 3-2　建筑业智能建造随时间发展的研究热度趋势

2008—2013 年期间，在中国知网可检索的建筑业智能建造的年度发文量连续 6 年维持在 20 篇以内，且以相对平稳缓慢的速度增长。这期间的研究主题主要围绕 BIM 技术在建筑业的应用、智能建造的建造理念、建筑智能楼宇等方面。年度发文量缓慢与 BIM 技术在我国还处于概念阶段有关，到了 2012 年，住房和城乡建设部发布了《关于印发 2012 年工程建设标准规范制订修订计划的通知》才正式宣告 BIM 技术时代的到来，智能建造开始崭露头角，因此这期间学者们在智能建造方面的发文量相对较少。

2013 年以后，建筑业智能建造年度发文量呈现爆发式增长，2020 年年度发文量突破 200 篇。2014 年，为贯彻落实党的十八大精神和习近平总书记关于国资国企改革的指示精神，住房和城乡建设部发布了《关于推进建筑业发展和改革的若干意见》，我国建筑业在市场、技术、管理等方面都出现了改革的"大动作"，这使得我国数字建造、智能建造进入全面发展阶段。建筑行业在国家政策的刺激下大力发展智能建造，学者们掀起智能建造方面的研究热潮。这与该时期国内学者广泛关注如何提高建筑行业的数字化、智能化程度的现状相吻合。

(3) 热点趋势分析

将数据清洗后的关键词利用 CiteSpace 以知识图谱的方式展示出建筑业在数智建造方面的研究热点趋势，如图 3-3 所示。图 3-3 以关键词时序变化的方式演化出建筑业在数智建造领域的研究热点趋势。图中的线条表示各关键词之间的内在联系，线条的起始位置表示该关键词首次出现的时间，"+"越大表示关键词出现的频率越高，是学者们文献研究的高频关键词。

由图 3-3 可知，2010—2013 年学者研究的热点为 BIM 以及建筑业协会在建筑业中推动 BIM 技术的应用；2014—2016 年为建筑业信息化、人工智能、物联

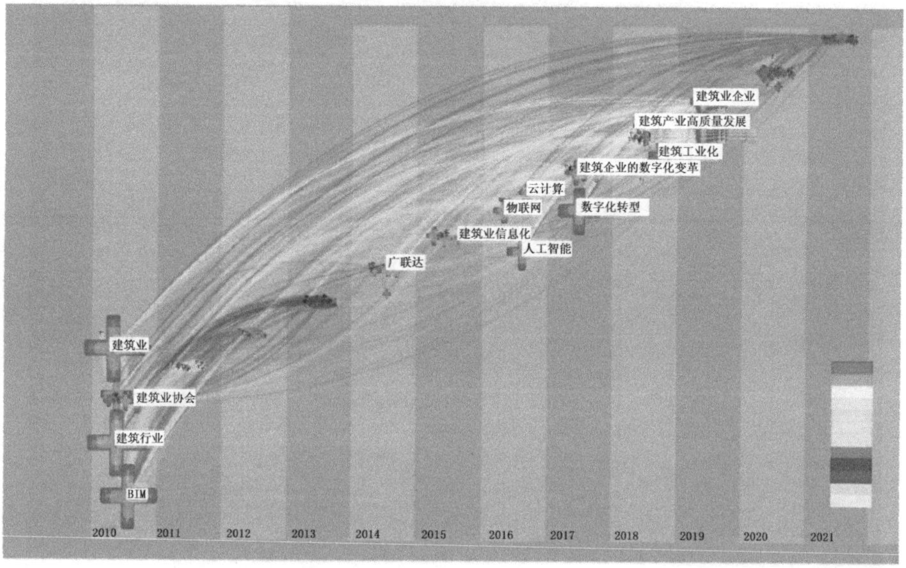

图 3-3 建筑业数智建造关键词时序变化图

网、云计算等新兴技术的应用；2017—2020 年为建筑企业的数字化变革、数字化转型、建筑工业化、建筑产业高质量发展等。由此可推断，在国家推行 BIM 技术的背景下，以 BIM 技术的发展为抓手推动建筑业信息化，并辅助“大智移物云”（大数据、人工智能、移动互联网、物联网、云计算）等新兴信息技术加强建筑业数字化、智能化发展。

3.1.3 港口项目数智建造研究热点分析

（1）数据收集

以“主题（人工智能＋智能技术＋机器智能＋人工智能应用＋数字化＋数字化转型＋数字化技术＋数字化应用＋智能建造）AND 主题（港口＋现代港口＋数字化港口＋绿色港口＋枢纽港）”为检索式，时间跨度设置为 2010—2021 年，在中国知网数据库中进行数据检索，并剔除与港口项目数智建造研究主题不相关的文献，共收集到 181 篇文章。

（2）热点趋势分析

将数据清洗后的关键词利用 CiteSpace 以知识图谱的方式进行展示，如图 3-4 所示。在图 3-4 中，线条代表关键词之间的内在联系，线条的起始位置代表关键词首次出现的时间，圆点代表关键词出现的频率，圆点越大表示关键词出现的频次越高，是学者们在文献中高频使用的关键词。

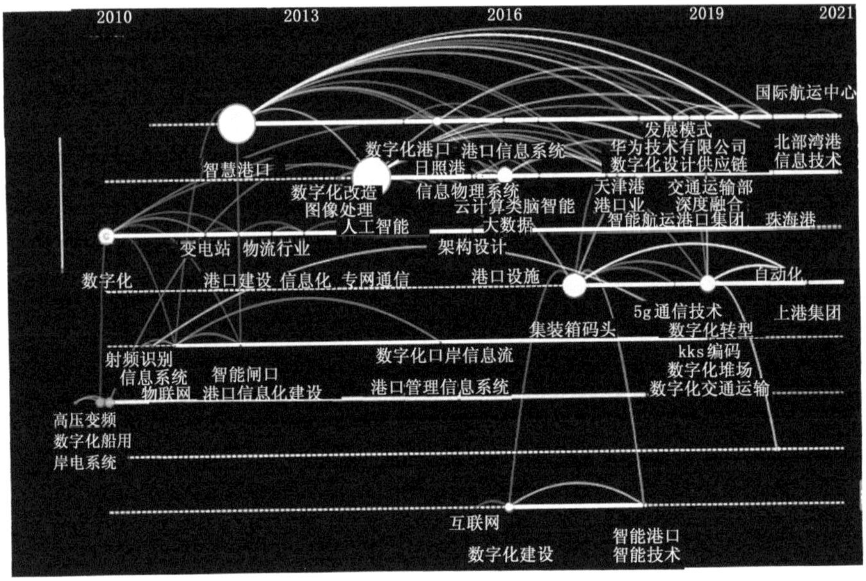

图 3-4　港口项目数智建造关键词时序变化图

从图 3-4 可以发现，2010 年港口数字化的概念已经出现，主要集中在“高压变频数字化船用岸电系统”，以“油改电”的方式向绿色港口迈进。2011 年物联网、射频识别信息系统被广泛运用在港口的装卸设备、船舶、集装箱、车辆、仪表等中，让物体有了“知觉”[123]。与此同时，智慧港口的概念在 2012 年应运而生，智能技术（物联网、传感网、云计算、决策分析优化）主要应用于集装箱智能闸口、物流运输实时监控、智能堆场通信及定位等方面[124]。倪鹏[125]提出“智慧港口”不仅是新技术创新应用，更是生产关系的深刻变化，势必带来管理、组织、生产的改革以及生产方式与业态的变化。

2013 年港口信息化出现，我国港口信息化基础设施建设初具规模[126]，港口物流行业顺势发展[127]，港口企业的档案信息化建设得到加强[128]。随着信息技术的发展，基于卫星遥感图像可对岛屿岸线以及港口码头进行人工智能提取，人工智能技术在港口中得到应用[129]。同时秦皇岛港口利用视频采集、图像处理等新型智能方式对港口监控系统进行数字化改造[130]。2016 年日照港在打造数字化港口的同时全面加强信息化建设，建成基于统一数据平台的、集成化的、满足港口需要的信息化应用系统[131]。各港口大力建设港口管理信息系统，实现港口业务过程数字化、管理数字化、服务体系数字化、基础设施数字化[132]。

港口智慧化数字化浪潮持续推进，大数据、云计算、信息物理系统逐渐应用在智能港口中促进智能航运发展[133]。港口企业数字化管理平台开始进行架构设计，以加强港口设施数字化管理[134]，如大连港港口设施在技术层、数据层、服务层和应用层建设数字化管理平台[135]，连云港进行港口设施数字化综合管理平台建设的顶层设计[136]。面对全球工业4.0和“互联网＋”的发展趋势，自动化集装箱码头成为智慧港口发展的一个重点[137]。同时，全球首款“无人驾驶电动港口牵引车”在天津港试运营，可以无缝对接自动化堆场、全自动集装箱码头、集装箱码头操作系统[138]，为智慧港口建设带来一次新体验。人工智能[139-143]、区块链、大数据、机器视觉、计算机视觉、视频分析、图像处理、5G通信[144]等技术在港口、航运中实现了自动化在集装箱码头智能理货系统、港口无人区报警系统中的广泛使用。

在新一代信息技术的驱动下，港口企业数字化转型迫在眉睫。李克武[145]认为数字化转型本质上是新一代信息技术驱动下的一场港口生产作业、管理模式和商业模式的深度变革和重构，是业务转型。柳遵梁[146]认为港口集团数字化转型可以理解为港口运营进行模拟信号转数字信号的过程。在数字化转型中，日照港集团制定了《智慧港口建设3年行动计划(2019—2021)》，以全面提升信息化水平、工艺装备智能化水平及人才支撑水平[147]。饶恒[148]认为数字化转型的落脚点和核心，就是以客户为中心、以价值创造为目的打造产业互联网平台。

2020年8月，天津市政府印发《天津市建设国家新一代人工智能创新发展试验区行动计划》，要求天津港集团紧密结合5G、区块链、人工智能、物联网等新一代信息技术，创新港口生产运营模式，全面提升生产运营自动化、智能化水平，加快世界一流智慧港口建设。张杰[149]认为5G＋人工智能势必使交通行业迎来数字化转型的快速发展期，促进港口数字化转型与智能化升级。叶艳霞[150]认为实现天津港智慧港口的转型升级，迫切需要搭建数字化能力平台。

此外，人才培育也成为港口建设的一部分。人工智能技术应用是自动化码头构建智能航运生态的引擎，加快培育集装箱运输工匠型专业人才则为智能港口提供智力支撑和人才保证[151]。未来港口行业的一些岗位会被智能机器人所取代，因此人工智能对港口机械与自动控制专业人才提出了新要求[152]。

3.1.4 数智建造技术综合评述

本节从文献计量学的角度对数智建造应用现状展开研究。对建筑业与港口工程企业进行数智建造的研究热点分析，并以知识图谱的形式进行可视化展示，明晰了建筑业与港口工程在数智建造方面的发展脉络、研究热点。主要结论如下所示：

(1) 从建筑业数智建造研究热点分析可以发现,BIM、物联网、人工智能、云计算、大数据、区块链等技术是学者们在建筑行业的研究热潮。在2008—2013年,BIM技术在我国处于概念阶段,2013年之后BIM技术在我国处于科普阶段。BIM技术的发展推动我国建筑行业进入信息化时代,同时随着全球工业4.0的浪潮与“大智移物云”等新兴信息技术的发展,不断加速了我国建筑业进行智能建造的发展步伐,这也与建筑业数智建造整体热度上升趋势相吻合。但这一热点趋势背后的原因在于建筑企业在数字化浪潮中实现数字化、智能化转型,从而实现建筑产业工业化、建筑行业高质量发展及各行业协同发展的目标,这一目标也为建筑企业在智能建造过程中进行数字化转型指明了方向。

(2) 从港口工程企业数智建造研究热点分析可以发现,BIM技术、物联网、人工智能、云计算、大数据、5G技术等关键词是学者们在文献研究中的高频关键词,而且港口工程方向的研究热点与建筑业研究热点趋势相似,这与港口工程作为建筑大类中的一个分支密不可分。同时,港口信息化、港口数字化发展中的脉络相对建筑行业较为清晰,这与我国在建筑行业发展的同时大力推动港口企业发展,将港口企业智能化打造成我国进出口的名片息息相关。从2019年开始,我国各大港口在国家政策的支持下开始进行数字化转型,港口企业开始自身的数字化转型探索之路。

(3) 通过建筑业与港口工程企业的研究文献发现,数字化专业人才对建筑企业数字化转型至关重要。建筑企业开始注重对相关建筑专业及人工智能方面人才的培养,这将为建筑企业数字化转型注入新鲜血液。但青年员工的培养周期较长,同时复合型人才数量不足,导致青年人才队伍数量难以满足长期需求。随着信息技术的飞速发展,企业对使用新型信息技术的专业数字化人才的需求日益增加,掌握信息技术的复合型人才对建筑企业的发展具有重要作用。因此,建筑企业需要创新人才选用机制、拓宽青年人才引进渠道。

3.2 数智建造政策导向分析

3.2.1 分析方法与流程

(1) 内容分析法

内容分析法是一种对文献内容进行客观、系统、量化分析的科学研究方法,最早应用于新闻传播领域[153],它将用语言表示的文献转换为用数量表示的资料,并将分析结果用统计数字描述,通过对文献内容“量”的分析,找出能够反映文献内容的本质方面的特征，从而克服定性研究的主观性和不确定性[154]。目前内容分析法被广泛地应用于政策的定量研究领域[155]。

（2）分析流程

利用内容分析法对我国数智建造政策进行分析的流程如图 3-5 所示，包含数据收集、数智建造政策分析框架构建、文本内容编码、量化分析及综合评述。

图 3-5 数智建造政策文本分析流程图

① 数据收集。选取我国中央政府数智建造政策文本作为内容分析样本。

② 数智建造政策分析框架构建。遵循内容分析法的规范性要求，以政策工具为切入点，根据政策理论工具制定分析框架，设计分析维度体系。

③ 文本内容编码。对分析单元进行定义，即对选出的各个数智建造发展政策文本中的政策工具内容进行编码、类目归类和量化转化。

④ 量化分析。将符合框架的低碳发展政策编号归入分析框架进行频数统计。

⑤ 综合评述。根据统计结果分析现有数智建造发展政策体系是否合理，对我国数智化政策在政策工具使用、参与主体和价值导向方面的特征进行描述。并以此为依据为企业未来数智建造发展提供有效的政策建议。

3.2.2 数据收集

从国务院政策文件库、各级政府部门门户网站和政府数据开放平台上检索相关政策数据，使用检索词“数字建造”“智慧建造”进行全文检索，检索时间为 2017 年 1 月 1 日—2021 年 7 月 31 日。为确保政策文本的权威性、代表性以及分析的科学性，遵循以下 3 个原则：一是发文单位为中央政府（包括国务院、国务院各部委及直属机构），即主要是国家中央层面的政策，不包括地方政府的政策；二是政策内容必须与数智建造发展密切关联，须直接体现发展数智建造的态度与措施，主要包括数智建造整体发展的促进政策、规制或治理政策、运行环境优化政策、重要行业（BIM、物联网、大数据、人工智能、云计算等）的发展政策等；三是选取的政策来源主要包括具有约束力的规划、意见、实施细则、条例、通知等现行有效的规范性公开文件。

基于上述原则，经过对政策的搜集、整理和提出，截至 2021 年 7 月 31 日，最终梳理出与数智建造政策相关度较高的政策文本 16 份，具体见表 3-1。根据筛选的政策样本，将文本进行编号处理，通过研读样本政策中的条款内容，将其中明确对数智建造加以规定和指示的条款进行逐一摘录，为后续文本编码工作做准备。

表 3-1　政策列表

编号	发文时间	发文机关	政策名称	文号
1	2017-02-21	国务院办公厅	《关于促进建筑业持续健康发展的意见》	国办发〔2017〕19 号
2	2019-09-15	国务院办公厅	《国务院办公厅转发住房城乡建设部关于完善质量保障体系提升建筑工程品质指导意见的通知》	国办函〔2019〕92 号
3	2020-04-07	发展改革办 中央网信办	《关于推进“上云用数赋智”行动 培育新经济发展实施方案》	发改高技〔2020〕552 号
4	2020-03-30	国务院	《关于构建更加完善的要素市场化配置体制机制的意见》	—
5	2020-07-14	发展改革委等	《关于支持新业态新模式健康发展 激活消费市场带动扩大就业的意见》	发改高技〔2020〕1157 号
6	2020-07-03	住房和城乡建设部等	《住房和城乡建设部等部门关于推动智能建造与建筑工业化协同发展的指导意见》	建市〔2020〕60 号
7	2020-08-28	住房和城乡建设部等	《住房和城乡建设部等部门关于加快新型工业化发展的若干意见》	建标规〔2020〕8 号
8	2020-09-21	国务院国资委	《关于加快推进国有企业数字化转型工作的通知》	—
9	2020-10-14	发展改革委等	《关于支持民营企业加快改革发展与转型升级的实施意见》	发改体改〔2020〕1566 号
10	2020-12-18	住房和城乡建设部等	《住房和城乡建设部等部门关于加快培育新时代建筑产业工人队伍的指导意见》	建市〔2020〕105 号
11	2021-02-24	国务院	《国家综合立体交通网规划纲要》	—
12	2021-03-13	—	《中华人民共和国国民经济和社会发展第十四个五规划和 2035 年远景目标纲要》	—
13	2019-07-25	交通运输部	《数字交通发展规划纲要》	交规划发〔2019〕89 号
14	2019-09-19	国务院	《交通强国建设纲要》	中发〔2019〕39 号
15	2020-08-03	交通运输部	《交通运输部关于推动交通运输领域新型基础设施建设的指导意见》	交规划发〔2020〕75 号

3.2.3 数智发展政策分析框架构建

为了更好地分析和研究数智建造政策体系的特点和规律，需要建立一个科学、合理的政策文本分析框架。本书拟从政策结构和政策要素入手，从政策工具、参与主体和价值导向这 3 个维度进行分析，如图 3-6 所示。

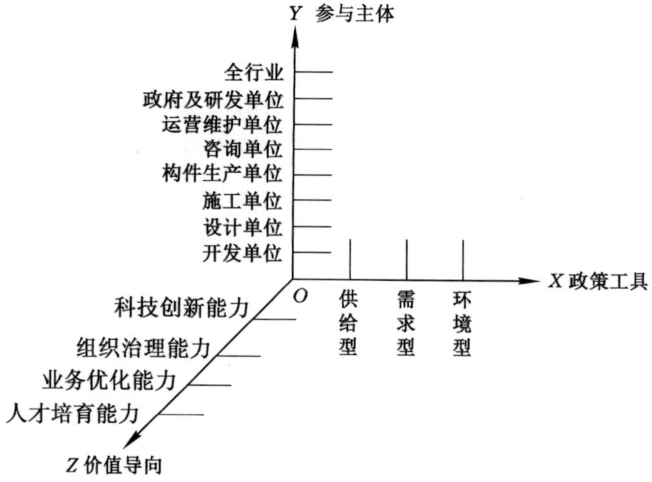

图 3-6 数智建造政策三维分析框架

(1) X 维度：政策工具

政策工具是决策者和政策实施者采用或者可能被采用，用以实现一个或者多个政策目标的手段[156]。很多政策本身也是政策工具，所以对于政策工具的研究从某种意义上讲也是对政策的研究。政策工具是研究国家公共政策的一种科学、有效的方法，近些年随着政策的科学发展，对国家公共政策继续进行分析的政策工具也在不断发展和延伸。所以，基于政策工具视角建立我国建筑行业数智发展政策分析框架，可以更深入地把握目前数智发展政策体系的特点、规律和趋势。

从不同的视角出发可将政策工具分为不同的种类，每种分类各有侧重，但并无对错之分。根据政策工具的目的性可分为命令型、劝导型、能力建设型和系统变化型 4 类[157]；根据政策工具的领域范畴可分为市场化工具、工商管理技术和社会化手段 3 类[158]；根据政府介入公共物品与服务提供的程度可分为自愿型、混合型、强制型 3 类[159]；根据政策工具对科技活动的作用方式，还可分为供给型、需求型以及环境型 3 类[160]。在研读国内外政策工具研究领域代表性文献的基础上，结合数智建造是传统建筑业务革新更迭的特点，本书拟采用 Rothwell 和 Zegveld 及国内学者较为普遍的分类主张[161]，将数智建造政策工具分为环境型、供给型和需求型建造3种基本类型，每种类型又可细分为多种具体的政策工具，因为该政策工具分类层次分明、边界清晰、有助于统计，具有可操作性；并且国家战略层面的数智建造政策作为待出台的相关地方性政策的指引，借此分类评估政策系统协调性，对后续政策制定和实施具有启示意义；再是此类划分基于文本研究人员在科技创新领域的多地实证调查研究而得出，如今在能源政策、电子商务政策、医疗政策、城市更新政策等方面均被跨学科运用，具有较强的代表性。

供给型政策工具更多表现为对数智化发展的推动力，政府通过人才培训、基础设施建设、资金投入、信息共享服务、技术支持、土地供应等举措直接拓宽数智化发展的横截面和纵截面。作为促进数智化长期发展的保障，人才培训、基础设施建设、资金投入、信息共享服务、技术支持、土地供应等均为数智化供给型政策工具的表现形式。

需求型政策工具是指政府通过对数智化发展进行关注和扶持等措施，刺激市场繁荣或重构新型市场，降低数智化市场风险和不确定性，其出发点在于减少数智化发展过程中可能存在的障碍因素，减少外部因素对数智化发展的影响，从而为数智化发展提供拉动力。需求型政策工具具体包括政府采购、服务外包、贸易管制、海外交流、试点示范等表现形式。

环境型政策工具强调外部因素对数智化发展的影响力和渗透作用，与供给型政策工具不同的是，其主要表现为一种隐性的、潜移默化的间接影响，为数智化发展提供有利的发展环境和条件。主要表现形式包括数智化策略型措施、系统性政策、目标规划、法规管制、评估机制、组织建设、税收制度、财务金融、宣传引导、安全保障等。政策工具及其含义见表3-2。

表3-2 政策工具及其含义

政策工具	具体工具名称	工具含义
供给型	人才培训	通过各层次教育和培训，培育适应数智建造发展的人才和劳动力资源
	基础设施建设	政府为发展数智建造、推动传统基础设施数字化和智能化升级而出资建设的各种基础设施
	资金投入	政府为推动技术创新提供财力援助，如研发经费、政策补贴等
	信息共享服务	政府通过共享信息等资源，发展数字产业
	技术支持	政府为鼓励发展数智建造相关的新技术和服务
	土地供应	将数智建造(新基建/装配式建筑)要求纳入土地出让条件，优先保障用地

表 3-2(续)

政策工具	具体工具名称	工具含义
需求型	政府采购	政府采购或招标电子化企业或机构的产品或服务(工程总承包)
	服务外包	支持、引导数智建造企业为其他企业提供数字经济产品外包服务
	贸易管制	政府对市场中流通的数智建造产品或服务进行管制
	海外交流	政府与海外政府、科研机构等开展经验交流、技术探讨和标准研制等
	试点示范	政府通过设立试点企业和示范区,吸引更多企业发展数智建造
环境型	数智化策略型措施	政府为促进企业技术创新,指引企业学习并应用新技术、新材料等措施,鼓励企业之间进行合并、联盟,实现传统企业转型升级
	系统性政策	政府发布的鼓励、规划、号召引导等一系列宏观方向性的指示
	目标规划	政府通过出台规划纲要、指导性意见等文件,规划一定时期内要达成的总体目标和发展路径
	法规管制	政府通过制定和颁布规范性政策文件来规范建筑市场,对相关市场主体进行监管
	评估机制	政府为保障数智建造良性循环,按照一定规则评估其建设过程和结果
	组织建设	政府加强组织领导建设所采取的措施
	税收制度	政府针对数智建造产业领域的企业或个人提供赋税减免
	财务金融	政府给予发展数智建造产业的企业贷款优惠,放宽其信贷限制等
	宣传引导	政府通过各种宣传手段营造发展数智建造的社会氛围,如加强宣传教育,举办各种数字化、智慧化的展会等
	安全保障	政府为保障数智建造安全发展,对可能存在的风险、漏洞进行预防和管理

(2) Y 维度:参与主体

建筑企业是建筑行业技术创新的主要推动者,以承包商为代表的大型建筑企业是技术创新的重要来源和采用者。建筑企业泛指一切以盈利为目的、从事建筑业直接相关生产经营活动的法人组织,包括设计规划、施工生产、运维管理等。建设项目施工时,内、外部门主体协作难度大,要求各参与方高度配合。另外,考虑到数智建造提倡全过程集成化管理,因此在原有参与主体划分的基础上增加全行业。

综上所述,将参与主体整理分析为开发单位、设计单位、施工单位、构件生产单位、咨询单位、运营维护单位、政府及研发单位以及全行业。

(3) Z 维度:价值导向

根据建设项目建造全过程的各个参与主体和产业价值链相关活动的规律,将数智建造政策价值导向维度包括以下几个方面:

① 科技创新能力，即在经营管理或施工作业现场活动的某些环节或者领域运用数字化技术手段，如 BIM、智慧工地、大数据平台、知识库、云平台、数字化基础设施在数智建造中的具体应用和发展方向等。

② 组织治理能力，如创新组织管理方式、制定数字化企业标准、提升 OA 平台功能、设立数字化资金、成立数字化中心等方面的具体转型举措。

③ 业务优化能力，如智能化生产与网络化协同能力、一体化运营管理能力、产业链集成能力、需求定义能力、增值服务能力、数字资源输出等方面的具体转型发展措施。

④ 人才培育能力，如组建信息创新团队以培育企业数字化人才、设立企业专职数字化岗位、为数字化人才设立专业办公渠道、制定企业考核机制、适应数字时代发展需求创新员工工作模式等。

3.2.4 文本内容编码

基于上述三维政策文本分析框架，对已选定的 16 份样本政策文本进行梳理，并按照“政策编号-条款序号-子序号”形式进行编码，部分未有子序号的政策文本采用“政策编号-条款序号”的形式，共得到 123 个分析单元及其编码。最终绘制以基本政策工具为基础的数智建造政策分析编码表，见表 3-3。

表 3-3 政策文本内容分析单元编码节选

编号	政策名称	政策文本内容分析单元	编码
1	《关于促进建筑业持续健康发展的意见》	二、深化建筑业简政放权改革：(一) 优化资质资格管理。进一步简化……政审批效率	1-2-1
		二、深化建筑业简政放权改革：(二) 完善招标投标制度。加快修订……工许可证。	1-2-2
⋮	⋮	⋮	⋮
13	《数字交通发展规划纲要》	九、完善标准体系加快完善……交流与合作	13-9
⋮	⋮	⋮	⋮
16	《国家综合立体交网规划纲要》	五、推进综合交通高质量发展：(二) 推进智慧发展提升智慧发展水平。加快提升……的创新平台	16-5-2

考虑到同一条目的内容可能会属于不同政策工具细类的情况，部分政策分析单元会视具体情况进行拆分，增加下一级子编码，保证政策文本编码的完整性。编码结束后，对编码结果进行频数统计分析。

3.2.5 量化统计分析

在对16份数智建造政策进行编码的基础上，根据数智建造三维分析框架中不同维度的主体分别进行单维度分析和混合维度的综合情况分析，主要包含：基于X维度的供给型、环境型、需求型三大政策工具分别进行的单维度量化分析，基于X维度加入Y维度展开二维交互分析，以及基于X维度加入Z维度展开二维交互分析。

(1) 政策维度量化分析(X维度量化分析)

通过对2017—2021年间数智化国家政策进行X维度分析，数智化国家政策中基本政策工具的应用情况见表3-4，政策工具分布情况如图3-7所示。结合表3-4及图3-7，供给型政策工具(人才培训、基础设施建设、资金投入、信息共享服务、技术支持、土地供应)占政策工具整体的69.92%，需求型政策工具(政府采购、服务外包、贸易管制、海外交流、试点示范)占政策工具整体的9.75%，环境型政策工具(策略型措施、系统性政策、目标规划、法规管制、评估机制、组织建设、税收制度、财务金融、宣传引导、安全保障)占政策工具整体的20.33%。从整体上看，数智化政策工具考虑了供给型、需求型和环境型政策工具的全面应用，为数智化发展起到多角度的促进和推广作用。但供给型和环境型政策工具应用比例过高，出现结构性失衡，表明政府相关部门更倾向于使用供给型和环境型政策工具来推动我国数字经济的发展，通过在数字化和智慧化建造领域的直接投入和支持来扩大有效供给的影响力，通过创造一系列良好的政策环境推动数字化转型。

表3-4 基本政策工具的应用情况

类型	政策工具名称	总数	各项比例/%	整体比例/%
供给型	人才培训	14	11.38	69.92
	基础设施建设	20	16.26	
	资金投入	6	4.88	
	信息共享服务	21	17.07	
	技术支持	23	18.70	
	土地供应	2	1.63	
需求型	政府采购	4	3.25	9.75
	服务外包	0	0	
	贸易管制	0	0	
	海外交流	0	0	
	试点示范	8	6.50	

表 3-4(续)

类型	政策工具名称	总数	各项比例/%	整体比例/%
环境型	策略型措施	9	7.32	20.33
	系统性政策	7	5.69	
	目标规划	0	0	
	法规管制	1	0.81	
	评估机制	0	0	
	组织建设	3	2.44	
	税收制度	2	1.63	
	财务金融	0	0	
	宣传引导	1	0.81	
	安全保障	2	1.63	
合计		123	100	100

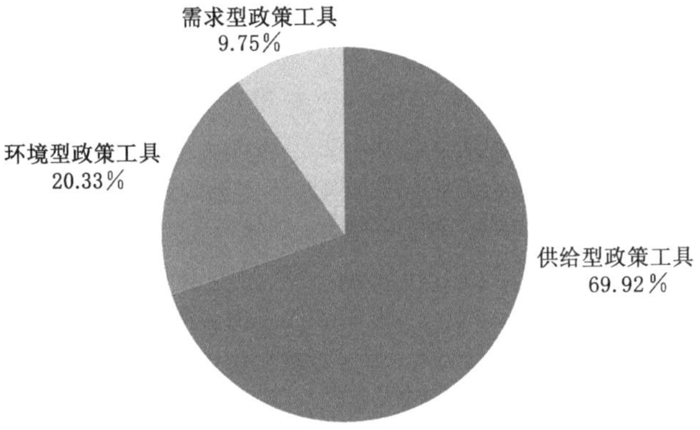

图 3-7　政策工具分布情况

同时，在供给型、环境型政策工具的内部，次级政策工具的选择上也存在显著差异：供给型政策工具整体应用过剩，“技术支持”在供给型政策工具中的数量最多，占供给型政策工具总体的 18.70%，其次是“信息共享服务”和“基础设施建设”，分别为 17.07%和 16.26%。在国家层面上，国家陆续出台了《交通运输部关于推动交通运输领域新型基础设施建设的指导意见》《关于完善质量保障体系提升建筑工程品质指导意见的通知》《关于支持新业态新模式健康发展 激活消费市场带动扩大就业的意见》等政策完善信息共享服务，促进了技术应用发展。这说明我国正在有计划、有步骤地全面推进数智建造的发展，从宏观层面对数智建造的发展方向作出指引，出资建设各种基础设施，出台了鼓励企业技术创新的措施，并制定相应的行业标准及技术规范，使企业数智建造转型更加有序、稳定地运行。技术创新支持政策工具亦为应用弱点，《关于完善质量保障体系提升建筑工程品质指导意见的通知》《住房和城乡建设部等部门关于推动智能建造与建筑工业化协同发展的指导意见》明确提出要加大对智能建造关键技术研究、基础软硬件开发、智能系统和设备研制、项目应用示范等的支持力度。在建造全过程加大 BIM 技术、互联网、物联网、大数据、云计算、移动通信、人工智能、区块链等新技术的集成与创新应用。推广工程建设数字化成果交付与应用，提升建筑业信息化水平。这为企业数智转型的技术创新和信息化管理提供重要支撑，但在实践中依然有大量技术创新问题需要解决。“人才培训”占供给型政策工具总体的 11.38%，且多侧重加大人才培训力度等宏观规划，而面对数智建造转型人才的巨大需求，政府尚未建立详细具体的人才培养机制。

在环境型政策工具中，“策略型措施”和“系统性政策”均有涉及，占比分别为 7.32%、5.69%，表明国家已意识到激励型政策对装配式建筑发展的重要性，并引导地方政府结合实际情况出台相应措施。然而，“税收制度”占比 1.63%，“财务金融”和“目标规划”占比为 0，说明当前我国数字建造发展的重心在信息基础建设方面，旨在通过强化信息技术支撑能力，为数智转型发展打下坚实的基础，但对建筑业数智转型的资金的扶持力度还相对较弱。

需求型政策工具较供给型政策工具和环境型政策工具应用上呈现失衡状态，尤其是贸易管制类政策工具有待进一步突破。需求型政策工具主要采用政府采购、服务外包和贸易管制等工具形式以减少转型发展的不稳定性，其对数智建造发展的促进作用在一定程度上比环境型政策工具更快捷和直接。然而，数智建造需求型政策工具应用较单薄，在具体政策工具层面实际只包括“试点示范”和“政府采购”，关于中国数智建筑领域的“服务外包”和“海外交流”的内容未上升到国家战略层面地位，更有贸易管制应用的缺失造成与实操工作的断离，严重弱化了政策的指引作用。

因此，在对在需求型政策工具的分析中，对于缺位或所占比例太少以至于不能为地方政策制定带来明确指引的中央政策条款，顶层设计决策层应随着数智建造的整体推进进度，综合衡量建筑业数智化转型的长、中、短期特点和需求，实行动态增补组合的策略来使企业数智化的政策体系更完善。

(2) 政策工具-参与主体二维交互分析（X-Y 二维交互分析）

将基本政策工具维度与数智建造参与主体维度结合起来进行交叉分析，政策工具-参与主体维度政策工具编码统计分布如图 3-8 所示，对图 3-8 中的编码单元进行统计分析，最终整理结果见表 3-5、如图 3-9 所示。

Y维度	人才培养	基础设施建设	资金投入	信息共享服务	技术支持	土地供应	政府采购	服务外包	贸易管制	海外交流	试点示范	策略型措施	系统性政策	目标规划	法规管制	评估机制	组织建设	税收制度	财务金融	宣传引导	安全保障
政府及研发单位	7-7-30	8-4-2;10-4-8,13-9	-	2-5-1;4-6-20	1-7-16,2-3-2,3-1-1,7-6-26;9-1-2;9-2-4;12-5	9-1-3	1-2-2	-	-	-	1-2-1;9-8-38,15-3-14	2-4-3;3-4-3;4-4-17;6-4-2;14-5-1,14-5-3	-	-	-	-	-	9-1-1	-	-	-
开发单位	-	-	-	-	-	-	-	-	-	-	-	-	-	-	-	-	1-3-3	-	-	-	-
设计单位	-	-	-	-	1-7-15,2-3-4	-	-	-	-	-	-	-	-	-	-	-	-	-	-	-	-
施工单位	2-4-4,7-7-29	-	-	10-3-7;11-1-1	7-4-18;7-4-19,10-3-3	-	7-3-14	-	-	-	-	7-3-10,7-3-11,7-3-12; 7-3-13	2-3-5;6-4-5;10-3-1;10-3-2	-	-	-	1-6-12;1-6-.3	-	-	-	1-4-6
构建生产单位	-	-	-	2-4-2;5-6-14	5-6-8;11-2-6	-	-	-	-	-	-	-	-	-	-	-	-	-	-	-	-
咨询单位	-	-	-	-	1-3-4	-	-	-	-	-	-	-	-	-	-	-	-	-	-	-	-
运营维护单位	-	10-4-11;14-5-2;15-1-4;15-2-9	-	8-3-2	9-7-30;14-3-3	-	4-8-29	-	-	-	5-3-4	-	8-4-3,14-7-2	-	-	-	-	-	-	-	-
全行业	7-7-28;9-2-10;14-9	3-4-1;6-4-4;8-2-1;12-11-1;12-15,13-4-1;15-2-10;15-2-11;15-2-12; 16-5-2	-	5-6-13	1-7-14;4-6-21;6-4-1;6-4-3;16-5-2	-	-	-	-	-	7-4-16,15-2-13	-	4-7-25;9-2-8;12-5-2;12-5-3	-	1-4-7	-	5-4-6	-	-	-	4-6-22;3-2-4

图 3-8　政策工具 - 参与主体维度政策工具编码统计分布图

表 3-5 政策工具在参与主体方面的频数对应统计

参与主体	总数	人才培养	基础设施建设	资金投入	信息共享服务	技术支持	土地供应	政府采购	服务外包	贸易管制	海外交流	试点示范	策略型措施	系统性政策	目标规划	法规管制	评估机制	组织建设	税收制度	财务金融	宣传引导	安全保障
政府及研发单位	25	1	3	0	2	7	1	1	0	0	0	3	6	0	0	0	0	0	1	0	0	0
开发单位	1	0	0	0	0	0	0	0	0	0	0	0	0	0	0	0	0	1	0	0	0	0
设计单位	2	0	0	0	0	2	0	0	0	0	0	0	0	0	0	0	0	0	0	0	0	0
施工单位	19	2	0	0	2	3	0	1	0	0	0	0	4	4	0	0	0	2	0	0	0	1
构建生产单位	4	0	0	0	2	2	0	0	0	0	0	0	0	0	0	0	0	0	0	0	0	0
咨询单位	1	0	0	0	0	1	0	0	0	0	0	0	0	0	0	0	0	0	0	0	0	0
运营维护单位	11	0	4	0	1	2	0	1	0	0	0	1	0	2	0	0	0	0	0	0	0	0
全行业	29	3	10	0	1	5	0	0	0	0	0	2	0	4	0	1	0	1	0	0	0	2
总计	92	6	17	0	8	22	1	3	0	0	0	6	10	10	0	1	0	4	1	0	0	3

由表 3-5 及图 3-9 可知，从参与主体来看，政府及研发单位、施工单位和运营维护单位实现了供给、环境、需求型政策工具的全面应用，共同为推动数智建造发展提供全方位的政策支撑，其中分布在政府及研发单位和施工单位的政策工具数量多且涉及范围较广。政府具有规则制定的能力，通过使用政策工具，能够协调行业发展，推动科技创新和技术进步，因此通过系列政策拉动政府进行转型规划，能够起到很好的引导作用；施工单位作为数智转型的主体，在国家政策背景下，着手进行数字化转型，但是当前企业普遍面临内部人员对数字化的认识程度低、数字化人才少，数字化转型起步难、推动慢，且存在较大外部风险，短期可能影响企业盈利模式、水平等方面，但是政府在“资金投入”和“税收制度”等方面并未给予适当支持，因此企业探索之路较为艰难。不幸的是，目前未对开发单位、设计单位和咨询单位给予足够的政策支持，尤其是咨询单位的政策，只有 1 条供给型工具，在环境型和需求型方面均为 0，这些单位在建筑业转型发展过程中的作用无可替代，因此，未来势必会强化相关的内容。随着中国数智建造的不断发展，人们要充分重视各参与主体，特别是企业和科研机构的作用，应把握政府、建筑企业、高校和科研机构、数字化解决方案供应商在推动建筑业数字化转型发展过程中的不同特点，打造良性的“政产学研”互动，推动资金、人才、技术、信息等资源要素的流动循环，为建筑业数字化发展注入活力。

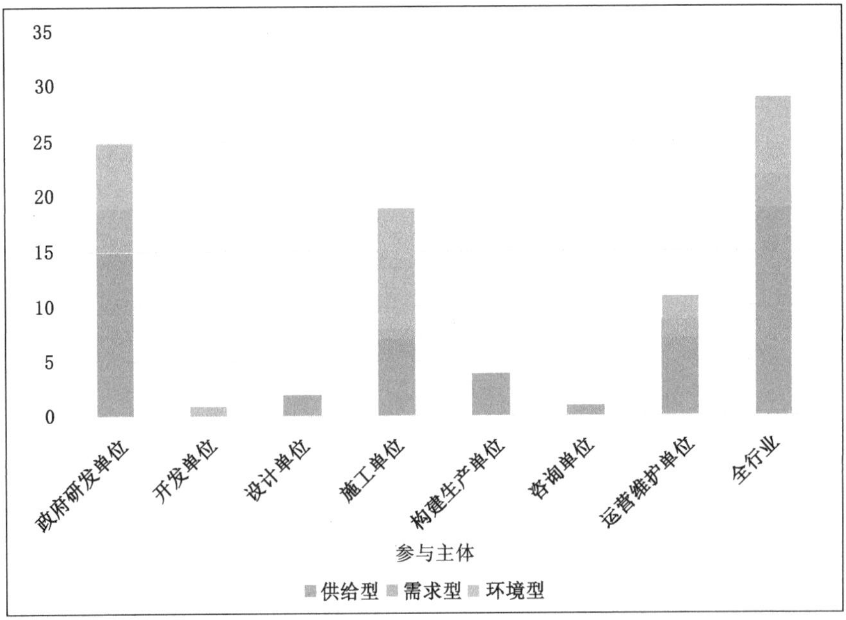

图 3-9　政策工具-参与主体二维交互分析

(3) 政策工具-价值导向二维交互分析(X-Z 二维交互分析)

将政策工具维度与价值导向维度结合起来进行分析,政策工具-价值导向维度政策工具编码统计分布如图 3-10 所示,对图 3-10 中的编码单元进行统计分析,最终整理结果见表 3-6,同时生成图 3-11。

由表 3-6 可知,政策在价值导向维度立足当下,但对未来展望不足,当前我国数智建造发展的价值导向维度各类政策工具未得到全面均衡的应用。如图 3-11 所示,在科技创新能力方面,几乎涵盖供给型的全部政策工具,这为数智建造各主体各阶段建设提供基础保障和技术支撑,为数智建造发展提供支持,但是需求和环境型政策工具涉及量相对较少。

在业务优化能力方面,国家试图通过创造良好的发展环境实现对数智建造转型发展的间接支持,但是这个探索的过程仍旧较为缓慢,毕竟受经济社会技术发展水平的限制,企业发展需要综合衡量各方利益关系和经济社会发展各项指标,而且标准化的思维和工作模式将直接影响设计、构件生产和运输成本以及现场建造效率和质量。

在人才培育能力和组织治理能力方面并未涉及“财务金融”等经济性政策。从长远看,数智建造的转型发展要达到其价值实现其目的,离不开国家政策对其产业化和商业化的支撑。

3.2.6　国内政策现状综合评述

(1) 中央政府政策中供给型政策占主导,需求型政策工具使用匮乏

由分析统计的结果可以看出,我国当前与企业数智化相关的中央政府政策中,供给型政策工具超过总量的一半(69.92%),这与同期我国政府倡导建筑业改革、在数智建造领域的直接投入和支持来扩大有效供给力度的大背景密不可分,也与我国 2014—2021 年间学者们开始重点关注数智建造领域,在此期间年发文量呈爆发式增长的实情相符合。其中,又突出表现为“信息共享服务”和“技术支持”这 2 类政策工具数量较多,显然这在很大程度上为企业数智转型的技术创新和信息化管理提供了重要支撑,但企业在实践中依然有大量技术创新问题需要解决。

(2) 我国数智建造 3 类政策工具内部使用不均衡

结合图 3-7 及表 3-4 可以看到,虽然供给型政策工具总体占比为 69.92%,但是国家并未过多关注“资金投入”和“土地供应”这两类政策工具的运用,二者占比不足 7%。环境型政策工具占比为 20.33%,这表明政府积极为数智化转型提供有利的发展环境和发展条件。其中“策略型措施”和“系统性政策”使用最为频繁,表明国家已意识到建设领域标准化的重要性——标准化的思维和工作模式将直接影响设计、构件生产和运输成本以及现场建造效率和质量,并在健全标

Z维度			
科技创新能力	3-4-3；5-3-4；5-6-13；8-2-1；8-4-1；9-1-3；10-4-8；10-4-11；12-11-1；13-4-1；13-9；14-5-2；15-1-4；15-2-9；15-2-10；15-2-11；15-2-12；15-2-13；15-3-14；16-5-2；1-4-7；10-4-8；12-5；14-5-3；9-2-10；9-1-1；1-7-16；2-3-4；3-1-1；3-4-1；4-4-17；4-6-21；5-3-4；5-4-6；5-6-8；5-6-13；7-6-26；7-7-30；9-1-1；9-1-2；9-2-4；9-2-8；9-2-10；9-7-30；9-8-38；10-3-3；11-1-1；12-5；14-9；15-2-9；9-1-3；10-3-2	1-2-1；5-3-4；1-4-7；5-6-8；7-4-16；9-8-38；15-3-14；15-2-13	1-7-16，2-4-3，3-4-3，3-4-2，7-2-26，9-2-4，14-5-1，14-5-3
组织治理能力	2-4-2；2-5-1；5-3-4；15-2-11；2-4-2；8-3-2；8-4-3；10-3-7；14-5-3；15-2-10；15-2-11；16-5-2；1-7-16；3-4-1；4-6-20；5-6-13；5-6-14；7-4-16；13-9；15-2-12；15-3-14	1-2-2；4-8-29；7-3-14；7-4-16	1-4-6；8-2-4；3-4-1；5-4-6；7-3-14；1-4-7；10-4-8；12-5；14-5-3；9-2-10；9-1-1；9-1-3
业务优化能力	-	-	5-4-6，6-4-4，6-4-5，8-4-3，9-2-8，10-3-1，10-3-2；13-9；14-5-2；2-3-5；6-4-2
人才培育能力	1-4-6；2-4-4；4-4-1；4-4-17；7-7-28；7-7-29；7-7-30；8-2-4；9-2-10；10-3-1；10-3-4；10-3-7；4-6-21；14-9	-	3-4-3；12-5；9-1-1
	供给型	需求型	环境型

图 3-10　政策工具-价值导向维度政策工具编码统计分布图

表 3-6 政策工具在价值导向方向频数对应统计

价值导向	总数	供给型	需求型	环境型
科技创新能力	68	52	8	8
组织治理能力	37	21	4	12
业务优化能力	11	0	0	11
人才培育能力	17	14	0	3
总数	133	87	12	34

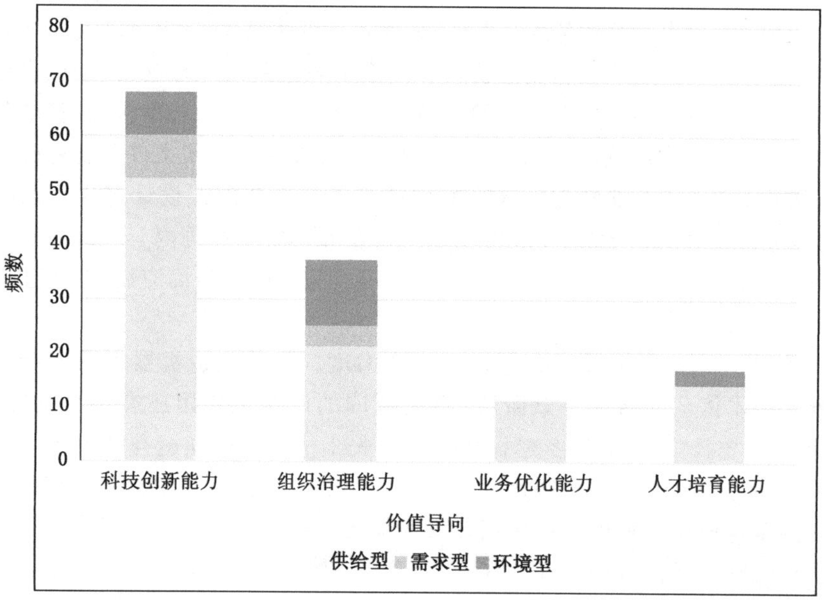

图 3-11 政策工具-价值导向二维交互分析

准规范方面做出了一定有益的探索。受经济社会技术发展水平的限制，国家需要综合衡量各方利益关系和经济社会发展各项指标，使得数智建造发展的探索过程仍旧较为缓慢。“税收制度”占比 1.63%，“土地供应”占比 1.63%，“目标规划”和“财务金融”占比为 0，这说明，当前我国数智建造发展的重心在信息基础建设，旨在通过强化信息技术支撑能力，为数智转型发展打下坚实的基础，而与建筑业数智化转型关系的密切配套资金的扶持还相对较弱。

(3) 数智建造交流贸易领域存在管理不足

尽管我国装配式建筑发展政策涉及范围广，但仍存在部分缺位，需求型政策工具总体占比9.75%，相较于其他两类政策工具，运用严重不足。需求型政策工具中“服务外包”和“海外交流”甚至并未上升至国家政策层面，占比为0。面对“一带一路”国家重大战略需求，在数智建造转型的交流中“贸易管制”政策工具应用明显不足。

3.2.7 国内政策导向分析

(1) 技术应用维度

① 大力发展装配式建筑。发展装配式建筑是实现新型建筑工业化的重要抓手，在2020年8月28日《住房和城乡建设部等部门关于加快新型建筑工业化发展的若干意见》中提出：《国务院办公厅关于大力发展装配式建筑的指导意见》(国办发〔2016〕71号)印发实施以来，以装配式建筑为代表的新型建筑工业化快速推进，建造水平和建筑品质明显提高。为全面贯彻新发展理念，推动城乡建设绿色发展和高质量发展，以新型建筑工业化带动建筑业全面转型升级，打造具有国际竞争力的“中国建造”品牌。相较于以往只有装配式政策文件中含有标准化内容，现在关于建筑企业转型的政策文件中也囊括了装配式设计与生产的标准化和模数化、通用技术体系、集成技术体系以及新材料应用等内容。因此要积极响应政府号召，大力推进装配式建筑在建设项目施工中的全面应用，推进建筑工业化迅速发展。

② 加大建造机器人领域的探索和创新力度。目前建造机器人研究趋势主要还处于技术工艺的研究探索阶段，离大范围的产业化应用还有不小的距离。2020年7月3日《住房和城乡建设部等部门关于推动智能建造与建筑工业化协同发展的指导意见》就提出：探索具备人机协调、自然交互、自主学习功能的建筑机器人的批量应用。积极推广应用建筑机器人，有效替代人工，进行安全、高效、精确的建筑部品部件生产和施工作业，已经成为全球建筑业的关注热点。建筑机器人应用前景广阔、市场巨大。目前，我国在通用施工机械和架桥机、造楼机等智能化施工装备研发应用方面取得了显著进展，但在构配件生产、现场施工等方面，建筑机器人应用尚处于起步阶段，还没有实现大规模应用。未来探索建筑机器人的批量应用，应以工厂生产和施工现场关键环节为重点，加大建筑机器人的应用范围。

③ 推进BIM技术的标准化建设。BIM技术的发展主要以国务院办公厅2017年2月24日发布的《国务院办公厅关于促进建筑业持续健康发展的意见》(以下简称《意见》)为契机，从行业发展的角度明确推进BIM技术标准化建设的意义。《意见》在推进建筑产业现代化部分明确要求“加快推进建筑信息模型(BIM)技术在规划、勘察、设计、施工和运营维护全过程的集成应用，实现工程建设项目全生命周期数据共享和信息化管理，为项目方案优化和科学决策提供依

据，促进建筑业提质增效。”2020 年 8 月 28 日发布的《住房和城乡建设部等部门关于加快新型建筑工业化发展的若干意见》中也提出：大力推广 BIM 技术。加快推进 BIM 技术在新型建筑工业化全寿命期的一体化集成应用。充分利用社会资源，共同建立、维护基于 BIM 技术的标准化部品部件库，实现设计、采购、生产、建造、交付、运行维护等阶段的信息互联互通和交互共享。试点推进 BIM 报建审批和施工图 BIM 审图模式，推进与城市信息模型（CIM）平台的融通联动，提高信息化监管能力，提高建筑行业全产业链资源配置效率。这些政策的提出都对 BIM 技术的集成应用再次进行重点强调，并给出了企业未来的重点发展方向：构建基于 BIM＋大数据的知识库，推进建筑生产全过程的人员、环境、机械、管理信息有效集成和共享，为施工生产、安全管理赋能。在这个过程中，接口标准化和标准部品部件库的构建一直是 BIM 技术发展过程中的“拦路虎”，导致企业数据难以有效互联互通，各个软件数据也无法高效打通，企业无法进行更深入的研究。因此，如何构建行业统一标准，需要企业和学者共同合作，携手展开深入研究。

④ 构建集成应用管控平台。在《关于完善质量保障体系提升建筑工程品质的指导意见》《关于加快推进国有企业数字化转型工作的通知》《住房和城乡建设部等部门关于推动智能建造与建筑工业化协同发展的指导意见》等政策文本中均强调了要推动大数据、移动互联网、云计算、物联网、人工智能等技术在设计、施工、运营维护全过程的集成应用。物联网技术提高了建造过程的可追溯性，应用于施工进度、质量、安全及环保监控中，当发生异常或扰动时可得到实时反馈。将物联网实时采集的流式数据与 BIM 集成，形成动态更新的实时建造模型，即物理建造过程的数字孪生体，可用于建造过程的可视化监控与仿真模拟。而工程建造过程中产生的大量数据，例如工程设计数据、建造过程监控数据以及施工企业信息系统的业务数据，构成了施工企业级的大数据资源，对这些大数据使用人工智能算法进行分析，可为项目管理知识的发现及建造过程趋势的预测提供决策支持。云平台为 BIM、物联网与大数据应用提供了一个虚拟化的计算环境，将工程建设全生命周期的各项活动集成在统一的平台上，使所有项目参与者以统一的视角分析处理工程问题。

（2）业务优化维度

开展基于业务和客户维度的产品、服务智能化，构建生态化产业体系。在国家政策背景下，施工单位作为数智转型主体，着手进行数智化转型，然而当前施工企业普遍面临内部人员对数字化的认识程度低、数字化人才少，数智化转型起步难、推动慢等阻碍；且数智化转型存在较大外部风险，短期可能影响企业盈利模式、水平等，因此企业探索数智转型之路颇为艰难。在 2018 年 8 月 21 日，国务院国有资产监督管理委员会印发《关于加快推进国有企业数字化转型工作的通知》，就推动国有企业数字化转型作出全面部署。明确提出国有企业要把握方向，加快推进产业数字化创新从产品、生产运营、用户服务、产业体系4个方面系统推进数字化转型。一是产品创新数字化。与价值创造的载体有关，要加强产品和服务创新及产品研发过程创新，以不断提高产品附加价值，缩短价值变现周期。二是生产运营智能化。与价值创造的过程有关，要加强横向纵向全过程贯通，实现全价值链、全要素资源的动态配置和全局优化，提高全要素生产率；加强智能现场建设，推进5G、物联网、大数据、人工智能、数字孪生等技术规模化集成应用，实现作业现场全要素、全过程自动感知、实时分析和自适应优化决策，提高生产质量、效率和资产运营水平，赋能企业提质增效。三是用户服务敏捷化。与价值创造的对象有关，要以用户为中心，实现全链条用户服务，最大化为用户创造价值，提高用户满意度和忠诚度。四是产业体系生态化。与价值创造的生态合作伙伴有关，要加强与合作伙伴之间的资源、能力和业务合作，构建优势互补、合作共赢的协作网络。

(3) 组织治理维度

① 不断推进标准化建设，构建统一数据标准

《住房和城乡建设部等部门关于加快培育新时代建筑产业工人队伍的指导意见》指出：制定统一数据标准，加强各系统平台间的数据对接互认，实现全国数据互联共享。标准化的思维和工作模式将直接影响设计、构件生产和运输成本以及现场建造效率和质量。但是，受经济社会技术发展水平的限制，标准化的建立需要综合衡量各方利益关系和经济社会发展各项指标，目前依旧进展缓慢。未来该方面的研究需要企业身体力行，不计成本，在标准规范的建设探索过程中做出有益尝试，以一己之力推动国家政策的发展方向。本书可以沿着如下几个方向进行探索：

a. 在《数字交通发展规划纲要》中明确要求：加快完善面向数字交通应用的交通基础设施工程建设标准，推动信息基础设施与交通基础设施同步规划、同步设计、同步建设、同步运维。

b. 在《国务院办公厅关于促进建筑业持续健康发展的意见》中强调要制定全过程工程咨询服务技术标准和合同范本。政府投资工程应带头推行全过程工程咨询，鼓励非政府投资工程委托全过程工程咨询服务。在民用建筑项目中，充分发挥建筑师的主导作用，鼓励提供全过程工程咨询服务。推进工程质量安全标准化管理，督促各方主体健全质量安全管控机制。

c. 在《关于完善质量保障体系提升建筑工程品质指导意见的通知》中指出要推行绿色建造方式，完善绿色建材产品标准和认证评价体系，进一步提高建筑

产品节能标准，建立产品发布制度。大力发展装配式建筑，推进绿色施工，通过先进技术和科学管理，降低施工过程对环境的不利影响。建立健全绿色建筑标准体系，完善绿色建筑评价标识制度。

d. 在《住房和城乡建设部等部门关于推动智能建造与建筑工业化协同发展的指导意见》中围绕数字设计、智能生产、智能施工，构建先进适用的智能建造及建筑工业化标准体系，开展基础共性标准、关键技术标准、行业应用标准研究。

e.《中共中央 国务院关于构建更加完善的要素市场化配置体制机制的意见》中提出要加强数据资源整合和安全保护。探索建立统一规范的数据管理制度，提高数据质量和规范性，丰富数据产品。推动完善适用于大数据环境下的数据分类分级安全保护制度，加强对政务数据、企业商业秘密和个人数据的保护。

② 推动两化融合，建立系统化管理体系

数字化转型不仅仅是技术渗透和融合的问题，更是一项优化管理模式以适应技术变革的问题。《关于加快推进国有企业数字化转型工作的通知》指出：应用两化融合管理体系标准（GB/T 23000 系列），加快建立数字化转型闭环管理机制，以两化融合管理体系促进企业形成并完善数字化转型战略架构。积极推进数字化转型管理工作与质量管理、信息安全、职业健康管理等体系的融合应用。建立数字化转型诊断对标工作机制，定期开展诊断对标，持续提升新一代信息技术与企业业务融合发展水平。要利用信息技术去完善企业组织管理模式，必须从制度和规范方面对其加以指引，只有将其导入系统化管理体系，才能有效获取预期的转型成效。

(4) 人才培养维度

加大人才培养力度，创新人才培养模式。发展新型建筑工业化政府在多个政策中明确指出要加大人才培养力度。在《住房和城乡建设部等部门关于加快新型工业化发展的若干意见》中明确指出要加大后备人才培养：推动新型建筑工业化相关企业开展校企合作，支持校企共建一批现代产业学院，支持院校对接建筑行业发展新需求、新业态、新技术，开设装配式建筑相关课程，创新人才培养模式，提供专业人才保障。

(5) 绿色建造维度

建筑行业作为我国经济支柱性产业，一直在稳定发展着。然而，建筑施工过程以及建筑运营工程中，排放的气体以及采用的技术都对环境造成严重的影响，使我国的生存环境变得更加艰难。因此，我国近些年开始提出绿色建造理念。

① 优化绿色施工技术

提高资源利用效率，减少建筑垃圾的产生，大幅降低能耗、物耗和水耗。推行装配化绿色施工方式，引导施工企业研发与精益化施工相适应的部品部件吊装、运输与堆放、部品部件连接等施工工艺工法，推广应用钢筋定位钢板等配套装备和机具，提升在材料搬运、钢筋加工、高空焊接等环节的现场施工工业化水平。

② 加强绿色建造技术的理论指导

由于我国绿色建造技术的产生时间比较晚，在绿色建造过程中经验不足，无法得出准确的标准来进行节能、节地、节材、节水方面的建设，不能进行有效地评估。所以在技术改进过程中，也需要结合我国的实际情况进行具体问题具体分析，从而加强理论的指导和标准的制定，才有利于我国建筑行业的发展和节能减排稳步开展。推动建立建筑业绿色供应链，推行循环生产方式，提高建筑垃圾的综合利用水平。

③ 绿色建造技术将不断与先进技术融合

虽然我国的绿色建造技术起步较晚，但是在环保和节能材料的选取方面以及绿色建造过程中，都对建筑领域具有一定的促进作用。然而在机械化程度上，还需要进行严格的布局设计。因此，应加大先进节能环保技术、工艺和装备的研发力度，提高能效水平，加快淘汰落后装备设备和技术，促进建筑业绿色改造升级。同时，需要加强与先进国家的技术交流，促进我国绿色建造技术与先进技术的融合，使其得到良好的发展和改善。

4 国内外企业数智建造典型案例分析

本章采用实地调研和案例分析对比的方法，剖析行业头部企业在数智转型升级方面的特点、基础和应用条件，为天津港数智建造解决方案提供借鉴。

4.1 港口项目数智建造典型案例分析

通过3.1节文献计量学和3.2节数智化政策导向分析可以发现，数智建造技术在各类工程项目中的推广应用取得了长足进步，各项数智技术与建筑专业领域融合愈加深入，数智化转型已经成为各类建筑企业的重要目标。天津津港建设有限公司隶属于天津港集团，主要服务对象为天津港集团下辖各港口，与国内各大型港口的业务职能类似，但是由于占有资金、专业人才、地理位置等因素有所差异，诸多短板开始被暴露出来，其市场受到了前所未有的冲击，转型迫在眉睫。本节重点介绍宁波舟山港、大连港、日照港和欧洲鹿特丹港这4个港口企业的转型案例，以期为天津津港建设有限公司的改革提供借鉴。

4.1.1 宁波舟山港

宁波舟山港是我国的主要枢纽港之一，是全球首个年货物吞吐量突破10亿吨的大港，是世界集装箱运输发展最快的港口，是我国大陆重要的集装箱远洋干线港，是国内最大的铁矿石中转基地和原油转运基地，是国内重要的液体化工储运基地和华东地区重要的煤炭、粮食储运基地。港口区位优势十分明显，地处中国大陆海岸线中部、“丝绸之路经济带”和“21世纪海上丝绸之路”的交汇点、“长江经济带”的南翼“龙眼”，面朝繁忙的太平洋主航道，背靠我国大陆最具活力的长三角经济圈，坐拥“服务世界”的全球视角，260条集装箱航线连接着190多个国家和地区的600多个港口，勾画着港通天下的航运贸易网。

宁波舟山港在2015年提出了智慧港口的战略部署，并将此列入了《宁波舟山港集团“十三五”发展总体规划》之中。具体的建设目标为：发挥智慧港口在大数据、大管理、大服务的引领作用，充分运用“互联网＋”思维和物联网、云计算、移动互联网等新一代信息技术，大力促进业务和资源共享，加快推进信息化与港口生产、服务、管理各个环节的融合，重点推进生产运营信息体系、综合物流服务信息平台、运营管控与决策分析系统建设，力争通过建设智慧港口，建成一批成熟的智慧应用系统，完善一批领先的智慧基础设施，培养一支专业的建设运营团队，建立一套完整的规范标准体系，把宁波舟山港集团打造成智慧管控领先、智慧设施应用完善的一流港口运营集团，以智慧化和智能化理念为客户提供准确全面、功能完善、高效便捷的全天候一站式信息服务体系。主要实现"一体化决策管控、一体化运营协同和一站式客户服务"。其中"一体化决策管控"主要是实现决策数据化、管控系统化、管理精益化和分析动态化；"一体化运营协同"主要是实现商务管控化、业务协同化、操作智能化和资源最优化；"一站式客户服务"主要是实现物流电商化、商贸特色化、服务标准化、信息增值化。

4.1.2 大连港

大连港是东北地区最大港口企业，跻身世界十大港口行列，港口排名世界前二十，始建于1899年，位于辽东半岛南端。大连港地理位置优越，对于辽东半岛和环渤海沿岸城市来说是通往国外城市的最近点。大连港处于东北亚经济圈的核心位置，是集装箱中转枢纽和综合性大港之一。作为东北亚国际航运中心、面向世界的海上门户，大连优越的自然条件促使大连港集团快速发展。大连港拥有100多个现代化泊位，其中现阶段万吨级以上泊位就有90多个，并且与世界300多个港口之间有贸易往来。由于国家实施沿海港口体制"政企分家"改革，大连港集团于2003年实施，建立大型国有企业，随后2005年11月大连港股份有限公司成立，并于2006年4月在香港联交所成功上市。大连港集5种运输方式为一体，有着优越的集疏运条件。

近年来，大连港为加快港口智慧化建设，强化新一代信息技术在港口中的应用场景。港口物流信息服务操作数字化程度不断提高，实现了码头、场站、货主、货代、船公司、车队等多各物流环节作业的实施操作数字化管理，提升了港口物流信息服务的整体效率。集装箱码头操作系统在国内达到领先水平，国人自主研发的智能化集装箱码头操作系统，替代了国外产品，成功应用于大连三大集装箱码头，实现了码头生产与运营管理的一体化、智能化建设。大连港设施信息化系统是全国第一个正式上线运行并与全国信息系统实现数据对接的港口企业级设施管理系统，在国内港口企业建成首个"互联网＋港口设施"移动客户端。这实现了港口设施"图文一体化"管理理念，形成了图文互查的新模式；整合了视频监控资源，将港区已建视频接入进来，为设施管理人员提供了图形支撑；形成了设施大数据发展模式，进行数据积累并对得到的数据进行分析和应用，及时发现设施管理存在的问题和漏洞，有效地为管理层的决策起到辅助作用。

4.1.3 日照港

日照港是"六五"期间国家重点建设的沿海主要港口，1978年开始选址，

1982年开工建设，1986年开港运营，隶属于交通部管理。2003年5月18日，日照港务局和隶属于省交通厅的岚山港务局企业部分联合重组，成立了日照港集团有限公司，为日照市国有独资企业，注册资本50亿元。2019年8月6日，青岛港、日照港、烟台港、渤海湾港整合成立山东省港口集团，山东港口开始一体化发展。据2019年日照港官网显示，日照港有58个生产性泊位，年通过能力超过3亿吨，有石臼、岚山两大港区。2018年上半年，日照港集团完成吞吐量1.94亿吨，为全年计划3.8亿吨的51.05%，居当时中国沿海港口第8位，当时世界港口排名第11位，2018年，日照港吞吐量跃居当时中国沿海港口第7位。

日照港的智慧港口建设是在日照港智慧港口的战略规划下，围绕“一网两台三大系统”的港口智慧化总体布局进行开展的，是智慧港口建设的框架蓝图，包含基础建设、中台服务、智慧应用和体系保障四大领域。在内部不断地加深智慧港口建设的同时，也积极地对外寻求合作，力求引入先进的技术和理念，多维度全方面推动智慧港口的建设，同时也在不断加大信息化建设的投入。

4.1.4 欧洲鹿特丹港

鹿特丹港位于莱茵河和马斯河河口，西依北海，东溯莱茵河、多瑙河，地处世界上最繁忙的大西洋海上运输线和莱茵河水系运输线的交接口，是欧洲最重要的石油、化学品、集装箱、铁矿、食物和金属的运输港口，素有“欧洲门户”之称。鹿特丹港共有7个港区，港区面积达80多平方千米，年吞吐量超过4亿吨。每年大约有3.4万艘海船和13.3万艘内河船舶挂靠，有500多条班轮航线连接世界1 000多个港口。同时，作为欧洲最大的贸易港和世界信息大港，鹿特丹港在智慧港口方面的探索与实践总体处于世界领先水平。

鹿特丹港对于港口建设，所提出的理念是SMARTEST PORT，直译为最聪明/智慧的港口，其提出的2030年发展愿景是成为全球性枢纽港和欧洲产业集聚区。与此同时鹿特丹港为提升运营效率，围绕优化提升多式联运物流效率的目标，制订智慧多式联运综合物流解决方案，帮助货主以最高效的方式将货物运抵目的地。鹿特丹港已经建设完成智慧多式联运平台，智慧多式平台可实现对比选择对河码头、寻找空集装箱储存仓库、对比选择交通方式、规划最佳多式联运路线等功能，可提供综合物流解决方案，提升物流工作效率。

4.1.5 综合述评

(1) 顶层规划

宁波舟山港在2015年就提出了智慧港口的战略部署，并出台了一系列的举措去落实智慧港口战略；而大连港是我国开展新一代信息技术发展较早的港口之一；日照港也构建了“一网两台三大系统”的港口智慧化总体布局；鹿特丹港也提出了 2030 年发展愿景是成为全球性枢纽港和欧洲产业集聚区，打造智慧多式联运综合物流解决方案。

可以看出目前国内外各大港口都相继提出了智慧港口、智慧运营、智慧建造等概念，都在通过各式各样的途径探索有自身特色的智慧港口解决方案，但仍然存在信息接收面窄、覆盖面小、执行措施不明确等问题，集团层面缺乏统一有效具体的规划指导，大多是分散个性化的系统，造成项目实施成本较高、重复性建设较多。

(2) 智慧化建设

上述 4 家港口都进行了不同程度的智慧化建设。宁波舟山港进行了信息化体系建设，不仅自主研发了生产业务协同平台，还基本完成了宁波舟山港经营管控体系的布局，以及信息化 IT 基础设施和基础通信资源的建设；大连港建立了高效的大连港信息化系统；日照港完成了“一网两台三大系统”的港口智慧化总体布局；欧洲鹿特丹港建立了完善的新一代信息技术基础设施，建立了港口运营管理“CITOS”和互联互通的信息平台“PortbaseSystem”。

虽然上述港口都进行了智慧化建设，但是不难发现他们的智慧化建设还停留在智慧化基础设施和单个系统功能的开发利用上，信息系统相互独立，未能实现有效整合与集成，部分智慧化系统数据信息联动性不强、衔接不畅，无法实现信息的高效流通。

(3) 绿色港口

随着世界各国相继提出了自己的碳达峰、碳中和的达成时间，各大国内外港口都将双碳减排、绿色港口、可持续发展作为自己的发展方向。所谓绿色港口，是指能贯彻绿色发展理念，在生产经营的过程中履行社会责任和法律责任，保护环境和生态的可持续发展的港口或码头。

例如，宁波舟山港近年来高度重视节能减排工作，从港口结构布局和基础设施建设、清洁能源利用、节能低碳运输装备应用、港口信息化工程建设以及能源管理等方面着手，大力推进绿色港口建设。日照港加快调整港区布局，优化运输和能源消费结构，建成环境健康、生态保护、资源合理的绿色港口；鹿特丹港实施了“转变运输方式”战略计划、制定了电动车、水力发电机和岸电技术等系列措施。

4.2 工程咨询企业数智建造典型案例分析

本节重点介绍当前国内外 4 家著名的工程咨询企业，中国国际工程咨询有限公司、上海建科工程咨询有限公司、重庆赛迪工程咨询有限公司和美国

AECOM设计集团，分析他们在当前数字化浪潮下如何找到自身的发展之路，以期为天津津港建设有限公司的改革提供借鉴。

4.2.1 中国国际工程咨询有限公司

中国国际工程咨询有限公司（简称中咨公司，英文缩写CIECC）是国务院国资委管理的中央企业，是国内规模最大的综合性工程咨询机构之一，是中央政府投资建设项目、进行科学决策的重要咨询服务单位。中咨公司的业务领域覆盖国民经济的主要行业，具有甲级工程咨询综合资信、工程咨询专业资信、工程咨询专项资信、工程造价等专业资质，通过了ISO14000、OHSAS18000等体系认证，建立了覆盖全部业务范围、较为健全的质量管理体系。

4.2.2 上海建科工程咨询有限公司

上海建科工程咨询有限公司是上海建科集团股份有限公司下属的国有控股公司，隶属上海国资委。公司从事的经营业务范围包括工程监理、项目管理、招投标代理、造价咨询和工程咨询等，资质等级为：工程监理综合资质（可以承接住建部全部10个大类的工程项目），工程设备监理甲级、工程招标代理监理甲级、工程造价咨询甲级、人防工程甲级、政府采购中介资质甲级、工程咨询单位甲级。依托上海、面向全国，已在全国31个省市开展项目监理和咨询管理，树立了一流企业品牌。公司已承接9 000多个工程项目，工程总投资超过万亿元人民币，承担了许多上海市乃至国家重点工程、标志性建筑以及特大型建设工程，获得国家建设工程“鲁班奖”72项，国家优质结构金奖/银奖58项、詹天佑奖38项等。公司多次被评为全国先进建设监理单位、上海市立功竞赛金杯公司、优秀公司；并被评为住建部抗震救灾先进集体、全国建设监理行业抗震救灾先进企业、全国建设工程咨询监理服务客户满意十佳单位，并获评上海市质量金奖企业（行业内唯一）、上海市重点工程实事立功竞赛优秀公司/金杯公司、上海市高新技术企业、国家火炬计划重点高新技术企业、上海市企业认定技术中心（行业内唯一）、上海市著名商标等荣誉称号。

4.2.3 重庆赛迪工程咨询有限公司

重庆赛迪工程咨询有限公司始建于1993年，系中冶赛迪集团有限公司全资子公司。该公司拥有工程监理综合资质（含14项甲级资质）、设备监理甲级资质、建设工程招标代理甲级资质、中央投资项目甲级招标代理资质、工程咨询单位甲级资信等级等，是国内最早获得“英国皇家特许建造咨询公司”称号的咨询企业，同时凭借深厚的设计底蕴和丰富的建设管理经验，成为国家住建部公布的首批40家全过程工程咨询试点企业和重庆市全过程工程咨询第一批试点企业之一，成功打造多项国内外全过程工程咨询示范项目。

公司具备多业态(包括房屋建筑、道路、桥梁、城市管廊、生态公园以及海绵城市、新城建设、医疗卫生、能源)的全过程咨询能力。可提供投资决策综合咨询服务(企业资本运营咨询、投融资规划、产业规划、项目建议书、可行性研究及评估、用地申请、资金申请、PPP 咨询以及投资决策评估、节能评估等各类评估),以及造价咨询、招标代理、技术咨询、BIM 咨询、项目管理、监理、装饰装修等咨询服务,在钢结构工程、大型公共建筑工程(体育场馆、大剧院、会展中心、医院等)、市政工程(城市轨道交通、城市综合交通枢纽、市政道路)等方面有丰富的经验,业绩遍布国内 30 多个省市并延伸至海外,业务覆盖市政、房建、新基建、机械、电力、冶金、矿山等多个领域。特别是在大型公建项目领域,打造出重庆、遵义、宜昌和海口等地奥体场馆,以及中国西部博览城、重庆国际博览中心、广西文化艺术中心、重庆大剧院和重庆来福士广场等一大批国内优质精品工程。在基础设施建设领域,公司大力开拓城市轨道交通项目,目前已将咨询业务深入重庆、成都、昆明、贵阳、南宁、柳州、南京、杭州、无锡、苏州、常州、厦门、福州和青岛等 14 个城市的轨道交通市场,成为该业务领域名副其实的一流品牌。围绕建筑业、政府投融资、科技发展、建筑信息化、智慧城市等细分领域进行深入研究,站在客户的角度提供顾问式咨询服务,为客户提供一体化、一站式、集成化的综合咨询服务。

4.2.4 美国 AECOM 设计集团

AECOM 设计集团是全球顶尖的基础设施全方位综合服务企业。从规划、设计、工程到项目及施工管理,为客户提供项目全生命周期各阶段的专业服务,涵盖交通运输、建筑、水务、能源及环境等多个领域,帮助公共及私营客户应对最复杂的挑战。AECOM 设计集团总计服务全球 150 个国家和地区,作为《财富》美国 500 强公司之一,在 2020 年,AECOM 设计集团专业服务业务的年营业额为 132 亿美元,在 ENR(《工程新闻记录》)的全球 500 大设计公司排名中,位列一般建筑和交通运输设计领域全球第一,并连续六年入选《财富》杂志评选出的“全球最受赞赏企业”。

AECOM 设计集团业务范围如图 4-1 所示,市场领域涉及政府、环境、交通运输、水务、建筑、能源。服务范畴包括建筑与设计、资产及设施管理、市政与建筑工程、施工管理、工程造价咨询、经济规划、环境规划与修复、信息技术与网络安全、景观设计、规划与咨询、项目管理、风险管理、城市规划与设计等。

4.2.5 综合述评

通过对这些公司进行比较发现,工程咨询企业的数智化转型可以分为项目管理数智化转型和集团公司数智化转型,二者分别具有以下特点。

图 4-1 AECOM 设计集团业务范围图

(1) 项目管理数智化转型

① BIM 技术是必然趋势

国内外各大工程咨询企业都十分重视 BIM 技术的使用,均在尝试实现 BIM 技术的全过程应用,促进"BIM+"技术与公司各业务板块的融合,取得了良好的经济效益和社会效益。

其主要应用于:在设计阶段进行成果展示、一致性和碰撞检验、设计和施工图纸优化;在施工阶段对工程质量、安全、进度进行全面管控;在运维阶段利用基于 BIM 技术的三维结构模型,结合 GIS 技术,实现监测方案、监测数据与监测成果的可视化;基于 BIM 技术的竣工数字化移交和工程验收与竣工交付;全生命周期造价管理和动态资源管理;建立了基于 BIM 技术的项目信息化管理协同平台、质量前置管控平台、运维管理平台;基于 BIM 技术的竣工数字化移交和工程验收;建立了基于 BIM 技术的建筑设施管理平台;等等。

随着国家对 BIM 技术的大力推广,其重要性已经被逐渐认知,各大国内外咨询企业都在建立自己的 BIM 综合管控大平台,这是必然趋势,但工程项目复杂且类型多,如何扫除知识壁垒,解决各大公司"各扫门前雪"和工程项目"适用性”是值得考虑的大问题。同时，如何在推进 BIM 建设过程中加强 BIM 相关标准规范的建设也是行业目前的难点，还需各大龙头企业在自身建设的基础上推进 BIM 标准规范建设。

② 智慧工地平台建设

智慧工地是实现智慧建造和绿色建造的重要途径之一。智慧工地是指运用信息化手段，通过三维设计平台对工程项目进行精准设计和施工模拟，围绕施工过程管理，建立互联协同、智能生产、科学管理的施工项目信息化生态圈。目前，国内外各大工程咨询企业和工程建设企业都相继开发了自己的智慧工地大平台。例如，重庆赛迪工程咨询公司开发了“轻筑”智慧工地云平台，融合了机器视觉、5G、BIM、大数据、云计算等新兴技术，适用于多层次、多场景的质量管理要求，能够有效助推工程项目管理的高质量发展。

③ 工程大数据平台建设

《关于完善质量保障体系提升建筑工程品质的指导意见》《关于加快推进国有企业数字化转型工作的通知》《住房和城乡建设部等部门关于推动智能建造与建筑工业化协同发展的指导意见》等政策文本中均强调了要推动大数据、移动互联网、云计算、物联网、人工智能等技术在设计、施工、运营维护全过程的集成应用。国内外一些先进工程咨询企业都认识到了大数据的重要性，纷纷建立自己的大数据管理系统，提高决策分析的水平。例如，中咨公司借助浪潮云 ERP 进行建设的业务管理系统，完善了中咨公司业务数据，提供了一站式完整的数据服务和在线统计分析，提升了企业辅助决策支持水平。

④ 移动互联网 App 建设

移动互联网是指移动通信终端与互联网相结合成为一体，是用户使用手机、平板电脑或其他无线终端设备，通过速率较高的移动网络，在移动状态下(如在地铁、公交车等)随时、随地访问 Internet 以获取信息。目前专家学者想要将这一技术与工程项目管理融合起来，各大工程咨询企业进行了大量的尝试，例如上海建科将移动端技术运用到工程质量安全检查验收中，提出工程质量安全管理新模式；重庆赛迪开发了自己的“轻推”协同工作平台，这是一款集即时沟通、办公协同、企业管理、连接集成、智能硬件、领域信息化解决方案等多项能力于一体的智能工作平台，可将企业基于 PC 端的业务形态向移动端转型。

(2) 集团公司数智化转型

① 企业导向明确

上述案例都从企业战略或者企业文化等角度体现出企业在数智建造转型中的目标、方向。中咨公司在“12445 战略”中将信息化作为协同路径之一，提出建设国内有权威、国际有影响的中国特色新型高端智库的战略目标。上海建科专门设立了 BIM 与工程管理咨询专业委员会，负责推进企业工程管理咨询业务转型升级，探索业务创新集成，以推动企业“全过程工程咨询”的能力建设为统领开展工作。重庆赛迪不仅将信息化纳入自己的企业文化，而且设立了专门的数字中心，这样不仅为企业指明未来发展方向，更重要的是使得数智升级的理念深入人心，提升企业的凝聚力。美国 AECOM 设计集团提出了自己的数字化转型的 4 步计划：一是企业领导需要勾画出能够启迪并激励员工的数字化愿景；二是企业数字化领导小组需要创建一组指标，用来衡量进度并监控如何变化，以及思维方式是否发生转变；三是需要将人力资源纳入绩效控制及考核的过程，评估员工如何应对数字化变革；四是企业要有耐心，不应期待立竿见影的效果，变革需要时间，领导者需要让员工有时间理解并接受新概念。

② 员工数智业务培训和忠诚度培养

建筑行业是典型的传统行业，项目上人员的文化水平低是常态，要想推动公司和项目的数智化转型，就要对员工进行数智业务培训和忠诚度培养。中咨公司人力资源部下设培训中心，除了开设新职工培训班和安全生产讲座外，还会定期组织专家进行专题讲解，不仅提升了员工的专业能力，而且在一定程度上增强了员工的自信心和对公司的认同感。上海建科提出了“百人进阶计划——甄选、培养 100 名‘优才’，加强后备人才梯队建设”和“千人转型计划——1 000 人以上项目管理、造价咨询等工程监理以外全过程工程咨询专业人员”，同时每年引进应届生 100 名、工程管理专业人员 100 名、国家注册工程师 200 名。重庆赛迪坚持“打造学习型企业、培育知识型员工”的人才理念，拥有针对多层次人才梯队建设、多角度业务发展建设的培训体系，历年来，公司从员工入职培训、在线培训（校招生培训计划）、专业技能提升培训、继续教育学习、技术骨干培训及其他专项能力提升培训等多方面开展培训工作，培养了大批专业技术骨干、营销精英及管理人才。AECOM 公司聘请专家团队对企业各层员工涉及的数智业务进行分级培训，总共分成 5 级：A 级和 B 级主要针对各部门领导和项目经理，认识数智技术的重要性，更好地推进业务和工作；C 级和 D 级主要针对设计师、测量师和工程师，帮助其更好地进行设计、建模和应用；E 级最为重要，主要是针对新员工，通过前期为企业内部的数智化改革订立标准和流程，帮助新员工更好更快地融入。

③ 推进知识库建设

工程咨询企业，通俗地说是“卖智慧”的公司，所以知识库的建立是必不可少的。中咨公司建立了数字智库，不仅实现了对数字信息的收集和共享，还对关键数据进行挖掘并加以分析应用，强化信息系统对智库研究和成果展现的支持能力，优化信息交流转化机制，促进信息资源的汇聚分享，促进高质量智库成果的转化应用，为重要决策提供数据支撑。上海建科则更注重于知识存储交流软件平台的开发建立，包括企业知识管理软件面、面向全体员工的信息平台、企业在线知识互动平台、招标代理信息管理平台、工程咨询企业信息管理系统。重庆赛迪并未单独地建立知识库系统，而是将知识库与既有平台进行融合应用。例如，轻链融合了中冶赛迪作为综合甲级设计院60余年的专业技术知识，凝聚了赛迪工程咨询作为工程咨询行业头部企业近30年的项目管理经验，可为公司全过程工程咨询及相关业务赋能；研发了“知识库”功能模块，可以将工程项目上的设计规范、施工图纸、验收标准等上传至知识库，确保现场的质量检测人员可以随时随地查阅相关规范标准。

不难看出，各大工程咨询企业均认识到了经验的重要性，希望通过数字化手段将经验存储下来，转换为知识并在需要时可以知识重用。大部分企业目前完成了第一阶段，即将经验转化为数据存储，但是如何将数据转化成知识重用到其他项目中，企业仍在不断探索中。

④ 科技能力提升

上述各大工程咨询公司都成立了专门的部门进行科技研发，并在公司的官网上对一些最新的科技成果进行公开展示。中咨公司拥有由国内外工程建设、经济、法律、国防等多领域300余名专家、学者组成的专家学术委员会，其中有中国科学院、中国工程院、政府宏观管理部门及大型企业等各单位多领域的90多位高端学者、资深专家。上海建科也设立了科技研发部门和专家技术委员会，在一些领域中取得了优秀成果。重庆赛迪在工业与民用建筑、市政、基础设施、冶金、BIM(信息化)等领域拥有一批长期从事设计、项目管理的专家、骨干，具有多专业、多学科的集成优势，可以充分协调公司在设计、咨询、建设以及运营方面的资源配置，从而具备从事一体化项目管理的实践经验和提供全过程咨询服务的能力。

5 天津津港建设有限公司数智建造现状分析

本章以天津津港建设有限公司概况、文化、组织结构、主要业务和取得的经验成果为例进行分析,从企业层面和项目层面2个维度系统分析公司在数智建造领域的现状,并在企业层面对标分析行业头部企业、在项目层面对标分析先进典型项目的先进转型经验,最后,根据企业数字化转型指标,对天津津港数智建造整体水平进行评价。

5.1 公司概况

天津津港建设有限公司(以下简称"公司")于1984年12月17日正式成立,注册资金9665万元,是一家以市场化运作的集工程设计、全过程项目管理和工程咨询等服务功能为一体的综合性全过程工程管理咨询公司,综合实力名列同行业前茅,能够向客户提供高附加值、高层次、知识型的工程咨询服务。作为天津市首批认定的工程建设项目管理试点资质单位,公司具有下列资质:工程设计水运行业(港口工程)专业甲级和工程设计建筑行业(建筑工程)乙级,并已通过质量、环境、职业健康安全"三标一体"管理体系认证。公司拥有高素质的人才、丰富的工程管理和工程设计经验、雄厚的技术实力,在水运码头和房屋建筑、堆场仓库、地基加固、环境工程与公用工程等诸多领域,可以为国内外客户提供优质全面的工程咨询服务,并在综合性水工项目工程管理上具有独特的优势。

5.2 公司数智建造现状

通过数智建造相关概念的整理分析可知,企业的数智建造不仅包括项目层面先进技术的应用,还体现在企业层面的战略、组织流程、业务模式以及企业文化。因此,本章按照企业级和项目级,即内部企业级管理、外部项目级管理,对公司数智建造的现状进行了整理分析,如图5-1所示。

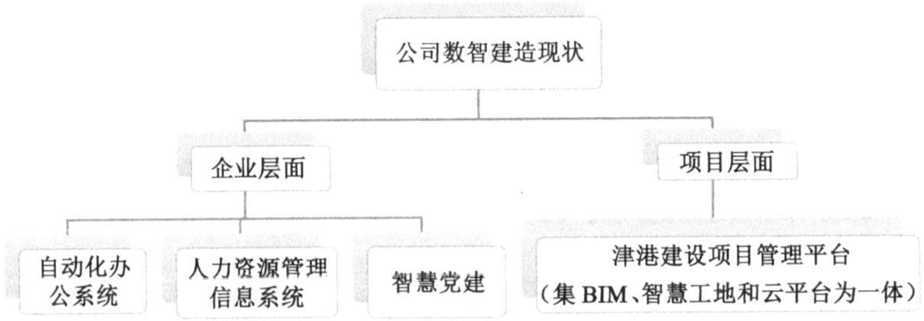

图 5-1　天津津港建设有限公司数智建造现状分析

5.2.1　企业层面数智建造现状

公司在企业层面的智能化建设主要体现在自动化办公(office automation，OA)系统、人力资源管理信息系统和智慧党建等方面。

在自动化办公系统方面，公司目前应用的是天津港集团公司的OA平台，通过网站首页登录进入办公自动化系统，平台拥有外部邮箱外接、网络传真收发、数字档案调用等系统模块，构建了以工作流程为中心，包含公文流转、流程审批、文档管理、会议管理等众多实用功能的应用系统，成为天津港办公自动化的基础平台、沟通协调平台、知识协同平台。

在人力资源管理信息系统方面，公司应用的是天津港集团公司的人力资源管理信息系统，天津港人力资源管理信息系统主要包括机构管理、人事管理、岗位管理、工资总额管理、档案管理、劳务费管理、计件工资管理、劳务承发包管理、人员内部流动管理、培训管理、人员外部流动管理、职业生涯管理、技能鉴定、工资薪金管理、劳务工招录管理、人才库管理、保险福利管理、绩效管理、报表管理、综合查询、系统管理、自助中心共22个功能。该系统的实施为整个天津港集团建立一个统一、规范、准确、高效的人力资源管理流程，不但为人力资源部门提供人力资源信息的维护、查询、修改和综合统计等功能，还将为公司的今后发展方向提供人力资源方面的辅助决策支持，进而提高了工作效率和决策的准确性。

在智慧党建方面，公司按照集团总公司“融入式”党建工程总体要求，进一步探索创新党建工作融入中心、服务中心的载体形式，深入实施基层党建网格化管理，引导各直属党组织进一步完善党建网格层级、网格职责、责任区域、落实举措和运行机制，增强党建网格化管理的科学性和规范性，切实推动党建网格融入基层治理，提高基层管理效能。

5.2.2 项目层面数智建造现状

在项目层面的数智建造中，公司搭建了津港建设项目管理平台。津港建设项目管理平台是集BIM技术、智慧工地和云平台为一体的综合管控大平台。平台主要分为平台级架构和项目级架构。其中平台级架构主要是从公司整体出发，对公司在建项目、相关参建单位及人员权限等进行管理，项目级架构则是针对具体的某一个项目的设计、招标、采购、进度、安全环保、危大工程、质量、投资、工程文档、竣工资料等进行全程的管理和协调。

(1) 平台级架构

平台级架构主要包括项目管理、参建单位、权限管理和工程参数配置4个类别。

"项目管理"展示企业所有项目的基本信息，包括项目名称、项目性质、标段、项目经理和项目管理员。

"参建单位"包括公司列表和参建方类别，通过公司列表可以查看各个参建单位的信息，人员信息和各单位参与的项目；参建方类别是根据参建单位在项目中不同的职能，对单位进行的一个分类，比如勘察单位，设计单位，施工单位等，并且对这些类别进行增删改查。

"权限管理"类别中可以添加公司直属的人员并赋予其相应的功能权限，可通过行为日志对该员工的行为追踪。除此之外，还可以查看津港建设单位的组织架构，并对公司部门进行划分。

"工程参数配置"主要包括工程检查分类、质量问题类型管理和安全问题类型管理。工程检查分类，主要是在项目建设过程中，对质量、安全等一些检查事项做的归类，比如一般定期，不定期和专项检查等，这样可以对各个项目中的检查进行归类，方便统计。质量问题类型管理，主要是在项目建设过程中，对发生的质量问题的不同程度进行的归类，比如质量通病，严重质量问题，等等，是为了各个项目中对这些问题有统一的评判标准，也方便多项目分类数据统计。安全问题类型管理，主要是在项目建设过程中，对发生的安全问题的不同程度进行的归类，比如一般安全问题，安全事故等等，是为了各个项目中对这些问题有统一的评判标准，也方便多项目分类数据统计。

(2) 项目级架构

项目级架构下的内容繁多，具体如下：

① 公告管理

公告管理支持录入通知标题、内容，选择类型，并可上传文件附件。公告发出后项目相关人员可以在项目首页位置查看。

② 协同管理

协同管理页面展示了当前登录用户所需参加的或自己发起的会议信息记录，可以看到会议主题、会议内容、会议时间、会议地点、当前会议的状态、发起人，以及会议结束后的会后资料和操作等；也可在协同管理页面中标记跟当前用户相关的所有协同任务和状态，并记录当前项目所有相关人员、参与的协办任务数目以及完成率。

③ 全面计划管理

全面计划是整个项目中的关键节点，是总控计划，也是各个分部计划的基础，各个分部计划在全面计划基础上进行拆分，又与之相联系。通过全面计划管理的进度看板，管理人员可以在线编辑计划，并且将内容以甘特图的方式展示，并对即将滞后的计划进行提醒。

④ 全过程手续管理

全过程手续管理是管理在项目建设全过程所需要的各种手续，包括手续办理、流程审核、手续管理。在手续办理列表页，展示该项目在各个阶段的手续办理进度状况，具体到各个阶段各个手续的负责单位、负责人等，并且支持多条件筛选查询和图形化地查看各个手续的办理情况。在流程审核中，经办人提交的手续在这里会让审核人进行审核，只有审核权限的人才可以进入。手续管理页面中，列表页系统根据不同的阶段，分类将每个阶段所需要办理的手续显示出来，可以看到每个阶段所需要的手续名称、负责单位、负责人、行政部门、办理截止日期等信息，并可以对阶段和手续进行增删改查。

⑤ 设计管理

设计管理页面可展示当前登录用户所属单位的设计阶段的业务计划信息、业务计划相关提醒设置，支持图纸的筛选、上传、删改、查看等操作。

⑥ 招标管理

招标管理页面可展示全面计划中招标阶段的管理过程，支持对招标计划进行在线编辑、拆分、设置关键节点，并展示到全面计划中，以甘特图的方式展示。此外，通过招标管理，招标者可以根据不同的招标文件类型，上传对应的文件；经过审批后，系统生成盖章版的招标文件，并推送到工程文档管理中。

⑦ 采购管理

采购管理主要包括材料目录、材料清单、材料品牌管理、到场管理、安装记录和设备跟踪，相关负责人可在后台监督管理采购全过程。

⑧ 安全环保管理

在安全环保管理页面中，管理者通过劳务用工栏可以查看当前登录用户所属单位的标段下的民工信息，包括工种类别、劳务合同、岗位资格证书、安全教育情况以及每个人对应的二维码和负责人等；管理者通过问题事件栏可以查看当前项目下的问题事件，并且可以根据安全问题类型进行查询，查看具体的安全问题事件，如特种作业人员管理、不安全作业行为、消防管理、动火作业、个体防护、环保问题等；管理者通过检查记录栏可以查看当前项目标段下的每次检查记录，并根据检查分类、安全问题类型以及审核状态进行查询，查看具体的检查记录，主要包括安全检查资料、整改回复及照片、整改期限、检查人和负责人等；管理者通过检查评分可以查看当前项目下参建单位的每次安全检查的总评分和检查记录；管理者还可通过页面中大型设备管理栏查看当前登录用户所属单位的标段下的大型设备信息，包括设备种类、环保标识、入场合格证、在场状态等。除了上述功能外，安全环保管理中还设有岸坡检测界面和深基坑监测界面，支持管理员查看监测点的信息和人工录入的当日位移状况。

⑨ 危大工程管理

危大工程管理页面中可以查看当前登录用户所属单位的危大工程清单，包括重点部位、设计措施、专项设计、专项施工方案、专家论证、安全交底、审核记录、附件等。

⑩ 质量管理

与安全环保管理类似，在质量管理中，管理者可以通过问题事件功能栏查看当前项目下的问题事件，可根据质量问题类型进行查询，查看具体的质量问题，如一般质量问题、严重质量问题、质量通病等；管理者通过检查记录查看当前项目标段下的检查记录，并基于检查分类、质量问题类型以及审核状态进行查询，查看具体的检查记录，主要包括质量检查资料、整改回复文档及照片、整改期限、检查人和负责人等。

⑪ 投资管理

投资管理主要分为合同管理和投资统计 2 个功能栏。在合同管理中，可以查看当前登录用户所属单位的签订合同信息，包括合同值、补充合同、变更管理、月进度计量等。投资统计功能栏中，管理员可以查看投资估算、投资概算以及过程中各项开销。

⑫ 工程文档管理

工程文档管理页面展示了当前登录用户所属单位的工程文档信息，管理者可通过建立目录将工程文档资料分类管理，也可按照归档年份、目录进行筛选查询和编辑等操作。

⑬ 竣工资料管理

竣工资料管理页面中细分为 3 个子模块：资料信息、资料上传、目录管理。在此页面中可进行图纸文档、会议纪要、模型文件等多种格式多种类型的文件管理，支持自定义目录，支持文件上传、下载、预览、模型轻量化展示、图纸查看等功能。

⑭ 视频监控管理

视频监控下分 3 个子模块：监控列表、监控维护、视频巡检。管理者可实时查看监控视频并调整各项参数配置。

⑮ 流程管理

流程管理主要是展示当前用户发起的审批流程，如“质量检查流程”“工作计划上报流程”等。

⑯ 项目配置管理

项目配置的主要功能包括：用户管理、角色管理、项目信息、标段管理、单位工程管理和流程模板管理。与平台级有所区别的是，项目级的用户管理是对项目中的各个参建单位的参建人员进行管理。角色管理与平台级角色的管理相同，首先创建角色，然后给角色赋予相应的功能权限，然后再将角色绑定给用户。项目信息是在建项目的具体信息，包括项目规模及内容，投资金额，开工和完工日期等内容。标段管理是为项目划分标段而设，可以新增编辑标段，可以给标段配置参建单位。单位工程管理则是将各标段划分为单位工程并进行编辑等操作。流程模板管理中包含所有项目的流程模板。

⑰ 参建单位管理

参建单位管理是对项目级里的参建单位信息进行增删改查的管理。平台级的参建单位列表是从项目级的参建单位列表中同步过来的，项目级参建单位管理的参建单位可进行修改，而平台级只拥有查看功能。

(3) 移动端 App

移动端 App 与 PC 端功能类似，主要分为 4 大板块：项目总控、设计管理、施工管理和办公管理。项目总控下有手续办理、全面计划、投资看板、报表中心 4 个子模块，其中手续办理又划分为前期手续、施工阶段、竣工阶段 3 个子模块。设计管理下分为设计计划、设计成果、图纸会签、变更管理 4 个子模块。施工管理主要包括进度控制、质量控制、成本控制、安全控制、资料管理、协办管理、设备管理、主材管理，其中设备管理支持二维码扫码出场、签收、检验和安装。办公管理即会议管理，支持会议地址、时间的选取与推送。

5.3 公司数智建造现状对标分析

5.3.1 企业层面横向对标分析

将天津津港建设有限公司的数智建造举措与4.2节中头部咨询公司层面的数智建造举措进行比较，见表5-1，查找自身在数智建造过程中存在的问题和不足，借鉴同行先进的管理经验，结合实际，制定相应的数智建造实施方案，加速企业数智建造进程，提高工作效率和质量。

表5-1 企业层面横向对标分析表

<table>
<tr><th colspan="2">类型</th><th>头部咨询公司层面数智建造举措</th><th>天津津港建设有限公司</th></tr>
<tr><td rowspan="4">咨询公司数智化转型</td><td>企业导向明确</td><td>中咨公司:“12445战略”。
上海建科:设立BIM与工程管理咨询专业委，专门负责推进企业工程管理咨询业务数智化转型升级。
重庆赛迪:将信息化纳入企业文化，设立专门的数字中心。
美国AECOM:提出企业数字化转型“四步走”策略</td><td>天津津港建设有限公司作为天津港集团的重要成员公司，以习近平总书记的重要指示为精神指引，积极响应国家的政策号召，目前公司以总经理提出的“三高两智”为行动目标，但是尚未形成完整的体系和具体的实施方案</td></tr>
<tr><td>员工数智业务培训和忠诚度培养</td><td>中咨公司:设置培训中心和组织专家专题讲座。
上海建科:提出“百人进阶计划”和“千人转型计划”。
重庆赛迪:健全培训体系。
美国AECOM:针对企业各层员工设立分级培训</td><td>—</td></tr>
<tr><td>推进知识库建设</td><td>中咨公司:建立数字智库。
上海建科:开发知识存储交流软件平台建立工程，大数据储存路径和平台，但是还未将数据转化为知识，达到辅助进行决策的目的。公司拟在未来1至3年，建立自己的知识库平台</td><td>—</td></tr>
<tr><td>科技能力提升</td><td>中咨公司:成立300余名专家学者组成的专家学术委员会。
上海建科:成立科技研发部门和专家技术委员会</td><td>公司设立信息部，全面统筹企业的数智化建设</td></tr>
</table>

表 5-1(续)

类型		头部咨询公司层面数智建造举措	天津津港建设有限公司
港口企业数智化转型	总体规划	宁波舟山港：提出了智慧战略部署并制定了具体的数字化改革五年行动方案。 大连港：港口智慧化发展格局初步形成。 日照港：提出了“四型港口”的建设目标；建立了“一网两台三大系统”的港口智慧化总体布局；与行业领先企业开展了智慧港口建设的战略合作。 鹿特丹港：以 SMARTEST PORT 为港口建设理念，提出建设成为全球性枢纽港和欧洲产业集聚区的 2030 年发展愿景	围绕新时期港口的战略定位、性质功能、发展重点、货类结构和空间布局制定了《天津港总体规划(2017—2035)》；以深入实施“一二三四”强港兴企新战略为主线，制定了“创新年”实施方案以及重点任务清单
	信息系统	宁波舟山港：形成了以财务管控平台为核心，物资业务管控、人力资源管控、工程技术管理、企业资产管理和办公自动化系统有机结合的经营管控体系。 大连港：建成了全国第一个正式上线运行并可与全国信息系统实现数据对接的港口企业级设施管理系统。 日照港：实现了 2 个港区办公网络的有线和无线覆盖(“一网”)；内部管控系统覆盖了人、财、物等大部分职能管理(“三大系统”之一)	主要通过自动化办公系统、人力资源管理信息系统以及综合管控平台等实现对人、财、物等企业运营全要素的一体化管控
	绿色港口	宁波舟山港：围绕清洁能源利用、节能低碳运输装备应用、港口信息化工程建设以及能源管理，并且设立了专项资金。 鹿特丹港：实施了“转变运输方式”战略计划	集团公司加强能耗统计监测、新能源应用技术推广，建设智慧能源管控平台

通过对比企业层面的数智建造举措，天津津港建设公司在企业层面数智建造发展中呈现出以下特点：

首先，从总体规划和企业导向上来看，与其他企业相比，虽然集团公司制定了《天津港总体规划(2017—2035)》、“创新年”实施方案以及重点任务清单，但是总体上看仍然较为宏观，无法落实。因此，公司必须从顶层设计入手，在对自身现实情况充分了解以及对未来发展趋势做出前瞻性预判的基础上，做出系统化、体系化的战略规划。同时，需将战略规划与利益分配机制优化、管理部门职能转型、企业文化重塑等工作紧密结合，如此方能实现企业转型升级，成功打造智慧型企业。

其次，在人才培养和知识利用方面，天津津港建设有限公司未形成成熟的体系。一方面，作为大型国有企业，可以调动相当规模的社会资源，这些资源不仅用于生产，也应用于培养高端人才，并且企业基于自身业务培养专业人才的效果往往比高校更好。天津津港建设有限公司应该通过建立完善的人才培养机制和激励自行培养人才。另一方面，应该充分利用现有的人才资源和数据资源，通过建立专家库、案例库等措施，为企业乃至社会解决实际问题，提高企业的核心竞争力。

通过研究过程中的资料搜集和调查研究显示，虽然目前公司正在大力发展数智建造，在硬件设施方面投入了大量的人力、物力和财力，但是在企业文化、价值观的培育方面仍然存在较大的缺失，而数智建造是一项长期、庞大、复杂的系统性工程，需要考虑生产体系、技术能力、财务状况等多种因素，更需要认知理念和思维方式的深刻转变。因此，这种数智建造的配套企业文化和价值理念的缺失现象也是目前阻碍公司数智建造发展的问题之一。

最后，通过研究还发现，各个企业都开始注重自己的数据，但是企业中数据孤岛的现象普遍存在，在不同部门数据相互独立存储，独立维护。企业大多通过整合数据，在企业内部现有的各个分散的信息系统基础上建立一个统一的数据空间，为各个部门的信息系统功能模块提供统一的数据源接口，以实现企业内部不同部门间的数据共享、数据管理和数据传递。目前，如何连通企业数据孤岛已经成为企业信息化、数字化建设面临的挑战。

5.3.2　项目层面纵向对标分析

将天津津港建设公司数智建造举措与4.2节港口项目先进的数智建造举措进行比较(表5-2)，查找自身在数智建造过程中存在的问题和不足，借鉴同类项目的先进管理实践，加速项目层面的数智建造进程，提高项目管理效率和质量。

表5-2　项目层面纵向对标分析表

类型	项目层面数智建造举措	天津津港建设有限公司数智建造举措
BIM技术	中咨公司：建立BIM专业化技术团队，开发基于BIM的项目部地理信息系统和运维管理平台。 上海建科：研究多维BIM的集成应用，开发面向业主的数字化协同管理平台和建筑设施管理平台。 美国AECOM：融合BIM和GIS两大数字技术，提供工程项目管理的新模式	开发基于BIM的综合管控云平台，实现BIM的轻量化要求和“BIM+”的应用

表 5-2(续)

类型	项目层面数智建造举措	天津津港建设有限公司数智建造举措
智慧工地	重庆赛迪工程咨询公司:搭建“轻筑”智慧工地云平台,实现了全过程可视化、无纸化闭环质量管理、材料智能入场验收等功能	在充分调研智慧工地平台的功能要求的基础上,将智慧工地功能嵌入到基于 BIM 的综合管控云平台上,包括招标管理、进度管理、资料管理、安全管理、工程文档管理等功能
工程大数据	中咨公司:设立数据业务管理系统,进行一站式完整的数据服务和在线统计分析	天津津港建设有限公司十分注重工程大数据的开发和使用,在平台建设中,公司设立“工程检查分类”“质量问题类型管理”“安全问题类型管理”“项目管理”等功能
移动互联网 App	上海建科:基于移动互联网和物联网的工程质量安全检查验收新模式。 重庆赛迪:开发智能钢筋识别分析系统,通过现场手机 App 拍照上传识别钢筋总量、类型、规格型号等信息	公司开发移动端 App,可用手机或平板电脑操作,手机端功能包括投资看板、质量控制、安全控制、主材管理、设备管理、协办管理、手续办理、会议管理、设计管理

通过对比项目层面的数智建造举措,天津津港建设有限公司在项目层面数智建造发展中呈现出以下特点:

从综合管控平台的角度而言,首先,津港建设项目管理平台从企业和项目 2 个维度进行集成管理,实现了业务流程的在线化管理和全生命周期的管控,提高了业务管理过程中信息传递准确性,推进了业务管理从多层级管理向扁平化管理转变,实现了项目过程信息数据积累和沉淀规范化,进一步提高了公司业务的管控水平。其次,津港建设项目管理平台将 BIM 技术与智慧工地融合,实现了异构系统集成,使得智慧工地的数据、BIM 数据和项目管理平台的数据互联互通,不仅在很大程度上消除了信息孤岛的风险,还能更加充分地利用数据的价值,赋予津港建设项目管理平台更多的功能。

然而,其存在的问题也较为突出,主要体现在 2 方面:

(1) 目前津港建设项目管理平台的主要功能尚且停留在一些流程在线化审批、资料上传和报表图形化展示方面,资料和数据背后的价值并未充分挖掘,无法实现数据驱动的运行模式。

(2) 大部分资料依赖人工手动上传,例如安全环保管理中的岸坡检测和深基坑监测，不仅缺乏效率和准确率，而且存在信息差。

从 BIM 技术应用的角度而言，目前天津津港建设有限公司已着手利用 BIM 技术整合多种信息技术进行港口项目全生命周期管理。在项目建设阶段已经实现：通过 BIM 技术在虚拟环境下对项目进行预建模拟分析；提前检查出设计图纸存在的图纸深度不足、使用功能不合理、观感及视觉效果欠佳等问题；在施工过程中利用施工模拟、数字放样，确保工程施工质量及一次成活率，减少返工及杜绝建筑材料浪费，降低建筑垃圾产生，精确控制物料进场、周转，进一步提高现场材料的质量管控；通过搭建服务于项目建设期管理的智慧协同云平台，对现场环境、现场人员行为安全、施工安全、消防设施布置、施工进度、投资控制、质量控制等一系列建设期管理行为进行及时的信息汇总与跟踪、判断，落实 PDCA 的标准管控流程，提升项目管理效率和效果，为项目目标的实现保驾护航。

其存在的问题主要有以下 2 个方面：一是 BIM 的数据采集和分析水平有待提高；二是绿色施工和后期运维的相关信息和功能不完善。

从智慧工地的角度而言，目前天津津港建设有限公司已经将智慧工地嵌入到 BIM 大平台之中，利用闸机、监控设备、数字化识别技术，对现场人员、车辆进行实时监控，旨在解决传统管理模式下因劳务人员进出频繁而导致的人员信息不完整、进场安全教育不到位、特种工无证上岗等问题。

其存在的问题主要体现在数据采集的手段较为单一，物联网技术没有与智慧工地充分融合，以及智慧工地的功能尚未完全开发。

5.4 公司数智建造整体水平评估

5.4.1 数智建造发展阶段

根据中关村信息技术和实体经济融合发展联盟提出的《数字化转型参考架构》，结合天津津港建设有限公司业务特点，将数智建造阶段划分为规范级、场景级、领域级、平台级和生态级，共 5 个发展阶段，如图 5-2 所示。

(1) 规范级

处于规范级发展阶段的组织，各维度的典型状态和特征主要表现为：在组织治理维度，管理模式为职能驱动型，各项业务活动主要根据规范性岗位职能分工负责；在业务优化维度，开展了数字技术支持下的业务活动优化，但尚未实现基于数字化的业务创新；在技术创新维度，应用数智建造相关技术获取、开发和利用数据，提升了相关业务活动的运行规范性，但尚未建成支持主营业务范围内关键业务数字化和柔性化运行的能力；在人才强企维度，尚未重视数字人才的管理和培养工作。

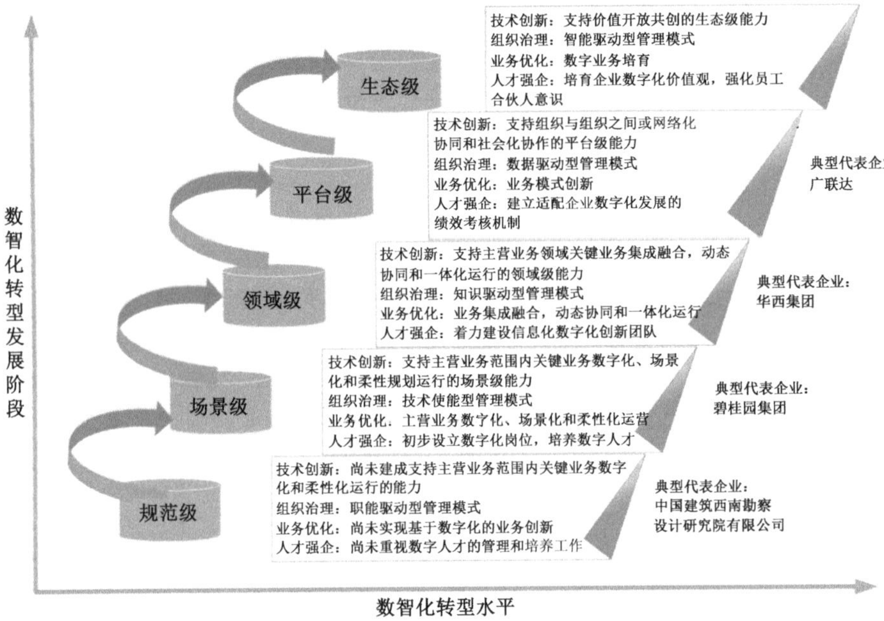

图 5-2　建筑业数智建造发展阶段

在建筑行业，目前仍有五分之一左右的建筑企业处于规范级，如中国建筑西南勘察设计研究院有限公司。该公司业务涉及勘察设计、总承包、海外工程及基础设施建设，属于中国传统建筑国企行业。在组织治理维度，该公司依赖集团分配业务任务，属于典型的职能驱动型管理模式；在业务优化维度，以勘察设计、施工、工程总承包、工程咨询等业务为主进行企业业务开拓，还未基于数字化进行企业业务创新；在技术创新维度，基于公司主营业务进行传统技术利用，如利用地质灾害治理工程集成技术进行三峡库区地质灾害治理，在主营业务范围内还未使关键业务数字化；在人才强企维度，建立"以人为本"的人力资源管理体系，开展员工职业培训等，还未在公司内部建立数字人才培养体系，未体现数字人才的管理和培育工作。

(2) 场景级

处于场景级发展阶段的组织，各维度的典型状态和特征主要表现为：在组织治理维度，管理模式是技术使能型，能够基于主营业务范围内关键业务活动数据开展场景化管理；在业务优化维度，数智建造相关技术融合应用使能关键业务活动数字化、场景化和柔性化运营，打造形成关键业务数字场景；在技术创新维度，在主营业务范围内的关键业务活动中，通过数智建造相关技术实现主营业务范围内关键业务活动数据的获取、开发和利用，开展数智建造相关技术的场景化应用，提升关键业务活动的运行柔性和效率；在人才强企维度，初步设立了数字化岗位，开展数字化人才的招聘、培养和考核，培养数字化人才。

在建筑行业，超过二分之一的建筑企业目前处于场景级，如碧桂园集团。碧桂园集团是中国最大的新型城镇化住宅开发商，采用集中及标准化的运营模式，业务包含物业发展、建筑安全、装修、物业管理、物业投资、酒店开发和管理，以及现代农业、机器人。在组织治理维度，以数据驱动理念开发整合了人力数据仓库，通过 6 大维度分析核心指标，及时反映出组织的整体运营情况。在业务优化维度，通过构建以云计算、安全、大数据、自动化等为主的产品中心，有效提升了碧桂园多业态、多场景下各业务流程的运行效率，同时还降低了数字化建设投入和运营成本。在科技创新维度，通过建立质量管理平台使材料质量管理工作更即时、准确、规范、可跟踪，实现全周期的质量管控的闭环，持续管控材料风险保证产品品质，提高综合竞争力，同时打造的三舱一中心数据门户，是碧桂园集团智慧经营管理与量化分析一体化平台和碧桂园集团的智慧大脑，助力集团、区域、项目三级经营单元科学谋划、科学经营的发展。在人才强企维度，碧桂园集团提出打造数智化人才管理体系，重塑企业组织能力。

(3) 领域级

处于领域级发展阶段的组织，各维度的典型状态和特征主要表现为：在组织治理维度，管理模式为知识驱动型，能够开展跨部门、跨业务流程的数字化集成管理；在业务优化维度，在组织主营业务均实现数字化基础上，沿着纵向管控、价值链和产品生命周期等维度，组织主营业务实现了全面集成融合、动态协同和一体化运行；在技术创新维度，主要基于主营业务领域数据的获取、开发和利用，发挥数据作为信息媒介的作用，实现跨部门、跨业务环节的领域级信息对称，提升主营业务活动的集成融合、动态协同和一体化运行水平，提高主营业务领域内资源全局优化配置效率，并且开始探索发挥数据作为信用媒介和创新媒介的作用，开展基于数据的价值在线交换，推进基于数据建模的业务知识数字化、模型化、模块化和平台化，以知识为驱动，打造形成数字组织；在人才强企维度，着力建设信息化数字化创新团队。

据埃哲森以及中关村信息技术和实体经济融合发展联盟的相关研究显示，目前仅有 15%左右的企业处于领域级。例如华西集团，作为传统的施工总承包企业，该集团建立了完整的数字化实施路径，符合场景级组织的典型状态和特征。在组织治理维度，通过数字化推进平台改造，构建符合数据时代的创新灵活的“大中台、小前台、强后台”组织架构，具有资源配置可视化、核算管理快速化、资金管理便捷化、经营质量优质化、组织分工专业化、管理手段智慧化、审计巡视常态化等优点。在业务优化维度，通过数字化手段建立了具有华西特色的项目管理模式，通过流程化、数字化形成从上到下、从职能部门到子公司、从子公司到项目部的管理体系。在科技创新维度，华西集团通过设置筑云平台，将在建筑施工主业中积累数据进行分析处理，对建筑设计、建筑维保、建筑装修、EPC 及 FEPC 工程总承包、房地产开发等高附加值领域进行分流支撑，让这部分专业公司快速实现跨界集成，商业模式再造，形成差异化竞争力。在人才强企维度，提出培养“管理、建设、运维、应用”数字化专业人才队伍，为数字化转型提供坚实的人才保障。

(4) 平台级

处于平台级发展阶段的组织，各维度的典型状态和特征主要表现为：在组织治理维度，管理方式为数据驱动型，建立平台级数字化治理领导机制和协调机制，实现覆盖组织（企业）全过程以及组织间主要业务流程的自组织管理，形成数据驱动的平台组织（企业）治理体系；在业务优化维度，基于主要或关键业务在线化柔性运行和核心能力模块化封装和共享应用等，实现网络化协同、服务化延伸、个性化定制等业务模式创新；在技术创新维度，主要基于整个组织范围内及组织之间数据的获取、开发和利用，支持组织及组织间网络化协同和社会化协作的平台级能力的建设，发挥数据作为信息媒介和信用媒介的作用，实现整个组织以及组织之间信息对称，能够在整个组织范围内进行按需共享和应用；在人才强企维度，建立适配于企业数字化发展的绩效考核机制。

在建筑行业内，极少数企业到达了平台级，但在其他行业仍有部分企业到达了平台级，具有参考价值。例如广联达作为专业的数字建筑平台商，已经形成了较为完善的数字化转型体系，符合平台级组织的典型状态和特征。在组织治理维度，广联达建立了区分业务的标准化实施流程；在业务优化维度，广联达提出以“数字项目集成管理平台”的各项技术、业务和数据为支撑，联合业内知名的大型咨询机构，依托全面的产品系列，为客户提供从岗位提效、项目管理、企业经营、数据应用 4 个层面的软件服务。在技术创新维度，广联达开发了集云原生、物联网、边缘计算、大数据、人工智能、区块链、BIM 和知识图谱于一体的开放型数字项目集成管理平台，通过以企业经营为主的项目管理系统、协同办公系统、采购管理系统，以项目管理为主的 BIM 5D 应用体系（建模＋施工算量＋项目管理）、智慧工地应用体系（劳务＋物料＋智慧工地）以及以岗位提效为主的 BIM MAKE、斑马进度、协筑系统，共同打造覆盖企业、项目、岗位的项企一体化解决方案，助力客户实现运营数字化、指挥调度数字化、决策智能化。在人才强企维度，广联达拥有实践经历丰富的项目经理以及专业的数字化转型实施团队，可确保数字化转型战略的落地。

（5）生态级

处于生态级发展阶段的组织，各维度的典型状态和特征主要表现为：在组织治理维度，管理模式为智能驱动型，与生态合作伙伴共建生态级数字化治理体系；在业务优化维度，通过生态级数字化和泛在物联网级网络化，推动与生态合作伙伴间资源、业务、能力等要素的开放共享和协同合作，共同培育智能驱动型的数字新业务，发挥生态圈创新潜能，开辟实现绿色可持续发展的广阔空间；在技术创新维度，基于生态圈数据的智能获取、开发和利用，发挥数据作为信息媒介和信用媒介的作用，实现生态圈信息对称，并基于数据实现价值智能化在线共创和共享，提升生态圈价值智能化创造能力和资源综合开发水平；在人才强企维度，培育企业数字化价值观，形成以价值贡献为导向的数字化人才选拔、任用、考核、薪酬和晋升激励制度，强化员工合伙人意识。

5.4.2　公司数智建造现状评估

根据天津津港建设有限公司数智建造现状，分别从组织治理、业务优化、技术创新、人才强企等维度对公司目前所处的数智建造阶段进行评估，结果如图 5-3 所示。

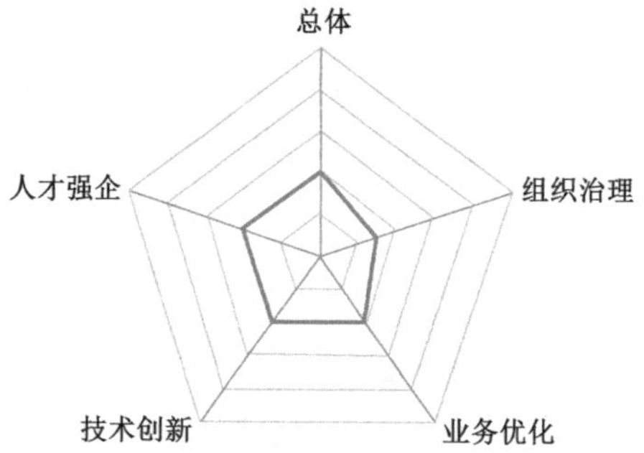

图 5-3　天津津港建设有限公司数智建造阶段评估

（1）在技术创新维度，目前天津港津港建设有限公司已经规范化构建了多种技术应用的方案策划，如项目层面建设了集 BIM、智慧工地和云平台为一体的综合管控大平台，并且开展基于主营业务范围内的场景优化和数据采集，位于场景级发展阶段。

（2）在业务优化维度，目前天津津港建设有限公司不仅开展了基于数字技术支持下的业务活动，而且公司关键业务活动已经逐步实现数字化、场景化协调联动，因此分析得出企业业务优化维度的建设水平位于场景级。

（3）在组织治理维度方面，目前天津津港建设有限公司的管理模式为职能驱动型，并向着技术使能型去发展，各项业务活动主要根据规范性岗位职能分工负责，但是其领导团队十分重视信息化场景的运用，并不断做出探索，如利用信息技术强化OA平台功能，确保熟练应用此系统，以明确各自的公司全体员工职能职责。因此，企业组织治理维度的建设水平目前处于规范级全面向场景级跨越的阶段。

(4) 在人才强企维度，目前天津津港建设有限公司在原有职工建设的基础上，加强数字化人才相关建设，试图为企业进行数字化转型提供人才支撑，整体发展水平位于场景级。

综上所述，目前天津津港建设有限公司整体处于数智建造的第二阶段，即场景级，其中技术领域、组织领域、人才领域整体处于场景级、业务领域处于规范级向场景级过渡阶段。

6 天津津港建设有限公司数智建造发展策略分析

本章运用SWOT(优势-劣势-机遇-挑战)法剖析天津津港建设有限公司的数智建造发展要素,通过专家打分、调查问卷、层析分析法等方式,构建公司发展策略的量化模型,对公司发展策略进行权重评估,提出适用的数智建造发展策略,为天津港数智建造的发展目标和发展战略提供策略支撑。

6.1 公司数智建造发展SWOT要素分析

6.1.1 优势分析

(1) 借助天津港优势可承接较多业务

天津津港建设有限公司自身业务实力强劲,在港口领域品牌影响力强,同时借助母公司的资源支持,业务数量众多且涉及范围广。天津港是世界人工深水大港,同世界上200多个国家和地区的800多个港口保持航运贸易往来,货物吐量和集装箱吞吐量稳居世界港口前十强。作为国内知名的港口企业公司,业务范围涵盖港口装卸、国际物流、港口地产等方面业务,因此也会存在诸多咨询业务订单。天津津港建设有限公司是依托于母公司天津港(集团)公司而独立发起的子公司,这一天然优势使得天津津港建设有限公司不仅可以参与母公司的相关业务,同时也借助天津港的品牌号召力,为其开拓港口类全过程工程咨询市场提供了巨大便利。经过多年发展,天津津港建设有限公司已经成为一家以市场化运作的集工程设计、全过程项目管理和工程咨询等服务功能于一体的综合性全过程工程管理咨询公司。

(2) 港区范围内承接专业领域内业务优势较为突出

天津津港建设有限公司以全过程项目管理咨询服务、BIM咨询服务和设计施工总承包为支撑业务。相较于传统的项目管理咨询公司,天津津港建设有限公司的BIM咨询及全过程项目管理咨询服务是公司咨询业务的一大亮点。其业务范围涉及项目管理咨询服务、前期手续办理、建设项目前期工作咨询、建设项目前期评估咨询、工程设计、工程设计咨询及BIM咨询、全过程项目管理咨询服务、工程总承包，业务面齐全。在全过程咨询服务方面，可承接前期阶段咨询、招投标阶段咨询、勘察设计阶段咨询、施工准备阶段咨询、施工阶段咨询、竣工验收阶段咨询等业务，在国家大力推广全过程项目管理咨询服务的背景下，具有较大发展前景。在BIM咨询方面，已经建立了基于BIM的规划及设施管理平台、基于BIM的港口项目建设管理协同平台、基于BIM的运营维护管理平台。与其他港口企业相比，天津津港建设有限公司在BIM运用方面的优势突出，可以实现基于BIM的全过程建设项目管理，并且凭借这一优势承接较多的业务。

(3) 采用激励合同模式引导建设单位运用全过程咨询管理模式

《国家发展改革委 住房城乡建设部关于推进全过程工程咨询服务发展的指导意见》的出台对于提高造价咨询企业参与全过程工程咨询业务的积极性起到重要的推动作用。该意见中明确指出：鼓励投资者或建设单位根据咨询服务节约的投资额对咨询单位予以奖励。因此，要发挥造价咨询企业在节约建设资金、控制投资方面的专业优势。

(4) 天津港区域范围内经营优势突出

与国际竞争者相比，天津津港建设有限公司熟悉本土业务，已经形成了相对完整的上下游产业链，具有竞争优势。诸如ATKINS、ARUP等国际化多专业工程和建设顾问公司，虽然拥有丰富的国际项目经验，但是在理解中国国情、掌握地方政府运作方式、熟悉沟通对象的思维方式等方面存在不足。并且，国际工程咨询公司收费相对高昂，会极大降低其竞争优势。

(5) 全过程造价咨询被多数业主所接受

根据2018年工程造价咨询统计公报，我国造价咨询业务收入772.49亿元，其中全过程造价咨询占25.7%，已经形成了一批初具全过程造价咨询服务能力的造价企业。通过他们的实践和推广，全过程造价控制在全过程工程咨询的重要作用已经被社会广泛认可。工程造价的形成本身就具有动态性和全过程性，造价工程师的工作和工程造价管理也与建设项目的全过程紧密衔接，从前期投资估算、初步设计概算到施工图预算、招标控制价再到合同价、结算价等，这条以投资控制为主线的全过程造价咨询是造价行业参与全过程咨询工作的核心着力点。

(6) 企业信息化建设资源投入力度大

近年来，天津津港建设有限公司十分重视自身科技发展和人才培养，投入的资金也在逐年增长。PPP模式在基础设施领域得到广泛的应用以来，随着造价咨询市场的业务竞争压力逐年增大，天津津港建设集团已经开始拓展PPP咨询业务，已经着手造价指标积累和人才的有序培养，并且天津津港建设集团自身也非常重视技术发展，针对建设项目全生命周期中的咨询服务，致力于开展技术研发研究，近年来每年都会将一定比例的营业收入投入到研发中去。例如在代建天津港北疆港区C段智能化集装箱码头工程期间，前期创新采用“以函代征”的模式完成前期手续办理；管理过程中，引用BIM技术，并借助“互联网＋”思维形成“BIM＋”技术集成，打造基于BIM技术的港口项目全生命周期管理新模式；并持续推进工程工艺（大面积复杂场地动力固结智能监控技术研究和大面积厚度不均匀碱渣地基处理工艺研究）、智能化、平台方面的建设研究（津港建设项目集管平台和智慧工地建设项目）。同时，成立了专门的研发机构，专门从事技术事业研发，也取得了部分研究成果。

6.1.2　劣势分析

（1）公司咨询信息化水平有待于提升

目前，天津津港建设有限公司的造价咨询信息化手段虽然在行业内已经处于中上游地位，但是对于企业自身发展战略来说仍处于落后水平。一方面，平台系统间无法有效集成，已有的经验数据和海量知识都难以重复利用，造成企业在全过程工程咨询业务开展时力不从心。例如，日常处理公司业务的OA系统、ERP系统与公司主推的津港建设管理平台（BIM云平台），三者属于独立的系统，在系统融合方面存在信息孤岛，导致项目成果有效积累少，知识库不完善。另一方面，目前公司的数据收集和处理仅能应用于单一环节，无法实现全生产线链条之间的有效集成。此外，公司信息化水平与一般企业相比没有明显优势，尤其是公司目前掌握BIM技术的人才有限，且并未及时开展BIM软件的培训和研究。

（2）人员的素质和结构设置有待于调整

目前，行业环境与自身双重因素虽然使天津津港建设有限公司技术人员充足，但是信息化、数字化高层次人才匮乏。从行业环境出发，目前造价咨询行业较低层次的服务内容对高学历人才吸引力不足，相对单调的业务使得从业者的知识和技能较为狭窄，加上企业生存压力和从业人员的工作压力都比较大，使得企业和个人过多关注眼前利益而放弃花时间去参加培训，从而阻碍了从业人员综合素质的提升。目前天津津港建设有限公司拥有专业的设计团队和注册师项目管理团队，公司在册员工124人中高级工程师人数为68人，专业技术人才近六成。随着项目信息化、数字化业务转型的开展，公司工程建设需要的高层次技术开发人员和业务拓展人员明显不足。公司要想实现港口信息基础设施建设、数字化管理平台建设、物流服务平台升级、生产运营自动化升级等业务，必须加强擅长人工智能、5G技术、大数据、云计算等新型信息技术、数字技术人才的储备和培养。同时设定专门的数字化岗位，制定数字化人才队伍建设规划并形成规划执行实施和考核机制，为企业加强数字化建设以及开拓新业务奠定基础。

（3）核心业务数字化应用水平不高

天津津港建设有限公司目前已经在许多方面初步实现业务数据上传，但是在对数据的利用等方面仍存在很大的发展空间。天津津港建设有限公司从2015年开始建立BIM团队，后来逐渐建立基于港口建设阶段的BIM云平台，目前这一平台已经成为公司承接工程咨询业务的重要支撑。借助这一平台公司能够进行BIM全过程咨询服务，将项目信息转换为三维模型，但该平台还停留在将数据上传至模型阶段，还未向智慧化方向发展。同时，设计、管理咨询、招标代理、造价咨询等咨询业务仍为传统的项目咨询模式，企业在供应链合作单一环节或某个领域中并未使用数字化技术手段，也未实现供应链各环节之间的集成，导致公司整体核心业务数字化水平不高，公司核心业务转型仍方向不明。

(4) 人才培养成本高且流动性大

港口工程设计、咨询、项目管理以及招标代理和造价咨询等业务处于港口工程建设产业链的上中游，提供的是专业技术服务，对资金的需求也不大，因此，不需要建立在原材料、零部件等生产要素的基础上。这类企业面临供应商的威胁主要来自劳动和技术的提供者——人才，特别是高水平的人才。人才是造价咨询企业的核心资源，人才培养工作也是公司战略发展的关键，培养理论和实践能力都符合企业需要的人才需要经历多个项目，时间花费久，培养成本高。

因为人才难得，而劳动合同对员工的约束力却非常有限，导致有经验的技术人员经常会被挖走或者跳槽，造成员工离职率较高，使得公司的重要知识资源流失，给企业持续经营和业务拓展带来了巨大的挑战。

公司于1984年成立，注册资本9 665万元，至今在册人员仅124人，公司人员流动较大，在留住人才方面具有明显短板。企业面临如何加强员工队伍建设、如何解决公司人才流失严重、如何合理运用人才激励机制、如何提升员工满意度、如何解决“80后”人才离职率高等棘手问题。

(5) 天津港人才竞争力相对较低

根据中智发布的《2018中国城市人才竞争力指数报告》(表6-1)可以看出，天津仅排14名，人才竞争力指数表现为负数，而北京、深圳、上海、广州在吸引人才方面具有显著优势，人才竞争力影响大。这也与天津紧挨北京有关，人才为寻求更好的发展机遇与潜力，纷纷向北京流动。天津港地处渤海湾西端，位于海河下游及其入海口处，是环渤海中与华北、西北等内陆地区距离最短的港口，是北京的海上门户，也是亚欧大陆桥最短的东端起点。因此，天津港要想在人才方面减少人员流动，还需扩大人员激励制度，采取相关政策吸引人才，从企业自身及港口发展方面制定人才的培养制度，增强人员的归属感与获得感，发挥好北京海上门户的地理位置优势。

表 6-1 2018 中国城市人才竞争力指数

序号	城市	人才竞争力指数排名	人才规模排名	人才结构排名	人才创新指数	人才发展指数	人才效能指数	人才生活指数
1	北京	48.13	7.24	7.33	13.70	7.69	3.61	8.56
2	深圳	47.25	4.91	−0.57	12.93	6.90	9.97	13.11
3	上海	35.34	7.15	2.78	7.86	7.52	5.10	4.92
4	广州	18.04	1.15	0.14	0.85	4.30	3.48	8.12
5	杭州	6.84	−0.53	0.94	−0.34	0.63	0.61	5.53
6	南京	6.13	−3.79	1.81	−0.50	−0.40	3.33	5.68
7	武汉	0.95	−2.94	1.66	−0.47	−0.81	2.61	0.89
8	成都	0.62	2.55	0.39	−1.44	−0.54	0.57	−0.92
9	苏州	0.56	−0.80	−2.41	−2.02	1.98	1.61	2.20
10	长沙	−0.70	−3.51	1.02	−2.17	−2.62	3.17	3.41
11	重庆	−3.27	3.61	−3.02	−3.41	−1.50	3.43	−2.39
12	佛山	−5.22	−1.34	−1.75	−2.21	−2.99	1.45	1.63
13	宁波	−6.88	−2.00	−0.88	−1.46	−1.86	−1.20	0.52
14	天津	−7.83	−1.32	−2.76	1.37	0.18	−2.10	−3.20
15	青岛	−8.24	−4.57	−0.46	−2.27	−2.87	−0.69	2.62
16	无锡	−10.90	−5.72	−1.34	−2.06	−1.57	0.00	−0.21
17	郑州	−10.92	−1.05	1.77	−4.50	−3.36	−1.97	−1.81
18	东莞	−13.37	−2.47	−1.54	−3.79	−4.08	−5.37	3.87
19	南通	−18.13	−2.49	−1.45	−3.27	−2.92	−3.52	−4.46
20	泉州	−20.63	−1.90	−1.67	−5.79	−3.68	−3.94	−3.66

备注：以上数据为相对数据，并非绝对值；数值上的负号表示与均值的偏差。

6.1.3 机遇分析

(1) 政策强力支撑咨询领域信息化转型

国家政策的支持为企业运用数字化手段开展业务提供了强有力的支撑。《国家发展改革委 住房城乡建设部关于推进全过程工程咨询服务发展的指导意见》(以下简称《指导意见》)中提出：大力开发和利用建筑信息模型(BIM)、大数据等现代信息技术和资源，努力提高信息化管理与应用水平，为开展全过程工程咨询业务提供保障。国家把信息技术的应用提到了“保障”的高度，其重要性可见一斑。《指导意见》还要求：咨询单位要建立自身的服务技术标准、管理标准，不断完善质量管理体系、职业健康安全和环境管理体系，通过积累咨询服务实践经验，建立具有自身特色的全过程工程咨询服务管理体系及标准。住房和城乡建设部发布的《2016—2020 年建筑业信息化发展纲要》(以下简称《纲要》)，对勘察设计企业、施工企业、工程总承包企业的信息化工作主要内容作出明确要求，提出以“建立完善数字化成果交付体系为导向”的工程建设监管信息化要求。《纲要》还明确指出：发展目标是初步建成一体化行业监管和服务平台，数据资源利用水平和信息服务能力明显提升，形成一批具有较强信息技术创新能力和信息化应用达到国际先进水平的建筑企业及具有关键自主知识产权的建筑业信息技术企业。政府政策、资金、人才等资源的支持，为咨询企业开展业务过程提供了良好的保障。

(2) 现行政策中制定的咨询费用标准较为可观

国家和地方政府针对工程咨询行业制定了详尽的取费标准，由于项目投资额较大，咨询费用都比较可观。《国家发展改革委 住房城乡建设部关于推进全过程工程咨询服务发展指导意见》中提出：全过程工程咨询服务酬金可按各专项服务酬金叠加后再增加相应统筹管理费用计取。湖南省住房和城乡建设厅发布的《全过程工程咨询合同文件试行文本》中提出合同当事人可以以固定总价进行价格计算调整和确认全过程工程咨询服务合同。无论何种计取方式，由于项目投资额较大，咨询费用都比较可观，以广东省为例，见表 6-2。

表 6-2　广东省全过程工程项目管理费参考费率(试行)

工程总概算/万元	费率/%	算例	
		项目额/万元	全过程工程项目管理费/万元
10 000 以下	3	10 000	10 000×3%=300
10 001～50 000	2	50 000	300+(50 000−10 000)×2%=1 100
50 001～100 000	1.6	100 000	1 100+(100 000−50 000)×1.6%=1 900
100 000 以上	1	200 000	1 900+(200 000−100 000)×1%=2 900

(3) 工程咨询企业的信息技术应用发展迅猛

信息技术的迅猛发展将直接影响工程咨询企业的发展和创新。信息技术的发展对工程咨询业务的开展影响深刻，在软件开发方面，传统的工程咨询企业咨询手段主要通过分析问题、项目调查、回归分析、模型验证、问卷调查方案等方法为顾客提供服务，但是随着现代科学技术的快速发展，超级计算机、云计算、物联网、互联网、大数据、无人机、卫星系统等现代技术不断发展，信息技术为工程咨询行业提供的行业应用软件越发先进，包括了大数据指标、造价咨询业务、财务测算、云计算、BIM 咨询、区块链技术等工作。一方面，通过现代科技手段收集原始数据快捷准确，为咨询报告质量和价值提供了保证；新技术促进了数据库、知识库及工程项目案例积累；招标和代理业务也建立形成了电子招标平台；近年来，工程咨询行业运用 BIM 软件进行设计，设计水平和效率也得到了大幅提升。另一方面，在工程咨询企业内部，信息技术的发展可以优化工程咨询企业的组织结构，为管理者提供更加便捷的信息流、沟通渠道。可以实现工程咨询企业的网络化、居家化、实时性办公，大幅提升了工作效率，为工程咨询企业节约开支。

6.1.4　挑战分析

（1）跨区域开拓业务存在一定阻碍

天津津港建设有限公司在跨区域拓宽业务方面一直存在着开发成本高、内部阻力大、拓新环境复杂等许多问题。其业务主要来源于其母公司——天津港集团有限公司的相关业务，公司主营的项目管理在天津港内具有垄断地位，造价咨询和招标代理也是建设公司的优势业务，在天津港具有很强的竞争力，但是自身市场营销能力不足，业务协作费用较大。同时，国内咨询服务市场普遍存在行业性及地区性划分，所以跨行业、跨地区的业务开展会受到一定限制。此外，对他国地方政府运作方式、沟通对象的思维方式等方面了解甚少，而且国际工程咨询公司收费相对高昂。这些原因都极大地阻碍了津港建设有限公司业务跨区域开展。

（2）国际工程咨询公司的进入带来竞争

“一带一路”的建设让更多的中国企业“走出去”，也让更多国际咨询公司进入了国内市场。国际咨询公司通过多年的积累和创新，拥有了先进的内部管理体制及强大的企业级数据资源库，能够实现项目造价的快速估算、指标查询及详细的数据分析，在与本土项目结合的过程中，其经验不断累积，将给国内咨询机构的发展带来极为严峻的挑战。

（3）国内竞争者低价竞争带来威胁较大

全过程工程咨询本身是一项对经验、技能、知识、执业操守等要求很高的智力服务，随着项目市场规模的扩大，可观的服务费用会吸引大量建筑服务企业参与到项目角逐中来。部分企业为了获取项目，采用低价竞争的方式，导致行业服务质量参差不齐，扰乱了行业市场秩序。

同时，国家经济由原来高速增长转变为高质量增长，在推广全过程工程咨询业务发展等政策的影响下，咨询企业业务领域不断扩展。政策利好及行业准入门槛低的双重因素，使得工程咨询企业数量骤增，利润空间被压缩。但为了达成业务量，维护政府关系、客户关系，企业不得不采取哪怕没有利润也要承接业务的措施。与此同时，一些大型设计院、管理咨询公司、会计师事务所、项目管理公司正在将其业务向工程咨询领域逐步渗透。这些行业潜在进入者以其专业知识背景、科研能力，在“边缘市场”的争夺中有一定的优势。除此之外，全过程工程咨询业务的开展，也会威胁到工程咨询的某些业务。

工程咨询企业在国家宏观经济背景下也同样面临着优胜劣汰。低端的且没有技术实力或者只是靠社会关系获得项目的工程咨询公司必然会被市场无情地淘汰。如何顺应国家的经济工作重点,发挥企业的竞争优势,于众多咨询企业中脱颖而出是天津津港建设有限公司需要面临的挑战。

(4) 行业信息化加速提出了更高的要求

随着信息技术发展,工程咨询企业面临着极大的挑战。首先,从行业发展趋势来看,当前工程信息化主要是体现在以BIM、GIS、物联网、大数据等技术手段不断融合创造价值的综合应用,BIM的应用更是其中最为基础的环节。例如目前的BIM应用基本实现纵向到底(分阶段应用),但是没有横向到边,项目业主基于运维思维和项目管理思维的实践少之又少。其次,随着大数据采集深入,单纯的项目可行性研究报告通过数据分析就可以得出准确结论,既提高工作效率又更具科学性,而数智化(BIM)能力是做好全过程工程咨询的基本能力。但是在应用过程中,真正能实现业主或提供项目管理咨询第三方的基于BIM的项目管理平台的应用很少,难以通过模型及时地正向、反向提取数据,进行数据智能分析。最后,对于未来的工程咨询来说,具备这些能力还远远不够,还需要具备信息化融合的能力。如何解决这些问题,适应飞速发展的技术要求,是一项艰巨的挑战。

(5) 项目负责人(项目经理)在工程咨询中所承担的责任增多

《国家发展改革委 住房城乡建设部关于推进全过程工程咨询服务发展的指导意见》中指出,设计单位在民用建筑中实施全过程咨询的,要充分发挥建筑师的主导作用。部分地区的工作实施方案中也明确了责任建筑师及团队可以对工程项目的规划策划、报批报建、设计、招采、施工及竣工验收等阶段提供全过程管理服务,并对质量、安全、进度、费用等内容承担相关责任,这将有效提高建筑师和设计单位在全过程工程咨询服务中的地位。

(6) 知识重用效率较低

未来是知识至上的时代,拥有更多的知识就会在未来的竞争中占据绝对优势。天津津港建设有限公司的服务范围包含水运码头和房屋建筑、堆场仓库、地基加固、环境工程与公用工程等诸多领域,可以为国内外客户提供优质全面的工程咨询服务,并在综合性水工项目工程管理上具有独特的优势。公司曾服务的工程项目众多,积累了涉及建筑物地基、结构、材料等方面的海量检测、运行数据,但是这些数据资料一方面随着人员调动流失,另一方面没有有效存储手段和挖掘数据价值的方式,造成严重的资源浪费。如何充分挖掘数据价值,加强数字化服务在优势业务板块的应用场景研究,促进"技术+智能"与"智慧+技术"的有效融合,赋能传统优势产业,形成高附加值的产品和服务,是一个亟待解决的问题。

6.2 公司数智建造发展策略分析

6.2.1 SWOT-AHP 模型构建

以天津津港建设有限公司数智建造发展策略为目标层，以 SWOT 要素为准则层，以开拓型（SO）、争取型（WO）、抗争型（ST）、保守型（WT）为方案层，构建 SWOT-AHP 分析模型，如图 6-1 所示。其中，方案层代表公司数智建造四大发展策略，具体指：

（1）开拓型策略：指发挥企业内部的优势（S）和机遇（O），通过找出最佳的资源组合来获得竞争优势，并且通过提供资源来强化、扩展已有的竞争优势。

（2）争取型策略：指面临外部机遇（O），但自身缺乏条件（W），应该积极采取扭转措施，将劣势转化为优势开拓机会，改变企业内部的不利条件。

（3）抗争型策略：指的是企业尽管拥有较大的内部优势（S），但面临严峻的外部挑战（T），应该利用企业自身优势，开展多元化经营，避免或降低外部威胁的打击，寻找新的发展机会。

（4）保守型策略：指的是通过避开企业发展的不利因素（T）和企业弱点（W），消除自身的劣势的战略选择。

6.2.2 SWOT 指标权重计算

（1）次准则层单指标分析

为了确保评价相对客观、科学，邀请天津津港建设有限公司的 2 位专家进行专家打分。SWOT-AHP 指标权重计算流程如图 6-2 所示。

采用 1～9 标度法，由受访专家对评价指标进行两两比较。在专家打分的基础上构建判断矩阵。由于专家打分的主观性容易导致构造的判断矩阵误差过大，故需要对判断矩阵进行一致性检验。为了有效衡量指标的一致性，引入一致性指标 CI 和一致性比率 CR。

$$CI = \frac{\lambda_{\max} - n}{n - 1} \tag{6-1}$$

式中：n 为矩阵的维数；$\lambda_{\max}$ 为判断矩阵最大特征值。当 $CI=0$ 时，有完全的一致性；CI 接近于 0 时，有满意的一致性。为了衡量 CI 的大小，引入随机一致性指标 RI，得出一致性比率 CR，见式(6-2)。

$$CR = \frac{CI}{RI} \tag{6-2}$$

一般认为一致性比率 $CR<0.1$ 时，通过一致性检验。若是不符合一致性

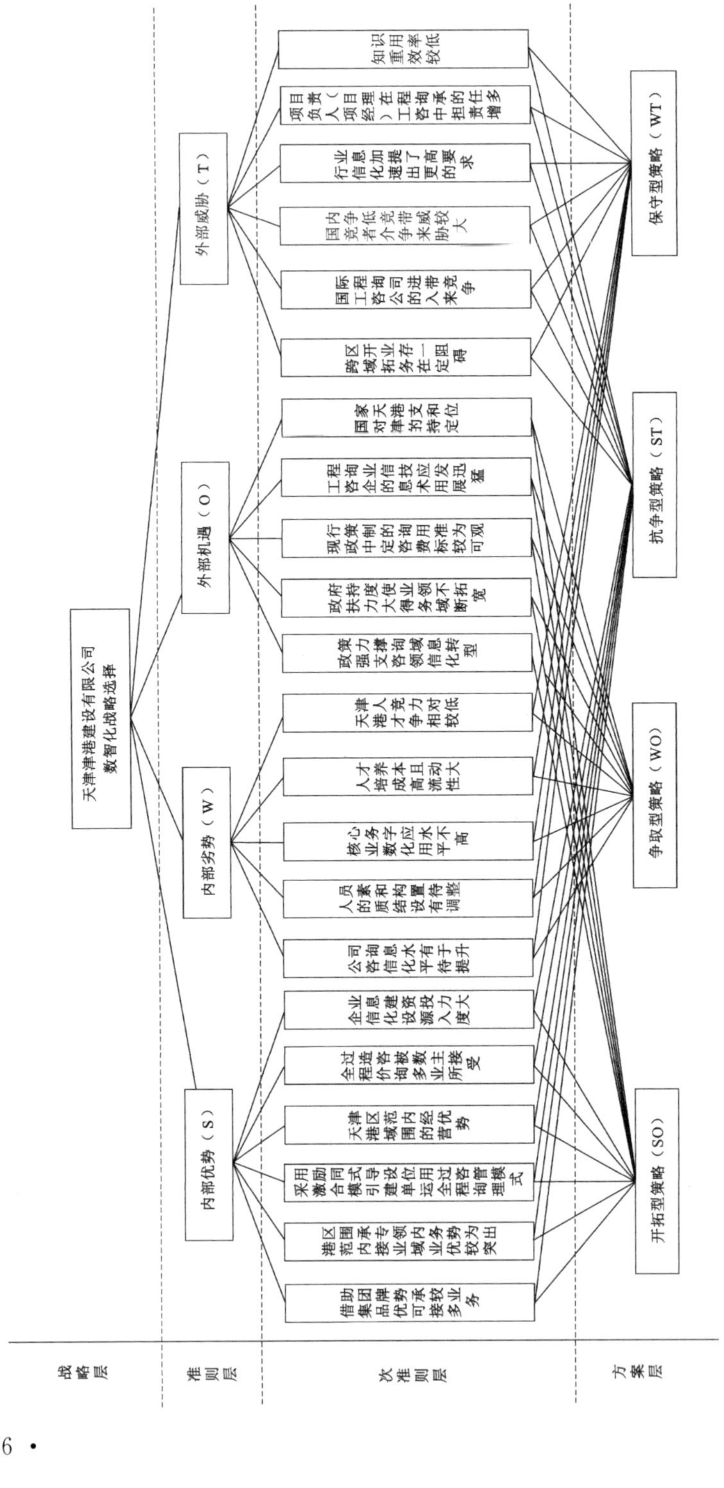

图 6-1 SWOT-AHP 分析模型

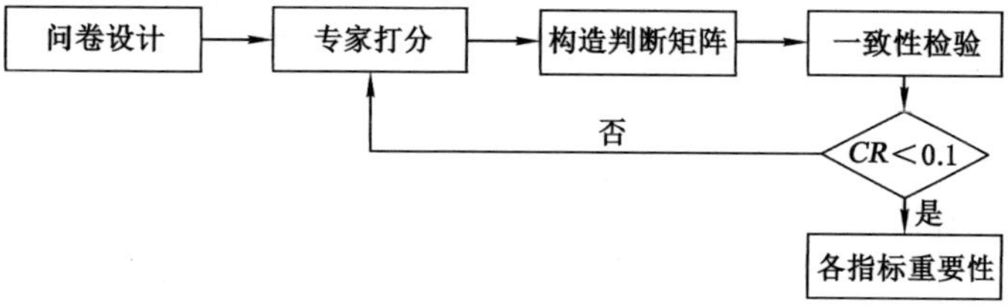

图 6-2　SWOT-AHP 指标权重计算流程

要求，则请专家重新进行判断并赋值。矩阵均符合一致性标准后，对 SWOT 组间和组内因素进行综合数据分析，将两名专家对各层次因素的赋值进行汇总整理和计算，经计算各判断矩阵均通过一致性检验，得出不同层级各指标的组内权重。最后通过计算结果对因素进行最终指标权重排序，见表 6-3，用柱状图显示权重结果，如图 6-3。

表 6-3　天津津港建设有限公司数智建造战略指标权重表

目标	一级指标	组内权重		二级指标	组内权重		组合权重		最终指标权重	排序
		专家一	专家二		专家一	专家二	专家一	专家二	取平均	
天津津港建设有限公司数智建造	优势 S	0.100 0	0.260 9	S1	0.044 5	0.025 2	0.004 5	0.006 6	0.005 6	20
				S2	0.263 8	0.259 3	0.026 4	0.067 6	0.047 0	7
				S3	0.124 6	0.043 4	0.012 5	0.011 3	0.011 9	16
				S4	0.074 8	0.333 1	0.007 5	0.086 9	0.047 2	6
				S5	0.342 6	0.169 5	0.034 3	0.044 2	0.039 3	8
				S6	0.149 6	0.169 5	0.015 0	0.044 2	0.029 6	10
	劣势 W	0.700 0	0.558 5	W1	0.120 3	0.083 4	0.084 2	0.046 6	0.065 4	4
				W2	0.120 3	0.486 3	0.084 2	0.271 6	0.177 9	2
				W3	0.209 4	0.115 0	0.146 6	0.064 3	0.105 5	3
				W4	0.481 0	0.285 0	0.336 7	0.159 2	0.248 0	1
				W5	0.069 1	0.030 3	0.048 3	0.016 9	0.032 6	9
	机遇 O	0.100 0	0.132 6	O1	0.058 6	0.145 8	0.005 9	0.019 3	0.012 6	15
				O2	0.058 6	0.044 8	0.005 9	0.005 9	0.005 9	19
				O3	0.145 6	0.031 7	0.014 6	0.004 2	0.009 4	18
				O4	0.228 3	0.268 1	0.002 8	0.035 5	0.019 2	13
				O5	0.509 0	0.509 6	0.050 9	0.067 6	0.059 3	5

表 6-3(续)

目标	一级指标	组内权重		二级指标	组内权重		组合权重		最终指标权重	排序
		专家一	专家二		专家一	专家二	专家一	专家二	取平均	
天津津港建设有限公司数智建造	威胁 T	0.100 0	0.048 0	T1	0.067 5	0.051 0	0.006 8	0.002 4	0.004 6	21
				T2	0.033 8	0.030 0	0.003 4	0.001 4	0.002 4	22
				T3	0.129 6	0.177 8	0.013 0	0.008 5	0.010 8	17
				T4	0.131 0	0.259 2	0.013 1	0.012 4	0.012 8	14
				T5	0.383 5	0.125 7	0.038 3	0.006 0	0.022 2	11
				T6	0.254 6	0.356 3	0.025 5	0.017 1	0.021 3	12

备注:① 组合权重=一级指标组内权重×二级指标组内权重;

② 最终指标权重取专家一、专家二问卷组合权重值的平均值。

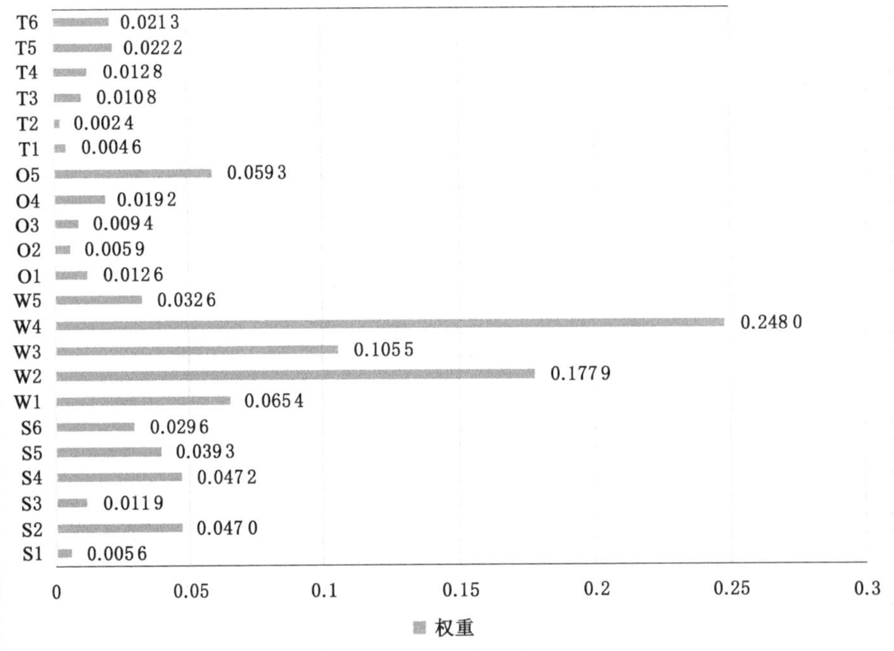

图 6-3 天津津港建设有限公司数智建造战略指标权重

6.2.3 数智建造要素分析

根据 SWOT 指标权重计算结果,发现天津津港建设有限公司在数智建造发展中具有较好的自身优势条件以及良好的发展机遇，但公司内部仍存在发展短板，同时也面临诸多外部威胁。具体分析如下：

(1) 数智建造SWOT要素总数量较为均衡，均为5～6个，说明在内部优势、内部劣势、外部机遇、外部威胁方面都有较多影响因素，体现出该公司在数智建造发展方向上存在诸多可能。

(2) 整体来看，4个方面的权重值劣势组(W)＞优势组(S)＞机遇组(O)＞威胁组(T)，说明公司目前内部劣势大于优势，外部机遇大于威胁。这体现出当前数智建造业的普遍特点，即由国家政策、市场需求催生的外部机会很多，但由于领域较新，很多企业内部不具备技术基础、人才基础，而使得企业内部存在较多发展劣势。

(3) 劣势组(W)权重远高于其他组，说明从天津津港建设有限公司自身角度而言，已充分认知自身发展瓶颈，急需补短板，赶上智慧建造的时代红利。

(4) 在所有SWOT指标中，权重最大的是人才培养成本高且流动性大的W4，其次是人员的素质和结构设置有待于调整的W2，而国家对天津港的支持和定位的O5权重仅0.059 3，说明天津津港建设有限公司的发展面临着有利的政策环境，但自身缺乏相应的人才，导致企业无法及时把握机遇，丧失了发展的先机。因此应该有针对性地采取措施扭转劣势，将劣势转化为优势开辟机会，改变企业内部的不利条件。

(5) 在内部劣势中，各指标值偏差较大，且均处于高值。其中人才培养成本高且流动性大的W4是最大的短板，其他依次是人员的素质和结构设置有待于调整的W2、核心业务数字化应用水平不高的W3、公司咨询信息化水平有待于提升的W1、天津港人才竞争力相对较低的W5。其中，人才培养成本高且流动性大的W4、人员的素质和结构设置有待于调整的W2和天津港人才竞争力相对较低的W5均是人才因素，这表明人才培养是目前该公司数智建造发展的重要限制因素，人才缺乏是首要解决的问题。此外，核心业务数字化应用水平不高的W3、公司咨询信息化水平有待于提升的W1反映出该公司在信息化、数字化、智能化的技术的应用和业务的转型创新方面仍有较大的提升空间，也是公司数智建造发展所要突破的关键问题之一。

(6) 在内部优势中，大部分指标权重值位于中间位置，且部分指标间差异较大。其中，重要性程度较高的是天津港区域范围内的经营优势的S4和港区范围内承接专业领域内业务优势较为突出的S2，权重分别为0.472和0.047 0，位列第6和第7；全过程造价咨询被多数业主所接受的S5，权重为0.039 3，位列第8；企业信息化建设资源投入力度大的S6，权重为0.029 6，排序第10。其中，通过天津港区域范围内的经营优势的S4、港区范围内承接专业领域内业务优势较为突出 S2 和全过程造价咨询被多数业主所接受的 S5，均位列前 10，可以看出该公司在自身主营业务方面的优势突出，企业在数智建造发展过程中应该充分利用好品牌资源、项目经验、资质优势等长处创造新的市场机会和价值空间。企业信息化建设资源投入力度大的 S6，体现出领导层对数智建造的支持，应该通过制定具体的实施方案将数字化、信息化建设落到实处。

(7) 在外部机遇中，大部分指标处于低值，仅个别指标较为突出。其中，国家对天津港的支持和定位的 O5 占据显著地位，权重为 0.059 3，排序第 5，该说明公司应该顺应国家的政策和天津港的定位，结合天津港智慧港口的建设需要加快自身数智建造转型。

(8) 外部威胁的指标整体较为平均，且值较低。项目负责人（项目经理）在工程咨询中承担的责任增多的 T5 和知识重用效用较低的 T6 是较为突出的因素，权重分别为 0.022 2 和 0.021 3。针对项目负责人（项目经理）在工程咨询中承担的责任增多的 T5 这项可以通过不断完善人才激励制度和培养制度，将威胁转化为企业创新发展的机遇。此外，越来越多的企业开始重视经验知识的管理，经验知识往往难以准确描述和高效共享，这成为制约企业进行经验知识积累和重用的难题和障碍。

6.2.4 发展策略指标权重计算

以 4 个因素各为半轴，将劣势轴和威胁轴设为负轴，依次描绘在构成的坐标系中，得到数智建造发展策略四边形（图 6-4），M 为战略四边形的几何重心，坐标为：$M(X,Y)=(\sum X_i/2,\sum Y_i/2)=(-0.224\ 4,0.016\ 2)$，反映了 4 个因素综合作用的结果，即数智建造发展策略四边形整体偏向争取型策略区。WO 策略区域、WT 策略区域、SO 策略区域和 ST 策略区域面积分别为 0.033 5、0.023 3、0.009 6、0.006 7，说明天津津造建设有限公司数智建造最佳发展策略位于第二、三象限，应以劣势-机遇策略（WO）为主、劣势-威胁策略（WT）为辅，即在发展过程中补短板（W），抓机遇（O），清威胁（T）。

6.2.5 数智建造发展策略分析

由定量分析可知天津津造建设有限公司数智建造最佳发展策略位于第二、三象限，应以劣势-机遇策略（WO）为主，劣势-威胁策略（WT）为辅。因此，天津津造建设有限公司在数智建造发展中更应侧重加快短板的补充和威胁的清除，从以下几方面引导优势的发挥和机遇的把握：

(1) 重视人才培养，克服人才缺乏这一短板。对内，提升员工数字技能，利用软件降低工作复杂度，确保员工业务执行行为的规范性和一致性；利用业务流程系统赋能员工，以业务流程职责为纽带，有效履行业务流程职责、部门

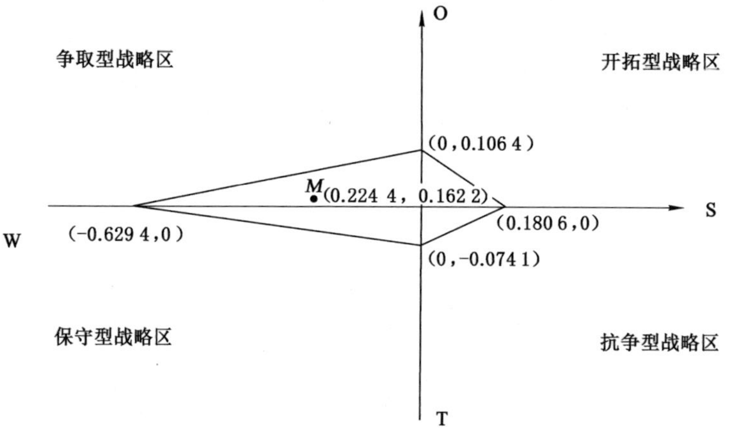

图 6-4 天津津港建设有限公司数智建造发展战略四边形

职责和岗位职责，支持相关员工之间协同开展工作并在一定程度发挥员工主观能动性；设立数字化岗位，开展数字化人才的招聘、培养和考核，配备与数智建造转型相匹配的数字化人才。对外，加强与国内知名大学、大型设计院、科研院所等单位的战略合作，加快培育高水平、创新型、复合型数字化人才队伍。

(2) 高度重视核心业务数字化水平低这一关键问题。对基础设施和相关设备进行统一规划、集中管理、综合集成和优化利用，同时加强新技术、新材料、新工艺、新装备等技术的应用，并且在业务相关环节应用必要的软硬件及信息系统，加强对关键业务数据的采集和分析利用，构建数据驱动的运行模式，进行企业级决策、创新业务模式、提升价值效益管理。

(3) 积极开拓数字化新业务，将原有劣势转化成发展的动力。以降低企业业务整体成本、提升效率等目标为重点，探索延伸业务，通过产品/服务创新、用户连接与赋能以及数字业务培育发展等，实现主营业务增长。数据成为业务转型、业态转变的核心驱动要素，开展跨界利用，成为发展数字新业务的重要支撑。

(4) 发挥品牌特色这一巨大优势，把握各项港口政策和数智政策带来的机遇。在保留原有业务的同时，提升内在驱动力，以国家政策重点扶持的领域的工程项目为抓手，凭借丰富项目经验、技术人才、专业资质、品牌资源、港口区位等自身资源优势，进一步扩大建设规模，积极开发创造新的市场和价值空间，与政府联合共同保障天津港智慧绿色港口建设。

(5) 健全治理体系，解决企业发展的后顾之忧。在组织结构方面：应合理划分最高管理者、管理者代表及相关人员的职责和权限,制订长期性制度安排,并进行有效沟通、理解和执行。在资金投入方面:将资金投入纳入组织相关财务预算,确保资金投入适宜、及时、长久和有效。在组织文化方面:顺应新一代信息技术引发的变革,形成务实有效、主动求变的价值观。

7 天津津港数智建造发展目标与发展战略

本章基于天津津港数智建造发展的指导思想、基本原则和整体框架，提出天津津港数智建造发展的总体发展目标、分阶段发展目标、总体发展战略和分阶段发展战略。

7.1 指导思想和基本原则

7.1.1 指导思想

坚持以习近平新时代中国特色社会主义思想为指导，全面贯彻党的二十大和二十届全会精神，立足新发展阶段、构建新发展格局，深入实施数字驱动、管理创新发展战略，以捕获增长、提升企业价值为根本目的，以数字化技术、组织变革、业务优化、人才强企为支撑，持续提升企业科技创新能力，推动企业高质量发展。

7.1.2 基本原则

目标导向，需求牵引。聚焦国家和行业发展战略，以突出问题和急迫需要为工作重点，加强科技创新前瞻性谋划和系统性布局。

以人为本，科技引领。围绕“以人为本”的企业发展战略，强化科技创新引领，通过制度和组织建设，提升员工获得感、幸福感和安全感，通过降本增效、业务拓新，为企业发展提供持续动力。

重点突破，系统推进。突破企业数智化转型升级的技术瓶颈，推进科研开发、成果转化、产业培育、人才培养协同发展。

整合资源，开放融合。统筹优化科技创新资源，加强政产学研用深度融合，推动跨区域、跨行业、跨领域协同创新，引领行业变革和创新发展。

总体规划，分步实施。有计划地系统统筹数智建造目标和整体规划，分阶段分步实施，不断调整阶段目标，达成总体发展目标和规划。

7.1.3 发展思路

在天津津港建设有限公司数智建造指导思想和基本原则的指导下，构建整体规划，如图 7-1 所示。该发展思路由总发展目标、总发展战略、阶段发展目标、阶段发展战略、具体举措、实施保障、外部支撑构成，其中发展目标指导发展战略，而具体举措是企业实施数智化管理的行动纲领，是实施数智化管理落地、确保数智化管理发展战略和发展目标达成的重要保障。

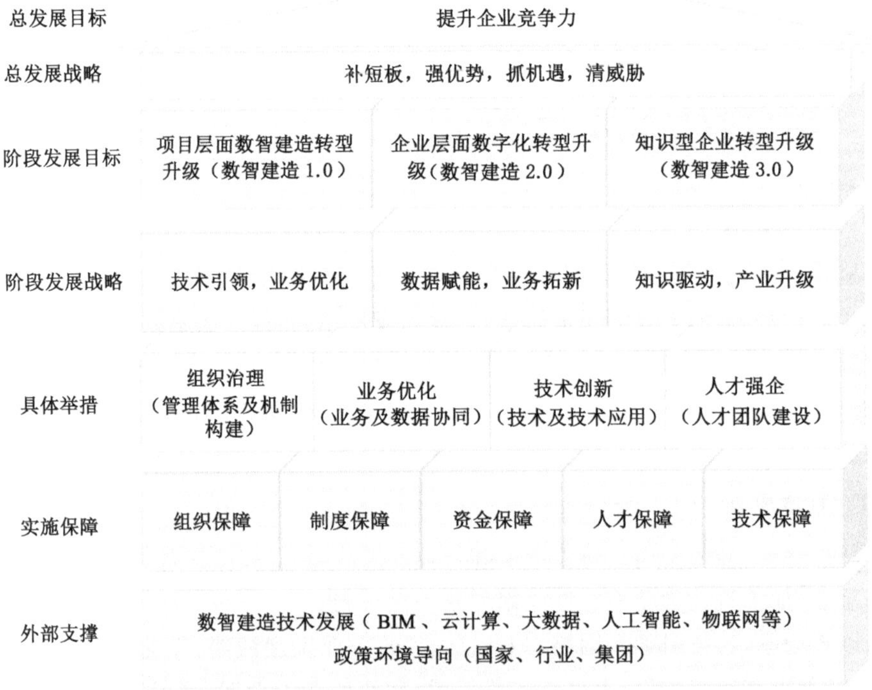

图 7-1　天津津港数智建造发展整体规划

7.2 天津津港数智建造发展目标

7.2.1 总体发展目标

通过企业数智化转型，企业科技创新能力大幅提升，科技创新体系进一步完善，科技对降本增效、业务拓展新、企业转型升级的支撑带动作用显著增强。

（1）科技创新能力大幅提升。有计划地引进一批“BIM＋”、物联网、数字孪生、云计算、绿色低碳等关键技术及装备，科技成果转化取得实效，形成一套先进适用的工程技术体系，建成一批科技示范工程。

（2）科技创新体系进一步完善。推进优势领域的技术体系和标准体系的进一步完善，从组织治理、业务优化、技术创新到人才培养的科技创新体系更加健全，科技创新生态明显形成，支撑企业可持续、高质量、高速发展。

（3）企业核心竞争力提升。系统地推进企业公司和项目层面的数智化转型改革，形成支持智慧港口和绿色港口建设的天津津港数智建造模式，从而获得多于竞争对手的曝光、外部合作、人才引进机会，打造立足于港口建设领域的核心竞争优势。

7.2.2　分阶段发展目标

在企业数智建造总体目标的指导下，以天津津港建设有限公司的业务现状为依托，提出企业数智化转型的分阶段目标，如图 7-2 所示。

（1）五年近期目标（“十四五”规划期间，即 2021—2025 年），数智建造 1.0 阶段。实现数智建造关键技术在重点项目中的深度应用，建立从组织治理、业务优化、技术创新到人才培养的科技创新体系；从项目层面实现数字化建造，形成项目级数据仓库和管控平台；数智化总体水平由场景级迈向领域级，以科技创新降本增效、优化既有核心业务，提升企业核心竞争力，巩固企业在行业内的领先优势。

（2）五年中期目标（“十五五”规划期间，即 2026—2030 年），数智建造 2.0 阶段。实现数智建造技术在多个项目中的全面应用，完善和优化科技创新体系；从企业层面实现数字化转型，形成企业自己的核心技术和数据资产；数智化总体水平迈向平台级，以科技创新带动业务拓新、提升企业品牌价值，扩大企业在行业内外的影响力。

（3）远景目标（“十六五”规划期间，即 2031—2035 年），数智建造 3.0 阶段：实现具有企业自主知识产权的数智建造技术和技术标准体系，科技创新体系不断完善；实现企业从数字化到智慧化、知识化的转型；数智化总体水平实现生态级，带动和引领智慧港口行业科技创新。

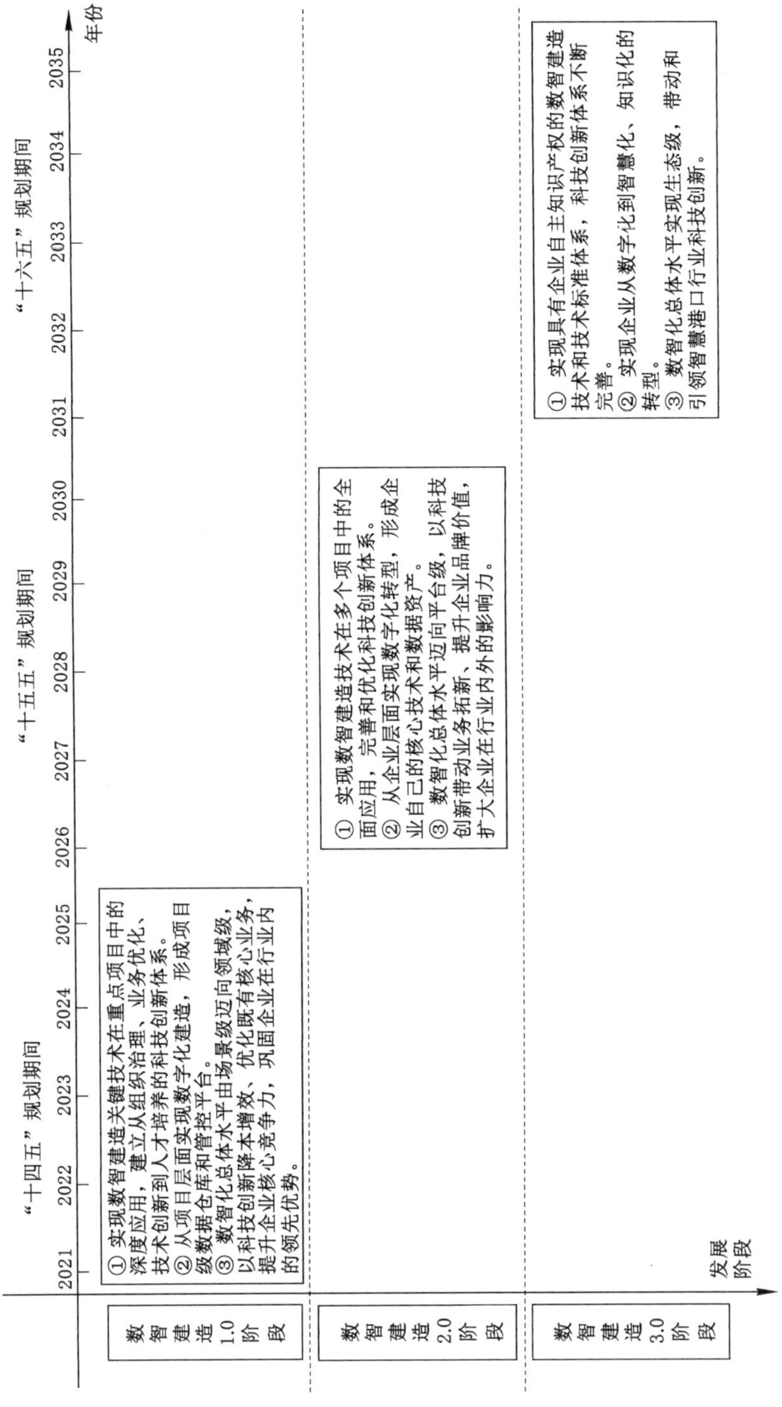

图7-2 天津津港建设有限公司阶段目标

7.3　天津津港数智建造发展战略

7.3.1　总体发展战略

在对天津津港建设有限公司数智建造现状及发展策略分析的基础上，提出公司的数智建造总体发展战略为“补短板，强优势，抓机遇，清威胁”，具体如下：

(1)“补短板”是指通过一系列数智化转型措施提升公司的咨询信息化和业务数字化水平，提高企业的凝聚力，调整企业人力资源配置结构和人才的竞争力。

(2)“强优势”是指继续把握住自身在港口建设领域多年的区位优势和经营优势，同时保持对数智建造转型改革的高度重视和投入。

(3)“抓机遇”是指立足于国家对天津港的支持和定位，紧随国家优惠政策和当前数字化智能化转型的浪潮，大力发展数字港口和绿色港口。

(4)“清威胁”是指识别出国际、国内以及自身存在的对企业高质量发展不利的因素，通过一系列数智化转型措施及时清除之，引领企业走向行业龙头。

7.3.2　分阶段发展战略

按照发展目标，将天津津港建设有限公司的发展战略划分为近期、中期和长期 3 个阶段。具体内容如下：

(1) 近期发展战略：技术引领，业务优化(数智建造 1.0 阶段)

基于传统业务及管理流程，在重点项目中深度应用数智建造技术，建立数智建造科技创新体系，以技术应用为引领，优化资源配置，提高当前业务管理效率，达到五年近期发展目标。

(2) 中期发展战略：数据赋能，业务拓新(数智建造 2.0 阶段)

以数据驱动业务模式创新，构建企业数据仓库及数据资产，通过技术创新与数据赋能，实现业务模式创新与拓展，达成五年中期发展目标。

(3) 长期发展战略：知识驱动，产业升级(数智建造 3.0 阶段)

科技创新体系不断完善，企业新技术、新模式不断涌现，以知识引领企业决策升级，优化与企业相关的产业生态系统的资源配置，实现企业在全产业链上的业务模式创新，达成远景发展目标。

7.4　天津津港数智建造分阶段实施路径

7.4.1　近期发展实施路径

在数智建造 1.0 阶段，企业基于既有业务和管理流程，利用 BIM、物联网、云计算等数字技术实现项目管理的数字化、智能化；借助信息化系统，让企业管理信息实现互联互通，充分共享，提高工作效率；利用大数据技术，为企业科学决策提供数据支撑；建立云平台，进一步推进企业精细化管理。天津津港建设有限公司数智建造近期发展战略实施路径如图 7-3 所示。

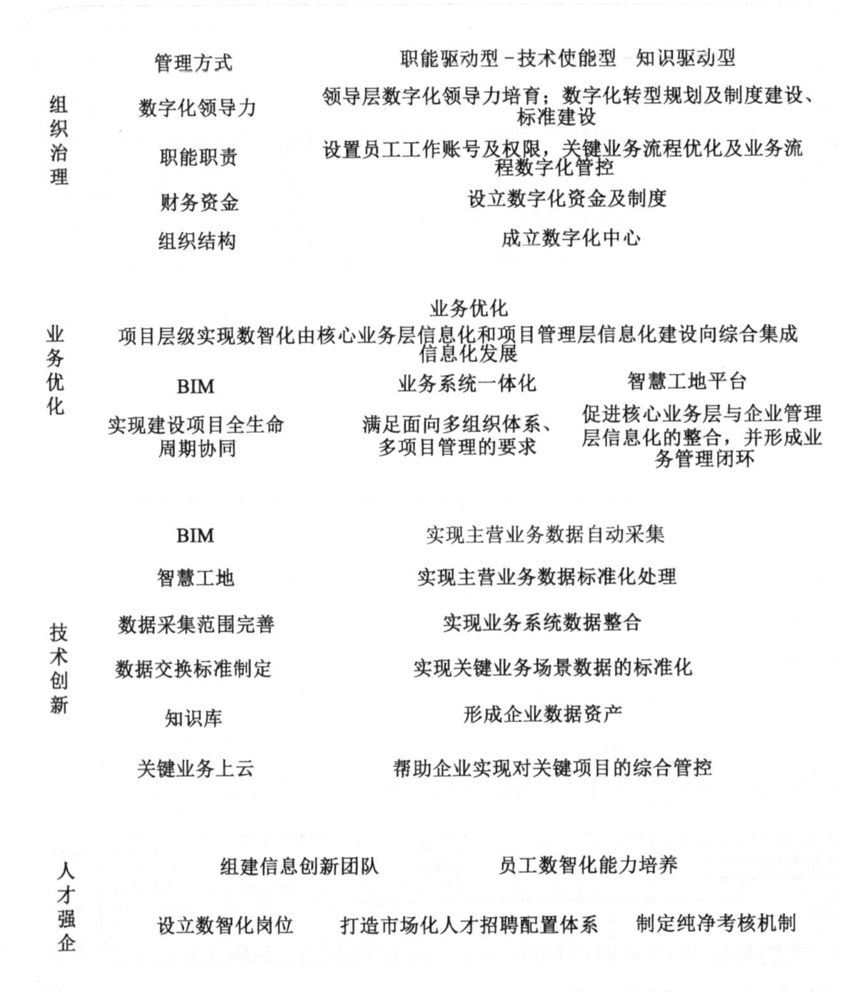

图 7-3　天津津港建设有限公司数智建造近期发展战略实施路径图

首先，数字建造 1.0 是数字化的时代，通过 BIM 技术、数字化加工、物联网、人工智能等为代表的数字技术实现施工现场工业化和工厂工业化，使工序工法标准化、部品构件工厂化、施工过程机械化、企业管理科学化，在设计、生产、施工、管理等环节形成完整产业链的数字化生产线，将整个建造过程提升到工业化的精细水平。

其次，数字建造 1.0 也是向着智慧化迈进的第一步。随着“BIM＋”、云计算、大数据、人工智能、物联网等技术的出现，建筑施工的各参与方、各要素及全过程管理都可以在一个可视化、模型化的平台上进行相互协调。在岗位层级，建筑企业通过利用专业工具软件和各种智能设备，可以进行可视化技术交底，并实时指导人员现场作业，提升施工现场工作效率。

最后，在项目层级，围绕人员、机械、物料、方法、环境等关键要素，建立项目管理信息系统，利用信息系统提升参建各方的管理能力和技术水平，对施工现场进行联动执行和协同作业，提高交互的明确性、灵活性和响应速度。在企业层级，利用算法对海量数据进行挖掘分析，辅助企业领导决策，降低经营风险，提升成本和进度的控制水平，让企业管理更智慧、更高效。

本阶段主要以数字技术为手段，推动重点业务和项目率先实现数字化转型的跨越，建立数字化建设新体系，初步构建天津津港建设有限公司的工程项目数智化管理能力，优化资源配置和管理效率。为实现该目标，围绕组织治理、业务优化、技术创新、人才强企 4 个维度，企业逐步建设和发展。

(1) 组织治理。通过数字化工具的运用完成企业层级组织数字化能力的建设，能够基于公司主营业务范围内关键业务活动数据开展场景化管理。公司层面推动组织管理方式职能驱动型向知识驱动型转变；促进公司管理层、决策者的数字化领导力的变革，从顶层推动数字化转型落地；协调转变公司员工工作职能职责以支持数字化建设需求；统筹数字化资金，为数字化建设提供资金保障；优化企业组织结构，完善数字化人才职能部门，为公司智能建造发展搭建企业层级数字化底座。

(2) 业务优化。项目层级实现数智化由核心业务层信息化和项目管理层信息化建设向综合集成信息化发展。借助 BIM 技术，实现建设项目全生命周期协同；借助大数据、财务共享等新技术、新理念，信息化建设方式由原有业务流程的信息化建设向管理模式调整、业务流程重组的方向转变，通过项目管理的业务系统一体化平台，满足面向多组织体系、多项目管理的要求；借助多技术融合的智慧工地平台，结合“信息集成、数据共享、标准统一”的建设原则，促进核心业务层与企业管理层信息化的整合，并形成业务管理闭环。

(3) 技术创新。深化对数智建造新技术的应用，通过数据的采集和分析利用优化关键业务场景范围内的生产经营活动。通过 BIM 和智慧工地，完成对主营业务范围内关键数据的采集和应用，构建场景级数据模型；通过完善数据采集范围、构建数据交换标准，实现关键业务场景数据的标准化；通过知识库形成企业数据资产，帮助企业实现对关键项目的综合管控，为企业下一步实现技术集成应用、进一步挖掘数字价值奠定重要基础。

(4) 人才强企。人才作为企业发展的第一动力，是企业数智建设必不可少的助推器，数智化人才的培养应当作为企业发展的重中之重。通过设立数智化岗位和组建信息创新团队来帮助公司优先实现项目级的数智建造转型；通过对员工数智化能力进行培养，改革以往的工作模式，提高工作效率；通过制定绩效考核机制并打造市场化人才招聘配置体系，辅助公司高精尖人才的储备和发展。

7.4.2 中期发展实施路径

中期发展战略即天津津港建设有限公司在改革原有业务模式基础上将进一步扩大业务规模，打造"资质硬、业绩靓、品牌响"的高质量发展港口建设工程咨询强企，在组织治理、业务优化、技术创新与人才强企业方面全面发展，以数据驱动业务模式创新，构建企业数据仓库及数据资产，通过技术创新与数据赋能，实现业务模式创新与拓展，达成五年中期发展目标。其实施路径如图 7-4 所示。

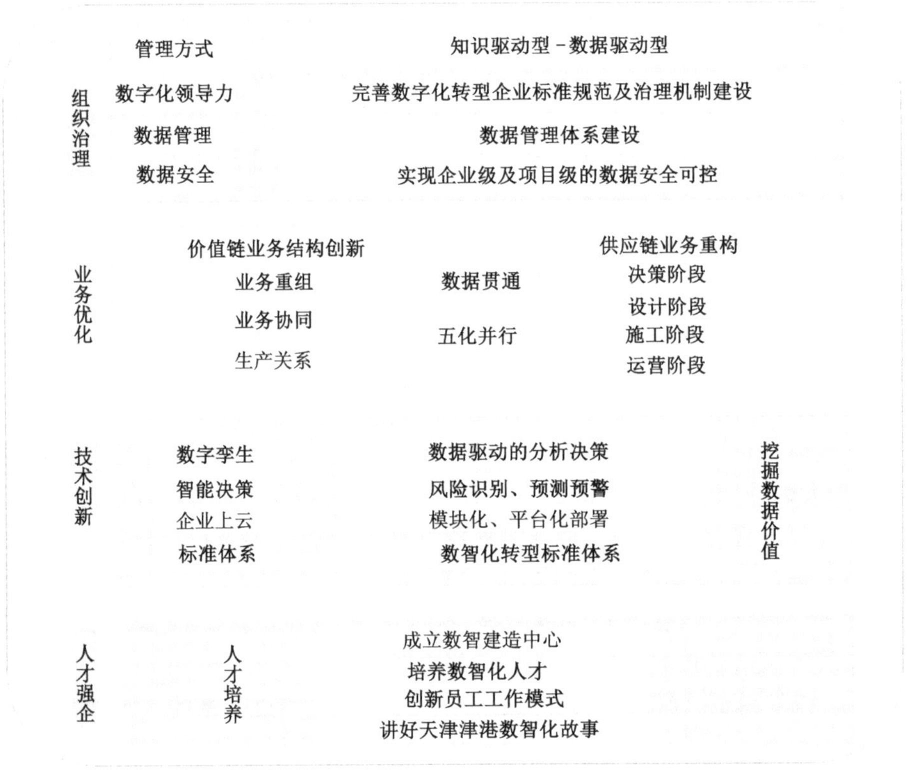

图 7-4 天津津港建设有限公司数智建造中期发展战略实施路径图

(1) 组织治理。在数字化建设的推动下完成公司组织数字化建设升级,能够基于公司跨部门、跨业务流程的数字化集成管理,实现企业级、项目级的多数据融合。在公司层面推动组织管理方式向数据驱动型创新,以数据赋能企业和项目业务;持续推动数据管理体系建设,完善数据管理机制,健全公司业务数据标准;在领导层面持续创新治理机制及协调机制,建设企业数据治理体系并实现数据安全可控,为公司数智建造发展注入强劲动力。

(2) 业务优化。沿公司价值链方向进行业务结构创新。从横向、纵向打通公司数据壁垒,实现工程数据、管理数据和决策数据的贯通;实现数据在集团总部的同步,各层级之间的数据一致,为公司内外集成奠基。通过公司供应链方向上的资源获取模式和业务协同模式的优化升级,提高供应链效率和应变能力,促进生产关系实现重大突破。最终,实现公司建造服务模式等方向上的数字化业务拓新,以数字化服务的形式,对企业的生产力和生产关系进行革命性创新。

(3) 技术创新。进一步挖掘数据价值,构建数据驱动的运行模式,支持企业级决策、业务模式创新、价值效益提升等活动。借助基础设施、数据互动层、模型构建与仿真分析实现实时更新的全场景数字孪生系统建模;通过对数据、算法、模型、服务的不断丰富,完成项目建造过程中的智能风险预测、及时或实时预警和资源调度,实现项目层级的智能决策;通过将核心业务及相关要素上云,实现公司上云的基础资源和能力实现模块化、平台化部署,可供公司动态调用和动态优化配置;进一步完善数智化标准体系建设,构建覆盖公司范围的数据标准规范,在公司内开展多元异构数据在线交换和集成应用。

(4) 人才强企。人才发展仍然是公司数智化转型的重中之重,主要以人才发展和数智故事宣传为主。通过成立数智建造中心,更好地整合人才资源,在项目级数智建造转型的基础上完成公司级别的数智建造转型;通过培养数智化人才和创新员工的工作模式,实现公司人才发展的良好循环,并更有针对性地提升技能;通过公司自上而下的数智化变革宣传,讲好天津津港数智化故事,让员工理解数智化转型战略的意义和必要性,提高员工的积极性。

7.4.3 长期发展实施路径

在未来,天津津港建设有限公司将进一步围绕组织治理、业务优化、技术创新和人才强企 4 个维度,实施企业数智建造发展战略,建立自身独特的发展优势(图 7-5)。

(1) 组织治理。公司在企业层级实现组织全员数字化,公司员工为企业数字化建设完全负责。在公司层面推动组织管理方式向智能驱动型转变;数字化建设成为全员理念;数据完全安全可控;构建开放包容、创新引领、主动求变、务求实效的价值观,数字化建设成为公司的价值观并建设公司数字化行为准则,完

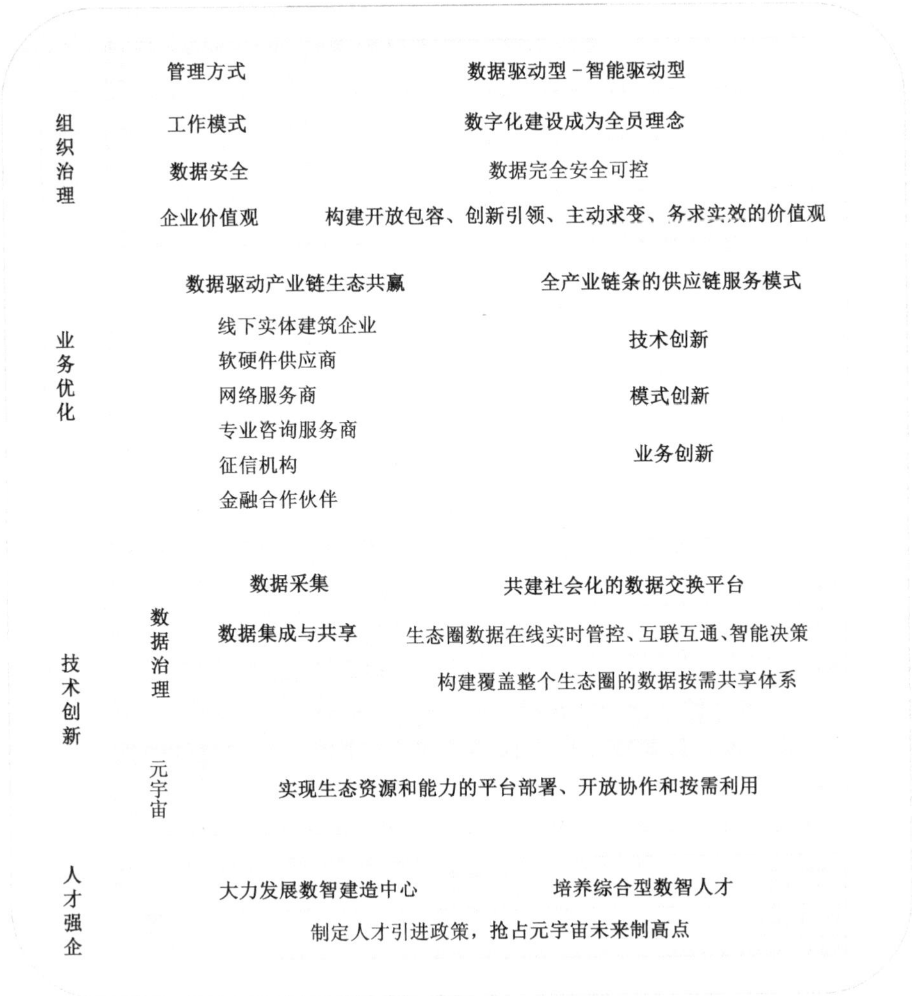

图 7-5　天津津港建设有限公司长期发展战略实施路径图

成公司数智建造顶层发展。

（2）业务优化。构筑全产业链的供应链服务模式，利用大数据进行管理模式创新，不仅有线下实体建筑企业，依托互联网平台还将诞生软硬件供应商、网络服务商、专业咨询服务商、征信机构、金融合作伙伴等数字企业。以技术创新、模式创新、业务创新等为内核的融合创新，将构建全新的建筑业生态圈。

（3）技术创新。公司内部高度智能，与生态伙伴共建组件化、可配置、开放灵活的智能平台。公司在线自动获取全业务领域、全生命周期、全价值链数据，并且与生态合作伙伴之间实现数据的在线实时管控、互联互通、智能决策和按需共享；通过元宇宙的部署与应用，实现生态资源和能力的平台部署、开放协作和按需应用。

（4）人才强企。天津津港建设有限公司的项目级和企业级数智建造转型已经基本完成，人才发展举措主要围绕大力发展数智建造中心、培养综合型数智人才以及制定人才引进政策。通过大力发展数智建造中心和培养综合型数智人才，使其成为单独的业务经营单元；通过前瞻布局发展元宇宙，做大做强天津津港的数字经济，抢占未来建筑业元宇宙竞争制高点。

8 天津津港数智建造具体举措与实施保障

本章根据天津津港建设有限公司数智建造发展目标和发展战略，从组织治理、业务优化、技术创新和人才强企4个维度，制定数智建造发展具体举措和实施保障。

8.1 组织治理领域具体举措

基于公司的企业维度，确立企业数智建造组织治理维度转型的具体举措，主要包括创新组织管理方式、培育数字化领导力、完善职能职责、推进数据管理体系建设及数据安全可控等方面。组织应该充分发挥信息技术的赋能作用，加速企业层级组织维度创新，推进传统组织治理体系转型升级，构建开放合作的价值模式，如图8-1所示。

8.1.1 近期阶段：组织数字化能力建设

1. 创新组织管理方式

根据天津津港建设有限公司的管理方式定位发现，天津津港建设有限公司的管理方式目前处于职能驱动型，职能驱动型的特征是按照明确的组织分工和岗位职能职责标准化地开展各项工作。为适应企业在数字时代的发展方向，应推动公司的管理方式从职能驱动型向技术使能型，技术使能型向知识驱动型转换。

(1) 职能驱动型向技术使能型转换

① 将信息技术应用到企业日常管理中，量化企业的整体运营情况及项目开展情况，让企业管理者对企业整体情况有更为清晰的认知，便于进行科学决策，避免人为情绪和主观因素对决策的干扰，从而整体上提升企业管理的科学性。具体应用场景如下：

一是将公司OA系统与BIM平台对接，借助电子流程快速落实工地施工管理制度，满足工地日常工作汇报、巡检需求，让施工透明化。工程施工管理平台功能见表8-1。

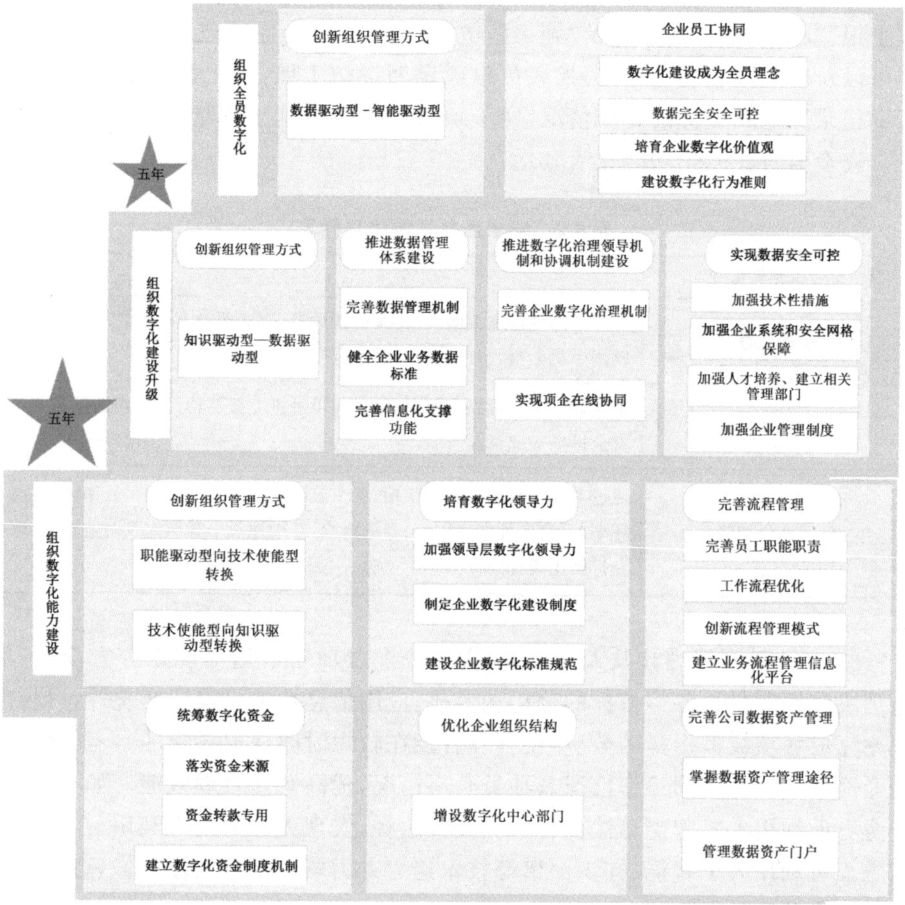

图 8-1 组织治理领域具体举措

表 8-1 工程施工管理平台功能

工程施工管理平台	工作内容
工程监理看板	将 BIM、智慧工地中的项目数据，同步到 OA 系统，通过业务流程渠道自动分类、汇总，形成项目信息库，统一汇总工程建设组织当前承包的工程项目及其施工状态、承建单位、负责人、工程进度、施工地点、成本预算信息
工程进度跟踪	将各个工程按照实施流程细化成不同执行环节，借助 OA 系统任务管理功能，严格管控各环节任务执行效率，工程项目报备情况、合同进度、进展情况、准备情况、验收情况，全部视觉化呈现，高效跟踪进度
工程质量检验	前期围绕工程技术质量要求，图纸会审、施工方案上报全面流程化，后期通过巡检应用，智能上报工程检验意见，推动巡检、整改、验收全程电子化

二是将智慧工地与 BIM 平台结合，利用 VR、5G、人工智能等技术打造“事故上报”“施工现场巡检”以及“施工队伍监管”三大安全监管应用，不仅工地施工员可以及时上报现场事故，巡检人员也能定期走访工地，用手机上报巡检结果，帮助记录工地安全标准完成情况，便于项目管理者对施工现场实况进行实时把控。安全监督智能化功能见表 8-2。

表 8 2　安全监督智能化功能表

安全监督智能化	工作内容
事故上报	对可能出现的施工事故，比如机械故障、工人受伤等，施工人员随时可以用手机上报，帮助公司及时制定应对方案
施工现场巡检	工地监管人员可以定期走访工地，用手机上报巡检结果，帮助记录工地安全标准完成情况
施工队伍监管	通过 OA 系统记录各个工地、各个施工队伍施工期间的事故率、设备损坏率、不良事件发生率、工程维修率，帮助建设工程组织及时监管、合理安排施工资源

② 企业日常管理涉及人员调动、资金分配及项目申请与规划等方面，各项管理决策的制定与各类指标的分析和考核，应用信息技术可以快速统计，以较高效率完成各项数据指标的分析，使管理者能在较短时间获取科学的参考数据，从而全面地了解员工的工作情况及项目开展情况，提高企业管理效能。如：在人员配置方面利用人工智能算法优化人员配置路径，实现人才的合理利用；在业绩考核方面可利用人工智能、知识图谱等技术建立人力资源考核人才画像，更好地考核各类人员绩效。

③ 信息技术不仅可以准确把握员工信息和财务信息，同时可以有效分析数字化转型行业的发展趋势，在与各企业开展项目合作时，可利用开放相关数据权限的方式使合作单位能更好地利用彼此资源，从而推进项目管理的规范性。如在财务管理中，企业可通过 ERP 系统全面监控资金在各业务环节中的流动情况，加强资金管控。财务人员可在 ERP 系统中进行日常的账务处理、应收应付管理、成本核算管理、财务报表编制等工作，通过该系统大幅提升工作效率。除日常财务工作外，财务人员还可通过 ERP 系统进行财务预测、财务控制、财务决策及财务分析等工作，拓宽会计核算的广度和深度，做到真正意义上的财务管理。

(2) 技术使能型向知识驱动型转换

① 企业应利用信息技术构建完善的信息获取体系，规范各部门间信息获取

类型，做好人员、财务、项目等信息的分类，同时积极与行业内部相关企业进行合作以获取头部行业优势信息，进行数据共享，积极推动咨询企业构建专业的行业数据信息共享平台。如利用云计算技术计算企业资源的虚拟化组织、分配和使用模式，实现资源的合理配置，提高利用率。以计算资源池、存储资源池及网络资源池为依托建立起 IaaS 云平台，以基础设施为企业的信息化建设需求提供服务，搭建信息共享平台使企业各类数据信息实现上云。同时，利用云计算技术搭建企业云平台能存储企业各类信息便于人员获取。

② 企业在数据化管理的过程中应提高信息获取渠道的规范性，对各类关联数据进行筛选以提高信息的准确性，利用信息技术实现企业内部与行业信息的识别和对比，进而判断公司发展状况。同时，推动构建企业知识库，将获取的数据存储到知识库中，并对各类数据利用信息技术进行数据处理，便于各部门协同开展工作，共享数据资源，提高员工获取信息的效率，减少信息孤岛。在企业搭建云平台的技术上构建知识库，将云平台中的各类数据转化为知识，便于人员在知识缺乏的条件下利用知识库做出合理的决策。

2. 培育数字化领导力

企业通过培育数字化领导力强化公司决策层对数字化转型的认知，从而为企业数字化转型制定顶层规划及数字化建设制度，推动形成企业数字化建设标准规范。

(1) 加强领导层数字化领导力

天津津港建设有限公司的数字化领导力目前主要是企业决策层成员担任数字化转型主管领导，主要职责是负责执行决策层关于数字化转型的战略部署，推动跨部门、跨业务环节的协同合作。企业决策层领导会每年定期主持召开数字化转型年度工作会议，且不定期听取专题工作汇报。决策层成员能重视数字化转型工作并根据企业的实际情况应用数字化技术。然而，企业决策层领导参与外部数字化转型相关论坛，进行外部企业数字化转型方向学习方面还较薄弱。

① 强化数字化应用认知，增强对数字化热点发展趋势的把握。通过参加外部优秀讲座、参观数字化转型标杆企业、学习行业头部精英企业经验，增强对数字化热点发展趋势的把握，并对数字化未来趋势进行预测；也可通过公司团队成员共创的方式将团队的想法融入个人认知，将数字化认知融入现实工作环境，促进个人和企业数字化转型的能力。

② 向成为教练型领导方向迈进。教练型领导，不仅可以让自己的能力保持高水平的状态，也能够领导团队中的成员，提高团队成员的能力水平，提高团队的总体能力。可通过 AI 陪练的方式增强亲历感、提高面对问题的应对能力、增强对数字化的理解和认知。也可采用线上与线下相结合的方式提高成员的积极

性和创造力，增强成员在数字化学习时代的适应能力。

③ 提升感知敏锐度，培养终身学习意识。公司领导者可挖掘自身优势，提升对数字化的感知敏锐度。制定相互学习机制，不断督促自己学习数字时代前沿知识，挖掘数字时代价值，从而培养终身学习意识。推动决策层跟踪数字化技术发展方向，制定数字化转型专项规划并形成有效落实的机制，对数字化转型的趋势和规律具有敏锐的战略洞察观念，能够主持制定战略并有效推动落实数字化转型战略规划，加速培育数字业务，实施企业变革创新，构建数字企业。

(2) 制定企业数字化建设制度

制定数字化转型顶层规划需考虑公司的历史发展渊源、业务成熟度、管理成熟度、发展阶段性、业务关联度、公司规模化、区域布局度、信息化程度、企业领导风格等，基于企业发展战略和业务规划的信息化规划，明确数字化转型的方向和目标，明确信息化建设模式和主体，确定科学合理的信息系统架构。要制定相应的政策措施和管理制度，统一基础数据标准，规范信息系统业务流程，确保系统集成共享使用，实现业务数据互联互通。

(3) 建设企业数字化标准规范

在领导层面推动数字化企业标准规范建设，建立数字化转型指标体系，将企业在数字化转型过程中的自主创新技术和解决方案转化为企业进行数字化转型的标准规范。同时积极向行业头部企业、科研机构、高等院校交流学习，鼓励技术人才参与企业数字化标准规范建设、行业标准规范建设。数字化标准规范应包括数据标准的统一性、数字化转型的总体框架、数字化转型过程中的业务规则统一、数字化转型过程中的业务协同。在数据实现标准化的基础上，推进企业数字化标准规范建设。

3. 完善流程管理

(1) 完善员工职能职责

天津津港建设有限公司在员工职能职责设置方面主要通过 OA 平台录入员工信息，并授权员工以流程化的方式进行任务审批。OA 平台涵盖了企业内部沟通、流程审批、协同协作、文档资料、知识共享、人力资源管理、行政、考勤(请假、外出、加班、签到等)、客户(供应商维护)、销售、采购、公文收发、集成单位的业务管理等，手机移动端＋PC 端办公的工作模式让公司员工办公不再受时间空间的限制。目前，天津津港建设有限公司的 OA 系统只覆盖到公司各科室的文书和科长，因此需提升 OA 平台功能，实现 OA 系统全员覆盖，完善公司各科室职能职责设置。

① 设置工作账号。为各科室科长、文书以下职务的员工开设个人工作 OA 账号，个人将自己所做工作以流程形式上传 OA 系统相应模块便可产生工时数

据，人力资源部可根据每月工时数据定量评判个人工作量，财务人员可根据员工、工期等查找条件对个人内部工时进行核算。

② 设置工作权限。针对OA系统中不同级别使用人的账号设置不同的工作权限：一是访问权限设置。针对OA系统中模块的访问进行权限设置。例如，信息中心、人事管理、流程管理等模块都是由专人负责管理，其他人事没有访问和查看的权限，除非有系统管理员授权。系统管理员的授权方式，可以根据对方的职位和职级，以及工作范围做出对应的授权处理，从而呈现出只有相关人员才能对相关的内容有访问和查看的权限。二是操作权限设置。操作权限是针对OA软件中的部分重要应用来制定的权限，主要权限范围是针对应用的增、删、查、改等操作做出限制权限设置。例如工作报告、流程审批、工作日历等应用的样式、种类、模板的更新、创建、修改等有重大影响的操作，同样是需要由系统管理员来对其进行操作，或是授权操作。三是按用户设置权限。不同的用户负责的工作职责不同，因此拥有的权限也有所区别。例如，人事专员和资产专员负责的职责不同，二者之间的工作模块不能被相互看到，否则会增加工作干扰。

(2) 工作流程优化

利用OA系统完成关键业务场景的业务流程优化设计，形成业务流程设计文件，对涉及的关键业务场景内业务流程相关内容进行界定。一方面，明确业务流程的管理组织、负责人以及评价考核等要求，跨部门流程节点应细化到岗位/角色，使得流程有明确的负责人负责流程的优化、实施和监督执行。另一方面，形成覆盖主要业务流程、细化到业务活动和岗位角色的流程文件，对流程节点、接口关系和数据流进行定义；明确流程与组织(企业)业务体系的关联关系，建立项目全生命周期基于BIM的组织协同工作机制，实现各参与方在各阶段的协同工作和管理，提高工作效率。

(3) 创新流程管理模式

① 流程分类。基于天津津港建设有限公司的流程现状，采用“专家咨询＋业务部门参与＋专业第三方项目管理”的模式，确保流程充分反映业务本质。将公司流程管理分为运营类、使能类和支撑类三个大类，如图8-2所示。

运营类流程依据公司承接项目类型进行流程分类，端到端的定义为完成对客户的价值交付所需的业务活动并向其他流程提出需求。使能类流程代表公司项目级业务类型为科技管理、生产管理、供应链管理、商务管理。使能类流程响应运营类流程的需要，用以支持支撑类流程的价值实现。支撑类流程依据公司企业级业务类型进行财经管理、战略管理、人力资源管理、流程及信息化管理、风险管理、党群及综合管理方面的流程优化，支撑类流程是公司基础性的流程，为使整个公司能够持续高效、低风险运行而存在。

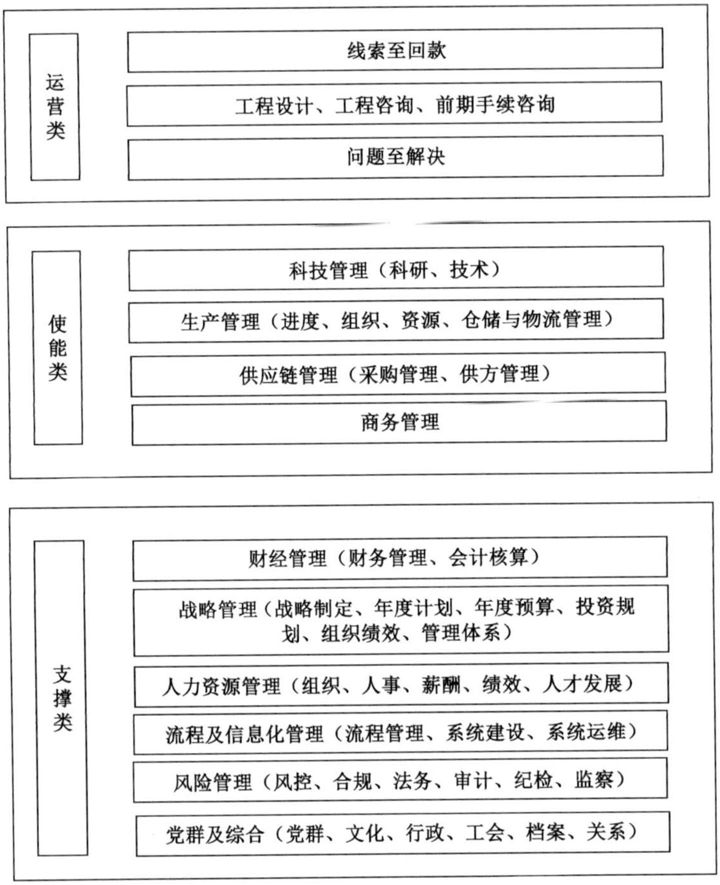

图 8-2　公司流程框架图

公司流程框架围绕公司主营业务和价值链，界定核心业务流程，并逐级分解细化成活动单元，开展端到端的梳理和重新设计，梳理关键事项和关键控制点，明确活动策划者及责任人，规范和重新定义直线职能制下的部门职责，以流程绩效作为组织和个人绩效的考核依据，开展清除、简化、整合、排序等流程再造工作，达到优化流程、提高效率的目的。为确保流程的有效落地和持续改进，流程再造以由点到面、试点推进的方式开展，通过工程建设项目重点专业核心流程切入，分领域、分板块逐步铺开，明确流程责任部门和相关人员，并逐步完善绩效考核体系，确保制度流程协同管理。

② 流程分层。流程的层次和管理层次相关，不同的流程层次对应不同的管理层次的工作。一级主流程用于中高层的业务决策和端到端跨职能部门的业务

管理;二级子流程用于智能领域管理,确保职能域的交付能满足主流程的需要;操作级流程用于指导基层活动。流程分层结构如图 8-3 所示。

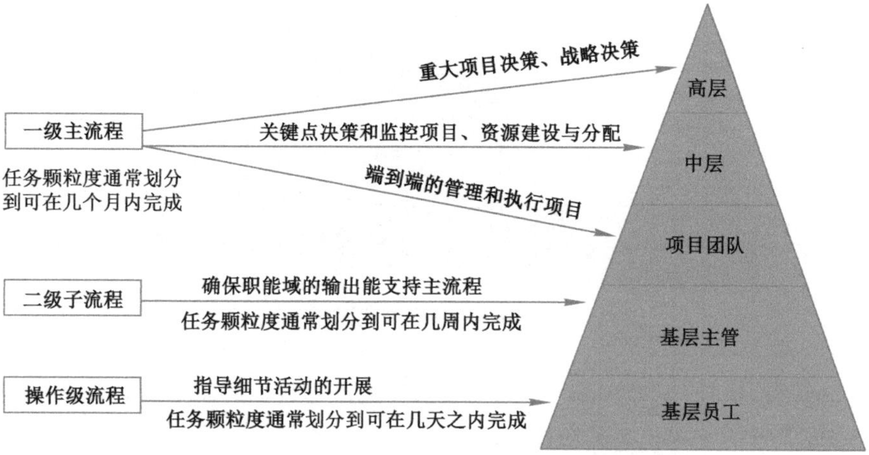

图 8-3　流程分层结构

③ 流程架构。流程架构是描述公司的流程分类及层次的全视图。0 层架构是从价值链的角度对流程的分类,对 0 层架构中的流程进行逐层分解就形成了一个流程的分层架构;1 层架构是主流程(跨职能部门端对端的业务流程);2 层架构是子流程(职能部门内的业务流程);3 层架构是职能内部的分解。

④ 流程管理体系。流程管理体系有 4 个阶段:流程规划、流程建设、流程执行、流程运营,4 个阶段形成一个闭环。流程规划:解决了流程的"what to do"和"how to do"的问题,主要工作有需求管理、版本管理、流程规划。流程建设:它是流程过程资产管理,涉及流程需求分析、流程方案设计、流程文件开发、流程集成验证、流程试点确认。流程执行:它是解决流程文件管理的工作,涉及业务适配、组织适配、推行与赋能的工作。流程运营:它是应对流程分层授权与管理机制,包含一些成熟度评估、流程绩效管理、过程保证、CT/SACA 的工作。对流程管理体系细化,从上至下可分为:level 1 流程分类、level 2 流程组、level 3 流程、level 4 子流程、level 5 活动、level 6 任务,如图 8-4 所示。

level 1 流程分类和 level 2 流程组用于流程管理,回答"why to do"问题,支撑公司战略和业务目标实现,体现公司业务模式并覆盖公司全部的业务。level 3 流程和 level 4 子流程则是用于落实方针政策和管控要求,回答"what to do"的问题,聚焦战略执行,体现创造客户价值的主要业务流以及为实现主业务流高效和低成本运作所需要的支撑业务。level 5 活动和 level 6 任务用于将流程落实

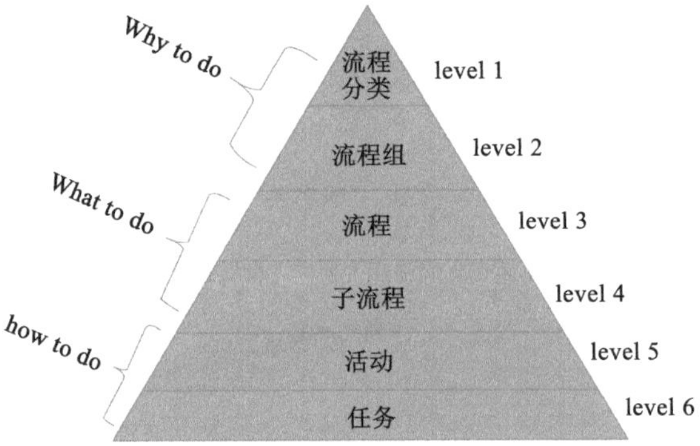

图 8-4 流程细化图

到人,使之可执行,回答“how to do”问题,完成流程目标所需要的具体活动及任务,体现业务的多样化和灵活性。

(4) 建立业务流程管理信息化平台

① 业务流程全生命周期管控。利用信息化平台对企业现有业务流程进行优化,主要借助以下 2 种方式实现:一是生命周期展现,涵盖企业以往使用的电子业务流程和新版本迭代替换后的电子业务流程,以及新设计并投入使用的电子业务流程;二是当前状态展现,以具体业务流程作为实现对象,包含准备处理、已经处理、处理完结等状态。基于全生命周期理念进行企业现有业务流程的监控,利用智能设备向业务执行人员推送业务处理信息,可有效实现对业务实施进展、业务推进速度的控制。对于具体业务流程的状态可以进行实时监控,例如设置触发器,利用移动终端设备的推送提醒、电子邮件、短信等方式提醒经办人及时进行处理,从而控制业务的推进速度。

② 信息传递方式优化设计。业务流程管理信息化平台的实质是设计实现电子信息传递的方式与通道。与手工模式下信息传递方式类似,建筑企业业务流程管理信息化平台的信息传递方式也分为递交与退回两种方式。其中递交可分为一对一、一对多、多对一、多对多的递交方式;退回可分为一对一、一对多、多对一、多对多退回方式。

③ 部门人员职能分工设计。信息传递方式设计好之后,就需要对企业业务流程管理信息化平台的人员分工进行设计,也就是由不同岗位的人按照不同的职责分工去处理对应的信息传递。建筑企业由于人员流动性强、布局分散、组织结构不稳定,决定了电子业务流程人力资源设计的复杂性和多样性。因此,平台内应当按照具体人员选择、具体部门选择、具体组织选择的多种方式进行设计,

还应当按照一人兼职不同角色选择、一个岗位多人选择等方式设计以达到个性化的目的。在信息传递给多个人时,可以设计成实现多个人同时处理业务,也可以设计成实现多个人按照一定的顺序处理业务等。对于大型企业集团来说,应当设计集团层面、所属公司层面、工程项目部层面跨组织的人员选择。

④ 业务流程之间的协同。企业业务流程管理信息化平台不仅仅是对业务信息的流转进行管理,还对业务与业务之间的配合、协同进行支撑。具体来说,分为业务流程一对一的先后完成、多对一的先后完成、一对多的先后完成、多对多的先后完成 4 种方式的组合。电子业务流程之间的协同很好地适应了企业对工程项目全生命周期管控的需求,从企业经营管控出发,到工程项目管理、安全管理、财务管理等等,将建筑企业原先分散的信息孤岛进行串联,保证了数据的一致性和完整性。

4. 统筹数字化资金

目前,天津津港建设有限公司已建成财税一体化平台。财务部门在原有职能职责的基础上应增加对数字化转型相关资金统筹管理进行制度化安排,开展资金统筹优化、协同管理和精准核算等职能职责,确保资金投入的有效性、稳定性和持续性。同时,在财税一体化平台的基础上增设数字化资金专栏,并编制数字化专项资金安排计划,确保数字化资金的来源与专款专用。

(1) 落实资金来源

在政策方面,《天津市人民政府办公厅印发天津市关于进一步支持发展智能制造政策措施的通知》(津政办规〔2020〕16 号)对科技创新 2030——“新一代人工智能”重大项目及涉及人工智能、智能制造的国家科技重大项目、国家重点研发计划重点专项等项目,给予最高 3 000 万元支持。天津津港建设有限公司可从科技创新方面入手,通过企业数字化转型获得数字化资金。

在公司资金分配方面,财务部门应按照公司年收入,划分相应资金比例作为数字化资金,保障企业在数字化建设方面有相应资金来源。

(2) 资金专款专用

为实现数字化资金专款专用,可开发数字化资金系统并将该系统嵌入财税一体化平台中,以数字化资金专栏形式体现,并每月开展数字化资金账目核算工作及年度总费用核算工作以量化企业数字化建设的投入与产出,从而计算数字化使用价值。数字化资金系统同时需实现数字化资金可视化:一是数字化资金在时间和项目使用情况上的可视化;二是状态的可视化,即可呈现交易流程中资金的状态;三是实现数字化资金使用账目的实时更新与精准核算。

(3) 建立数字化资金制度机制

天津津港建设有限公司应在公司层面建立数字化资金使用制度,明确规定能使用数字化资金的项目类型、资金使用比例、资金使用相关程序等，项目类型如智慧工地新增智能穿戴设备、“BIM＋VR”新型应用场景、公司知识库建设等。在明确数字化资金使用细则的基础上建成公司自有数字化资金制度机制，形成完善的公司数字化资金使用制度，为资金投入及后续开展跨部门、跨流程的数字化资金集成应用提供资金保障。

5. 优化企业组织结构

在公司原有组织结构上增设数字化中心部门，数字化中心部门与人企部、财务部、综合办公室统一由公司总经理负责管理。

数字化中心部门的职能职责：一是负责公司数字化转型内外部环境分析，结合企业发展战略明确公司可持续竞争合作优势需求，并按照公司领导对数字化转型的顶层规划制定数字化转型战略，确保公司发展战略与数字化转型战略的协调一致性；二是统筹开展数字化转型跨部门协调沟通，开展数字化转型进度评价及改进机制，搭建数字化平台赋能业务发展；三是配合业务部门开展业务场景和价值模式设计，完成业务流程优化调整，开展数字化转型标准化建设；四是协助人力资源部按数字化转型建设要求搭建数字化学习、交流信息平台；五是协助财务部门建设数字化转型专项资金系统。

6. 完善公司数据资产管理

数据资产管理是指数据资产中心将企业的数据资产统一管理起来，实现数据资产的可见、可懂、可用、可运营。

可见：通过对数据资产的全面盘点，形成数据资产地图。从数据生产者、管理者、使用者等不同的角度，用数据资产目录的方式共享数据资产，用户可以快速、精确地查找到自己关心的数据资产。

可懂：通过元数据管理，完善对数据资产的描述。同时在数据资产的建设过程中，注重数据资产业务含义的提炼，将数据加工和组织成人人可懂的、无歧义的数据资产。具体来说，在数据中台之上，需要将数据资产进行标签化，标签是面向业务视角的数据组织方式。

可用：通过统一数据标准、提升数据质量和数据安全性等措施，增强数据的可信度，让数据科学家和数据分析人员没有后顾之忧，放心地使用数据资产，降低因为数据不可用、不可信而产生的沟通成本和管理成本。

可运营：数据资产运营的最终目的是让数据价值越滚越大，因此数据资产运营要始终围绕资产价值来开展。通过建立一套符合数据驱动的组织管理制度流程和价值评估体系，促进数据资产建设过程的不断改进，提升数据资产管理的水平，提升数据资产的价值。

（1）掌握数据资产管理途径

① 全面盘点数据资产现状。数据资产管理的切入点是对数据资产进行全面盘点，形成数据地图，为业务应用和数据获取夯实基础。从资产化管理和展示数据的角度出发，数据地图作为数据资产盘点的输出物之一，不承载具体数据内容，却可以帮助业务人员快速精确查询他们想要的数据信息。数据地图也可作为企业数据的全盘映射，帮助数据开发者和数据使用者了解数据，并成为对数据资产管理进行有效监控的手段。

② 提升数据质量。数据资产管理通过建立一套切实可行的数据质量监控体系，设计数据质量稽核规则，加强从数据源头控制数据质量，形成覆盖数据全生命周期的数据质量管理，实现数据向优质资产转变。

③ 实现数据互联互通。数据资产管理通过制定企业内部统一的数据标准，建立数据共享制度，完善数据登记、数据申请、数据审批、数据传输、数据使用等数据共享相关流程规范，打破数据孤岛，实现企业内部数据高效共享。同时搭建数据流通开放平台，增强数据的可得性，促进数据的交换流通，提升数据的服务应用能力。

④ 提高数据获取效率。高德纳公司(Gartner Group)统计，数据分析人员或数据科学家需要花费70%到80%的精力在数据准备上。通过搭建数据管理平台，采取机器学习等相关自动化技术，将前期大量的数据准备时间和交付项目的时间缩短，提升数据的获取和服务效率，让数据随时快速有效就绪，缩短数据分析人员和数据科学家的数据准备时间，加快数据价值的释放过程。

⑤ 保证数据安全合规。保证安全是数据资产管理的底线，数据资产管理通过制度完善的数据安全策略、建立体系化的数据安全措施、执行数据安全升级，全方位进行安全管控，确保数据获取和使用合法合规，为数据价值的充分挖掘提供了安全可靠的环境。

⑥ 数据价值持续释放。存储和管理数据的最终目的是实现数据的价值，数据资产管理将数据作为一项资产，并通过一个持续和动态的全生命周期管理过程，使数据资产能够为企业数字化转型提供源源不断的动力。从企业高管到业务人员及技术人员，全员都要以持续释放数据价值为理念来重视数据资产管理工作。管理方面，建立一套符合数据驱动的资质管理制度流程和价值评估体系；技术方面，建设现代化数据平台、引入智能化技术，确保数据资产管理系统平台持续、健康地为数据资产管理体系服务。

(2) 管理数据资产门户

① 数据资产地图。数据资产地图为用户提供多层次、多视角的数据资产图形。数据资产地图让用户用最直观的方式，掌握数据资产的概况，如数据总量、每日数据增量、数据资产质量的整体状况、数据资产的分类情况、数据资产的分

布情况、数据资产的冷热度排名、各个业务领域及系统之间的数据流动关系等。

② 数据资产目录。数据资产目录通过对数据资产进行组织，为用户带来直观的体验，可以使用户花较少的时间查找到自己关心的数据资产。数据资产目录的组织方式灵活多样，常见的有按业务域组织、按数据来源组织、按数据类型组织。根据用户角色的不同，数据资产目录有多种展现视角，概括来讲，有这3类用户角色：数据资产开发者、数据资产管理者、数据资产使用者。数据资产开发者关注当前开发的数据资产是否有重复，是否有准确的定义，通过数据资产目录，数据资产开发者可以将自己负责开发的数据资产发布到合理的资产目录下。数据资产管理者必须掌握数据资产的全局情况，包括拥有哪些数据资产、数据资产分布在哪里、数据资产的质量情况、数据资产的使用情况等。数据资产管理者通过对数据资产的合理授权，控制数据资产的使用。数据资产使用者关心数据是什么、数据在哪里、如何获取到数据。通过数据资产目录和获取到的合理授权，数据资产使用者能快速定位到自己需要的数据资产，掌握数据资产的存在形式是什么（结构化还是半结构化），如何获取到自己想要的数据，评估现有的数据资产能否满足所建应用的需要。

③ 数据资产服务。数据资产检索服务为用户提供一键式资产检索服务，通过对关键字的匹配，数据资产门户检索出相关的数据资产集，用户可以根据所需，找到相关数据资产，可以查看数据资产的名称、创建者、业务语义、加工过程等详情，帮助其理解和使用数据。

8.1.2 中期阶段：组织数字化建设升级

1. 创新组织管理方式

公司在坚持知识驱动型管理方式的基础上，推动管理方式从知识驱动型向数据驱动型转化，强化企业数据融合，以数据赋能企业和项目业务。整合公司和项目的数据资产，应用数据为管理和决策服务。通过数据分析流程的执行过程及执行效果，并将结果作为流程优化的基础，进行流程优化。通过调整分级分类授权、同类合并、节点优化、串行改并行等，增加信息共享，扩大企业信息共享范围，缩短信息共享时间，做好流程效率监控，不断改造优化企业流程。

盘点企业数据，将散乱在各处的数据进行集中管理，通过系统性的数据规划，实现全域数据汇集，建成并完善企业数据中心；进行数据资产运营，包括企业数据价值评估、数据发布规范、共享发布等；进行数据资产应用，包括项目层与企业层的风险识别、企业各部门互相自助分析等；进行公司辅助业务推进，实现一切项目层与企业层数据化。

在生产管理和经营管理方面，从相关系统中采集数据，对进度、资金、生产、质量、安全等业务类别进行各种流程和主题的分析，进行流程异常识别和预警，同时不断优化管理流程,更新管理标准。在目标监控方面,能够分析企业资源的峰值缺口,分析审批效率优化对工程进度完成的影响,例如分析结算办理进度对企业利润指标完成的影响,以辅助业务部门提高管理能力。企业在自身搭建的多个企业管理系统的基础上,实现多个系统的数据互联互通。项目现场直接采集的生产管理数据可上传至企业管理系统,企业管理系统中已有的数据也可以传递到项目管理系统中,实现双向数据互联、业务联动,形成完整的数字化管理体系。

2. 推进数据管理体系建设

企业在建立自有数字建设标准的条件下,持续推进数据管理体系建设,包括完善数据管理机制、健全企业业务数据标准、完善信息化支撑功能。

(1) 完善数据管理机制

随着公司业务的增多,项目级与企业级的数据来源复杂、业务链变长,涉及多个传输环节、单位、业务部门、信息化系统和信息化项目实施团队,数据管理的职责界面不易清晰划分,相关工作开展需要多方协同配合。同时,数据在整个链路传输中遇到的问题复杂多样、涉及面广,既有技术方面的问题,也有业务和管理方面的问题。因此,需要建立一套"横向协同、纵向贯通、统一管理、分级负责"的协同联动工作机制,确保项目和公司两级数据管理工作界面清晰、协同高效和联动畅通。同时,为保障两级数据管理机制贯彻落实,需要配套建立两级数据管理工作制度体系和两级数据管理责任矩阵,从需求管理、标准管理、质量管理、共享及安全管理、应用管理和考核评价等方面对公司和项目两级数据管理工作内容和要求进行细化和规范,厘清职责分工,压实主体责任,为后面相关工作的常态化开展提供制度保障。

(2) 健全企业业务数据标准

数据标准是为确保信息系统各数据库与各功能模块之间的数据分类、编码及数据文件命名的系统性和唯一性,满足系统正常高效运行以及与其他相关系统协同运作的要求,实现系统之间相互兼容、信息共享,对数据制定的统一标准和规范。数据标准用于业务数据描述、信息管理及应用系统开发,可以作为公司经营管理中所涉及数据的规范化定义和统一解释,也可作为信息管理的基础以及应用系统开发时进行数据定义的依据。当前,公司不同业务环节数据标准不统一、数据标准矛盾或者相互混淆的情况时有发生,导致公司内部和外部数据交换、共享比较困难。建立统一的数据标准有助于数据进行统一规范的管理,消除各部门间的数据壁垒,方便数据的共享。同时,科学合理的数据标准也有助于业务流程的进一步规范。因此,亟须建立一套企业业务数据标准,为业务、技术和管理提供服务和支持,也为数据质量提升和优化提供支撑。

(3) 完善信息化支撑功能

从数据需求、数据资产、数据质量、数据安全、数据共享、数据应用、数据监控、工作评价8个方面完善数据管理信息化支撑功能,全面提升数据管理工作的信息化水平。以数据供给、管控、运营和应用为主线,围绕数据管理8个方面进行整体规划、设计数据管理业务架构,支撑公司信息化建设和高效运转。其中,数据需求方面包括数据需求申报、数据溯源与审核、数据需求验证等功能,满足两级数据整合应用和数据贯通需要;数据资产方面用规范化的方式为每一个数据表、数据项、数据关系建立管理台账,逐表认定管理责任;数据质量方面实现两级数据全链路问题排查治理和源端系统数据一致性比对等数据质量管理功能,提升数据问题排查和治理效率;数据安全方面实现数据安全级别及访问控制策略的统一管理,提供数据共享分级、涉密数据、安全审计等功能;数据共享方面结合共享数据资源清单,提供数据共享目录、负面清单等功能支撑;数据应用方面可以提供"一站式"选数用数服务;数据监控方面集中监控企业级及项目级数据规模、质量、安全、共享、应用等情况;工作评价方面自动收集各单位数据管理工作过程数据,通过指标及变动趋势反映各单位数据管理工作成效。

3. 推进数字化治理领导机制和协调机制建设

在形成数据治理机制的基础上,在领导层面持续创新治理机制及协调机制,建设平台企业治理体系。在企业层面将管理标准,如项目检查验收标准、评价标准、协作标准等进行数字化呈现、在线化传递、智能化赋能,并与项目内容实时关联,全方位、立体式进行管控,提高项目层面的管理效率。公司一方面需从各类型数字化转型企业中总结出符合企业自身发展的统一标准内容,另一方面需在数字化的助力下通过组合各类型企业的管理标准进行改革,以满足企业自身需求。

(1) 完善企业数字化治理机制

目前,管理人员已经可以运用数字化手段,在移动端对现场的作业情况进行简单录入,实现对现场进度、质量、安全、资源、环境等进行实时采集,并传送到PC端或云端进行各类应用,例如日志、报表、例会等可以一键生成相关资料。对现场提料、验收、盘点等过程进行管控,能够实时监控、预警,实现精细化管理,辅助管理人员现场管控,岗位效率和管理效能大幅度提升。

企业数字化建设制度主要体现在以下几方面:一是数据标准化,对组织、人员、甲方、供方、物资、项目等信息进行标准化体系的梳理,形成主数据标准,保证共性、兼顾个性,支撑企业和项目不同业务场景的使用;二是业务标准化,梳理公司项目层面主要的施工业务,提取标准业务数据项,形成标准化业务表单,满足业务处理及管理决策的应用;三是流程标准化,梳理公司内部流程,确定关键节点，明确范围、责任、权限、治理等要求，优化、固化业务流程和审批流程，实现管理过程标准化、可执行、可衡量；四是管控规则标准化，不同的业务、组织的控制规则标准化，按照公司不同的业务类型、管控要求设定管控规则。

（2）实现项企在线协同

项企在线协同是搭建一套标准统一、数出同门、企业和项目部共同使用的基础一体化企业/项目管理系统。以进度管理为主线将现场作业的人员、机械、物料、法规、环境及相关生产经营数据汇集到一体化系统中，实现项目数据和企业数据的互联互通，保持数据同步，做好企业经营管理。首先，实现企业各业务部门对项目指标的过程垂直监督，业务部门对工程的进度、质量、安全、技术等项目情况进行全面跟踪和掌控，实现企业集约化经营。其次，打破企业“部门墙”，实现企业各部门之间的信息对称和高效业务协作。最后，建设企业级数据中心，沉淀数据资产，管控风险，创造数据协同价值，为企业未来智能决策打下数据基础。具体工作如下：

① 企业和项目部协同，做好项目经营管理和生产管理。主要包括合同管理、收入管理、预算管理、成本管理、材料管理、设备管理、分包管理等所有与项目经营和企业经营相关的业务数字化能力建设。建设企业和项目统一的经营管理系统，以合同管理为主线、成本管理为核心，实现劳务、物资、机械、周转材料、工程分包等从合同到结算、付款的全过程管控。

② 企业部门间业务协同，实现工程项目为核心的高效协作。企业内部横向涉及财务、合约、采购等部门，通过项企在线协同，消除各管理领域的信息壁垒，同时促进各部门在制度梳理和优化上进步，进一步促进业务横向到边的数字化改造。项目在线协同使企业管控扁平化，管理更深入项目一线，业务管控从事后控制转向事前预防。也可为判断和决策提供全面的数据支撑，为业务提供可量化的合理性判断标准。完整打通业务流程，保证每一项数据都可以追溯到源头，降低内部沟通成本，帮助项目提效。

③ 流程改造智能化，数据驱动流程再造。整合公司和项目的数据资产，应用数据为管理和决策服务。通过数据分析流程的执行过程及执行效果，作为流程优化的基础，争取降低成本。分析流程的执行实践，找出产生流程的瓶颈原因，消除重复活动、反复审批等非增值环节；监控流程例外情况和跨部门的工作交互衔接效率和影响因素，提升流程效率；根据流程绩效分析，对信息的采集与传递、流程中数据的应用、标准化审批过程中耗费人工较多、重复性的流程实现脚本化、自动化批量审批，减少员工操作。

4. 实现数据安全可控

随着各种新技术的应用，数据资源的存储能力与处理能力不断提升，这也为企业数据防护带来更多的挑战，其中最显著的代表是云计算与多业务融合。在信息化时代背景下，企业多种信息通信技术融合导致新型业务变得更加复杂，安全应用风险随之扩大，原有的安全防护技术体系已经难以应对日趋复杂的数据业务。单一技术已经形成较为完善的安全解决方案，但多种技术的交叉融合使得单一技术的解决方案难以奏效。因此，企业需从以下几方面开展数据安全防护。

(1) 加强技术性措施

实现企业信息化中的数据安全，需要依靠先进的信息技术，包括以下几方面：

① 加强数据安全策略。为企业多源数据制定一定级别的、完备的安全保护所必须遵守的规则，该安全策略需要包括企业业务实际、业务流程、实现逻辑、信息规划、系统建设实现、系统运维等。

② 加强介质与载体的安全保护。介质与载体即数据的物理安全，也就是存储数据信息的设备的物理安全，即载体设备不被偷盗，不被人为随意取走，不能通过远程技术手段窃取等，这就需要企业指定专门的安全区域，采取相应的电磁泄漏安全屏蔽措施，对出入口位置采取视频监控和生物特征识别的身份验证手段，安装安全防火、烟感、温感等的环境报警装置，配备 UPS 与市电双路供电线路等技术防范措施。

③ 加强数据传输安全。若是数据存在远程传输，要根据自己企业所传输数据的密集程度，进行加密传输，选择国家保密管理局相关资质的保密产品，对需要远程传输的数据进行透明加密或不可篡改性处理。

④ 加强数据加密保护。为了防止网络中各系统之间的数据被截获或被非法存取而泄密，目前较流行的是采取数据加密的方法来确保数据安全。即配置数据保护系统，智能识别系统运行的重要数据，自动强制对重要数据进行加密操作，从根源上解决数据泄密问题。

⑤ 加强数据访问控制。按照数据安全策略，在企业信息系统中设置各主体对需要访问客体的合法规则，包括系统数据访问控制检查、标识与鉴别等。

⑥ 加强访问数据的认证服务。在系统中建立链接或数据传输时，对实体的合法性、真实性进行确认，包括对访问用户、进程认证等，认证过程常采用密码技术和数字签名技术，确保数据的真实性，以防假冒。

⑦ 加强数据监控与审计。在数据的传输、操作、存储过程中，要对关键、敏感甚至全部数据进行有效管控，合法允许，非法禁止，同时对操作记录追踪审计。

⑧ 加强数据存储与备份安全。要依据企业业务特点制定切实可行的数据存储备份策略，建议采用容灾备份系统，将备份方案落地，定期验证备份数据的

有效性，从而保证数据的安全性。

（2）加强企业系统和网络安全保障

企业高层需要根据不同的部门，配备不同的子系统和网络，确保所有的子系统、网络都能够做到自主运行，互不干涉。对所有的部门升级网络安全防火墙，并将所有的子系统和网络都纳入企业唯一的主系统当中，由主系统执行单向管理制度。因为部门之间的系统和网络都是独立的，并不会产生联系，不法分子只能够盗取已入侵的单个部门信息，并不能由此攻破整个企业的信息管理系统，在部门遇到入侵时能够降低损失。同时，企业的主要系统是单向管理企业的各个部门，企业能够在第一时间接收到入侵提示并采取防治措施，保障企业的信息安全。此外，需要建立随机的系统服务密码，每个部门甚至主系统都需要定期更换密码，并且要由单独的部门管理密码，每次更替时进行交接，不法分子就很难做到密码破解，也就无法攻破企业信息安全的第一道防线。企业还可以与公安部门建立合作，让公安部门的监管网络接入企业的防火墙中，保证在企业网络和系统受到攻击时能够第一时间将有关信息与公安部门共享，这样不仅可以在受到攻击时受到公安部门的保护，加强企业的防火墙，也能在信息系统被攻破后第一时间协助公安部门反向追踪，锁定不法分子的有效信息，做到信息拦截或追回，避免企业的损失。

（3）加强人才培养、建立相关管理部门

无论是企业或者项目都需要有人来主导和维持，因此企业需要培养自己的数据安全相关人才。企业可以对外招聘相关的人才，也可以在企业原有的职员当中挑选出相关专业毕业的人才。此外，还需要培养或引进专门的信息管理人员，在数字经济时代网络安全和信息管理是齐驱并进的，在做到安全有保障的同时还需要对企业信息做好有效管理。有了人才就需要建立专门的部门，并且培养他们的归属感，越是信息化程度高的企业就越应该有属于自己的网络安全与信息管理运行部门，虽然这两个部门并不直接参与生产，但是作为企业的运营部门，其重要性并不比生产部门低。加强企业的网络安全和信息管理人才的培养，并建立相应的部门，对数字经济时代的企业而言就是最好的信息安全防护措施。

（4）加强企业管理制度

企业应严格依据国家法律法规，结合自身业务特点，制定科学完善的数据信息分类分级标准，并将其细化分解到各部门；制定数据全生命周期管理细则，明确与第三方安全管理平台的权责，确保与国家制度无缝衔接。此外，企业应构建自上而下的数据安全管理体系，通过培训提升全员数据安全意识，合理设置管理岗位并建立跨部门协作机制，全方位提升全员法律素养与合规意识，严格审查数据安全处理相关合同，健全日常管理考核机制，明确各岗位操作人员的数据安全责任,以经济奖惩机制促进数据安全管理水平持续发展。

8.1.3 长期阶段:组织全员数字化

1. 公司新组织管理方式

推动管理方式从数据驱动型向智能驱动型转变,实现企业员工共同管理公司,为公司负责,员工与组织共享价值。要明确员工价值是创造伟大的公司、创造伟大的产品和享有美满人生的平衡性与一致性,只有三者融合,才能释放出员工的创造力。要建立一套完整的契约模型,兼顾企业利益与员工利益,兼顾心理契约、社会契约和经济契约。要做好分享价值设计的方案,包括财富、权力、成就等,实现股东、员工和价值生态圈共赢。同时,公司的数字化重大决策由企业员工共同负责,让员工在参与公司数字化建设整个过程中感受到为公司管理即为自己负责的工作理念。此时的企业已从工程建设企业转型为以工程项目为核心的服务型企业,由业务平台上的交易方转型为业务平台的经营方。

2. 企业员工协同

(1) 数字化建设成为全员理念

数字文化鼓励员工向外看,与客户和合作伙伴一起创造新的解决方案,员工通过站在客户的角度来进行产品开发和改善客户体验。在数字文化中,人们被鼓励去大胆冒险、快速失败,然后从失败中汲取经验和教训,而不是安于现状,更看重合作而不是个人努力。

为了更好地将员工与企业融合在一起,需要激活员工、企业、组织的创造力,让员工与组织共享价值。激活员工的创造力需要围绕个体价值创造建立新的管理范式,组织目标中要包含个体价值,以吸引优秀人才,保持组织活力。激活企业的创造力关键是在组织内部构建生态网络,为每个成员赋能,改变激励导向,激励创造价值,而不是只为完成绩效目标;建立信任与透明的文化机制;保持对危机的警惕和临界状态。这样才能让组织成为命运共同体,始终保持活力。激活组织的创造力,源自外部环境的挑战。一个人的智慧和创造力很难帮助企业应对变化,想要驾驭不确定性,需要所有组织成员持续发挥创造力。

(2) 数据完全安全可控

通过研发技术并投入使用,让数据安全问题得到完全解决,公司在企业层与项目层的数据完全融合,信息安全相关管理机制相对完善。同时,公司在数据安全管理方面的专业技术人员配备齐全,人员完全掌握数据安全技术,实现公司所有数据的安全可控。

(3) 培育企业数字化价值观

积极应对新一代信息技术引发的变革,构建开放包容、创新引领、主动求变、务求实效的价值观,形成公司引领性的企业文化。

① 转型要人性化。公司应以人为本，员工就是数字化建设的内部用户。要了解这些用户使用信息的方式、需要的信息内容及采取措施的方法。了解这些用户的作业方式、习惯。从技术上让员工真正能够接受、使用数字化工具。

② 领导层面的支持。只有自上而下地推行数字化，才能在企业范围内获得认同。因为数字化转型是一个需要投入大量人力、时间、资金的项目。因此领导层、决策层的大力推进是十分重要的，同时企业应在领导层面时刻关注数字化方面的新方法、新理念，赋予员工数字化建设价值观。

③ 要培养专业的人才团队。包括信息技术、供应链、生产、数据管理、数字营销等方面的人才。

④ 要持续不断地提升、建设。企业要不断地营造出创新新技术、新功能、新流程的进步向上的氛围，让员工保持持续学习的状态。

(4) 建设数字化行为准则

制定与价值观相匹配的行为准则和指导规范，并利用数字化、平台化等手段工具，支持行为准则和指导规范的有效执行和迭代优化。员工将企业数字化建设视为个人行为准则，自觉为公司数字化转型努力。

8.2 业务优化领域具体举措

企业数智建造转型在业务优化维度中的具体举措，主要依据 3 大发展阶段确立整体发展举措：近期阶段为业务优化，主要基于 BIM 技术、一体化平台技术、智慧工地技术实现项目业务的协同；中期阶段为业务拓新，基于数据纵横贯通，实现产业链和业务链的拓新，向服务型企业转型；长期阶段为产业链全面创新通过生态链的贯通实现生态供应，全面拓新。每个阶段持续时间为五年，具体内容如图 8-5 所示。

8.2.1 近期阶段：业务优化

1. 基于 BIM 的全生命周期业务协同

(1) 设计阶段

当今在建筑设计等领域中以“参数化设计”“衍生式设计”为代表的新一代信息技术设计方法已经成为重要的设计手段，而设计管理中 BIM 技术的应用更能为项目创造更高价值。从城市尺度上的规划设计到单体建筑的形态设计和表皮设计，从景观规划的场地布局到产品、家具的外观设计，这类基于数字化技术的设计方法以极大包容度给设计领域带来了全新的工作方法和审美选择。市场环境的变化也带动设计业务的具体变化，鉴于现在设计业务的工作模式，将新技术结合传统设计将是设计行业变化的一大趋势。利用 BIM 技术等手段实现对设

图 8-5　业务优化领域具体举措

计工作的统筹管理，重点关注设计成果的精细化管理，可以有效避免设计方案与现场管理脱节造成的材料清册和工程量清单不够准确、信息不完整、采购的设备和材料难以满足设计深度等问题。

（2）生产阶段

生产阶段最重要的目标就是在合理的成本下高效率、高质量又安全地完成施工任务。利用BIM技术可实现施工方案阶段的虚拟施工、方案优化及施工深化设计中的碰撞检查；施工造价管理的精确算量、成本控制，可解决施工、进度、技术、质量、安全、成本等多方面管理问题；利用移动通信技术实现工程质量、安全的现场检查；利用物联网技术可提高现场管控能力；人工智能技术在建筑施工中的质量管理方面可应用于混凝土性能预测；在安全方面通过实时分析现场采集图像，可以及时发现现场存在的不安全行为、机械设备和环境等不安全因素；利用虚拟仿真、信息通信、智能技术等可与建筑机器人互联互通，建筑机器人自动场景识别、自动定位导航和自动智能施工，实现建筑机器人在施工建筑中应用，促进建筑技术、建造方式的改革创新，推动解决传统建筑行业安全风险高、劳动强度大、质量监管难、污染排放高、生产效率低等问题。

(3) 运维阶段

建筑运维阶段是建筑生命周期中最长、项目回收投资和取得收益的重要阶段。运维最主要的价值就是提供一种高效、透明化、面向用户的服务，在数字化时代下，传统运维模式面临巨大挑战。为应对新环境下的运维挑战，以BIM、物联网、云计算为代表的新一代信息技术给运维管理带来了新生机，新型智能运维把运维工作分为监控、管理和故障定位3部分，其核心是事前智能预警、事中实时跟踪、事后快速定位、夜间无人值守、远程集中管理。BIM技术凭借在可视化分析、大数据管理、工作协同、信息共享等方面的技术优势，为建筑数字资产的留存、全整合周期管理提供了途径。物联网技术能够将环境感知、监测及控制应用到每一个具体的建筑构件及设备，BIM技术与物联网技术对于建筑运维来说相辅相成，物联网技术可以实现实时数据的收集处理、建筑元素之间的信息交换与通信，实现在建筑三维空间中的定位与管理等，以达到建筑数字化管理、节能减排及可持续发展的目的。

天津津港建设有限公司目前在BIM技术方面有津港建设管理平台(BIM云平台)，已实现BIM可视化设计、协同设计、管线综合、碰撞检测、工程量统计、造价统计与计算、施工现场管理、施工方案模拟、施工进度模拟、物料跟踪、现场监管、竣工模型交付等功能。但在BIM综合管理项目全寿命周期信息，与物联网、建筑机器人技术融合，BIM运维阶段应用，以及建立BIM数据标准等方面还需拓展。

2. 基于项目管理的业务系统一体化

在建筑施工企业以项目为管理单元的业务模式中，项目管理系统应为建筑企业重点建设的业务系统之一，项目管理信息化系统的核心需求是及时掌握项目建设状况，利用信息系统对人、财、物以及技术资源进行统筹、调度，以系统为平台、数据为依据，快速准确地做出决策指令，最大限度地整合资源、资金、技术优势，规范并优化项目管理流程，有效控制成本。项目在进度管理、成本监控、技术文档、合同管理、供应商管理等环节形成统一的信息共享机制，同时需要财务核算与项目管理、供应链管理等其他信息系统的关联互动，实现对多模式项目的统一化管理。

在建筑企业经营活动中大部分业务的运作过程往往会涉及企业内的多个部门，如人力资源、财务、设备物资等多个部门、多个岗位的协作，业务的管理者需要实时掌握业务进程和业务状态，实时控制业务，通过统一的应用平台，固化各类业务的管理流程和业务处理规则，以提高业务的运作规范和效率。

建筑施工企业的业务系统建设，基于项目管理的业务系统一体化原则，满足面向多组织体系、多项目管理的要求，以预算管理为前提、以合同管理和日常结算为业务载体、以资金计划和资金支付为业务执行控制依据和数据信息协同经营的模式，配合刚性与柔性相结合的控制原则，实现企业精细化、规范化、业务可监督、风险可控制的管理目标。横向构建协同办公、人力资源管理、集团财务资金管理、供应链管理、视频监控、档案管理、知识管理等。纵向构建工程项目管理系统，实现对项目预算、合同管理、结算管理、支付管理等项目过程控制。

(1) 人力资源管理一体化

为提高人力资源管理专业化程度，支持集团设立统一的人力资源服务中心，负责各公司的人力资源事务。人力资源管理以人力资源组织为主体，开展人事管理、薪资管理、社保福利管理、时间管理、人力资源规划、能力素质评估与分析、招聘管理、培训管理、绩效评估等业务。搭建统一的人力资源信息数据库系统，人力资源信息数据集中管理，及时掌握人力资源需求与计划，基于公司战略配置所需人力资源，实现人力资源的合理流动；通过建立一套科学的、符合企业实际的人力资源信息管理系统，及时准确提供有价值的人力资源相关数据，实现决策分析数据的实时获取和下级单位人员变化的实时监控，协助决策者制订计划，支持集团战略执行和实现。

(2) 财务管理一体化

实现财务业务协同处理，管理信息全面集成，能够使财务信息得到快速准确便捷地反馈，实现财务信息的动态实时处理，从而可以帮助集团的高层领导随时随地掌握企业的基础财务信息。规范成本核算和控制体系，打破经营与财务间的信息壁垒，实施业务、财务一体化。确保基础财务数据的规范性、准确性，提高会计信息质量，加快核算速度，提高会计信息及时性，实现财务、业务、生产一体化。一体化系统与国际接轨，对国外项目进行实时管理并能按照不同国家的会计要求和国际会计准则，提供具有国际可比性的会计信息，并支持多语言、多币种，最终解决企业财务的国际化问题。

(3) 资金管理一体化

通过资金管理系统实现资金管理、计划管理、结算管理、信贷管理、票据管理、担保管理、资金预测等，建立企业的资金监控系统，掌握所有成员单位资金的流量、流向和存量。加强资金结算管理，挖掘沉淀资金，降低资金使用成本。对企业的资金流动进行统筹规划，平衡资金需求，有效减少企业内部交易产生的不必要的资金流动，能够预防资金的体外循环，充分利用商业银行的金融服务。

(4) 设备物资管理一体化

建成企业设备物资管理信息化应用，从资产采购、资产验收、资产入库、资产使用与变动、资产租赁、资产维护，到资产退役等资产管理，实现对境内外集团所属产权单位和重大设备资产的全生命周期管理。

(5) 安全生产和应急管理一体化

通过系统建设,在建筑企业内落实安全生产规章制度和操作标准,支撑安全生产管理制度化、体系化。集成企业的项目管理系统,实现事故模拟、预警、应急响应等应急指挥功能,及工程项目执行中的安全生产,同时能为指挥人员在最短时间内对危机事件做出最快的判断和反应提供有效支撑。通过可逐级监测和处理突发事件的信息系统的建设对安全生产制度和预案进行管理,对生产状态进行监测,能够对突发事件数据进行采集、传输、存储、处理、分析、管理,实现重大危险源监测预警等。

(6) 多项目管理一体化

满足业务急剧扩张状态下总部对多项目管理模式的快速复制,建设包括项目计划进度管理、质量管理、HSE 管理(health safety envirenment,健康、安全、环境三位一体的管理体系)、成本管理、现场监控、采购管理、合同管理及综合管理等内容。根据项目的不同管理模式,实现内部分工、内部分包、委托授权分工协作方式,不同的分工模式对应不同的业务流、信息流、审批流。并支持多级组织分解和 WBS(work breakdown structure,工作分解结构)任务分解。

(7) 电子商务一体化

通过系统建设,实现工程招投标、物资采购、合同管理、监造、物流跟踪、仓储管理、供应商管理、网上交易等。以数据为核心,通过应用和技术标准连接项目管理系统,实现工程现场"人(组织)、机械、物料、施工方法、环境"的管控融合,以系统集成化管理、数据互联互通、一体化服务为重心,构建管理、监控、生产及服务的互联互通电子商务。

(8) 综合与办公类一体化

通过门户网站建设、OA 系统办公,打通内外部信息协同。通过档案管理、知识管理实现业务信息的沉淀;通过业务系统的不断完善,借助决策管理系统,对集团内多业务、多项目进行管理控制和综合分析,为集团公司领导的决策提供辅助,实现卓越绩效管理。

3. 基于多技术融合的智慧工地平台

智慧工地是将 BIM、GIS、云技术、大数据、移动通信、物联网监测、远程视频监控等技术与建造技术深度融合的产物,是实现精益建造、绿色建造和生态建造的"数智建造"理念。智慧工地平台,是依托物联网、移动互联网、云计算、人工智能、大数据等信息技术建立的大数据集成平台,围绕工地现场的人、机械、物料、法规、环境等生产要素,实现施工现场管理在线、工具在线、工艺在线,通过数据全方位加工和应用,以达到提升现场监督能力、提高管理效率、降低劳动强度的目的。天津津港建设有限公司目前已拥有智慧工地平台,可利用闸机、监控、数字化识别技术等对施工现场进行实时监控，取得了一定的应用成果。智慧工地平台可划分为3个层级：现场应用层、数据处理层、数据展示层。

（1）现场应用层

充分利用物联网、移动互联网技术提高施工现场管控能力，一是通过RFID、传感器、摄像头、手持设备等智能终端，以采集、存储、传输、分析、发布等数据信息功能为基础，实现对项目建设过程的实时监控、智能感知、数据采集和高效协同，提高作业现场的管理能力，包括视频监控、智能安全帽、手持终端、瓦斯监测、盾构预警、塔吊监控、深基坑监测、隧道预警、环境监测、地磅秤重等。二是通过第三方系统，包括劳务管理平台、质量安全管理系统、进度管理系统、BIM管理平台等在施工现场各业务环节、不同业务场景的应用，实现对施工现场的人员、设备、物资、进度、质量、安全、成本等要素的全面控制。

（2）数据处理层

智慧工地数据处理层是应用数据驱动业务的基础，汇聚项目全生命周期、全要素、全参与方、全域数据业务管理活动，展现项目全貌和运行状态，与现场应用层实现交互，提升业务管理的智能化。

（3）数据展示层

智慧工地数据展示层是将集成的各类应用数据，利用大数据分析能力，根据不同的管理要求，以图形化、表格化的方式呈现，形成企业级、项目级看板，实现现场管理可视化和智能化，工程项目资源优化配置，以及工程项目智能决策与服务。

8.2.2 中期阶段：业务拓新

1. 数字化支持企业价值链业务结构创新

只有企业建立了与全过程工程咨询服务相匹配的产品、组织、人才、服务、管控等体系，才能突破传统建筑企业局限于施工阶段服务的瓶颈，借助企业构建的产业链实现业务模式向前向后的多方面延伸，从而实现全过程工程咨询业务转型。

施工企业可以选择改变业务结构以获取综合竞争优势。传统建筑施工企业的业务多处于价值链低利润区“项目施工”上。以价值链维度来看，提升企业整体利润的有效手段是强化发展高利润业务，逐步弱化或摆脱低利润业务。在建筑施工企业所处的价值链上，策划、设计、采购、施工、运营和维护等业务存在明显的协同效应。在施工总承包、运营等业务领域，结合数字化的施工企业具有专业能力强、利润高、效率高等特点，通过施工业务与高价值业务协同，可以大幅提升项目的总体收益。

（1）数字化支持业务重组

企业可采用并购、重组、合作、外包等多种模式，拓展经营范围，广聚人才，加强服务的纵向深度和横向广度。数字化支持全业务在线协同与数据驱动，建筑施工企业通过数字化技术进行全面精准的业务分析，预测风险与收益，评估识别高价值业务，并以数据评估企业资源和能力能否支持向高价值业务扩展。

（2）数字化支持价值链业务协同

沿着价值链的业务模式选择，不是简单地获取规模效应，而是价值组合后的客户综合服务能力的提升。建筑施工企业通过数字化实现设计和施工业务的打通，设计和施工实现高效协同。由于设计和施工是同一家企业负责，设计时会考虑施工的难度、材料的使用、对质量和安全的影响等，通过设计优化缩减工期、降低费用，数字化赋予高效统筹规划和协同运作整个项目的能力。同时，数字化可以有效地解决设计与施工的衔接问题，减少采购与施工的中间环节，较好地解决施工方案中实用性、技术性、安全性之间的矛盾。由于工作范围和责任清晰，既能最大限度地发挥设计方和施工方优势，又能将原来协作带来的不确定性转化为确定性。

（3）数字化支持商业模式创新

在为建设方创造咨询价值的同时，以项目收益分成的方式，形成长期、稳定的现金流，享受咨询价值带来的项目长期效益。商业模式创新主要体现在收费模式、业务分成方面，不再依据国家规定的收费标准，而是更多地比拼实力、品牌、服务、人才的成本和收益空间。

2. 数据贯通奠定企业内外集成基础

建筑企业规模庞大，成员众多，产业结构复杂，施工环境艰苦，数据流通难度大，使得企业管理者难以及时、动态掌握各工程项目的运营信息，无法实时监控整个集团的运营状况、预测项目盈亏情况等。尤其当经历了数年信息化建设后，企业逐步形成了种类繁多的大型应用，但顶层设计缺失与信息化发展历史曲折等原因，造成了信息孤岛、碎片化应用等问题，成为建筑企业内部在信息化建设中的阵痛：每个应用系统都有自己的数据，与组织结构的实景相辅相成，逐步形成了信息孤岛。

因此，要想实现企业内外生态融合，建筑企业需要实现数据内部横向打通，纵向贯通；实现工程数据、管理数据和决策数据的贯通；实现数据在集团总部的同步，各层级之间的数据一致。从内部管理角度来看，建筑企业在组织结构上多为控股或全资子公司、分公司、项目经理部多组织属性并存，点多面广，需要从质量、安全、成本等多方位实现集团管控，通过信息化的手段，由原来事后分析，转变为事前预测、事中过程控制，体现业务发生的真实性、及时性，实现集约化管理。从外部环境来看，国家也会逐步加强对行业的监管，未来更需要在把好质量关、保证施工安全的基础之上达到控成本、要利润的目的，实现持续发展。具体内容如图 8-6 所示。

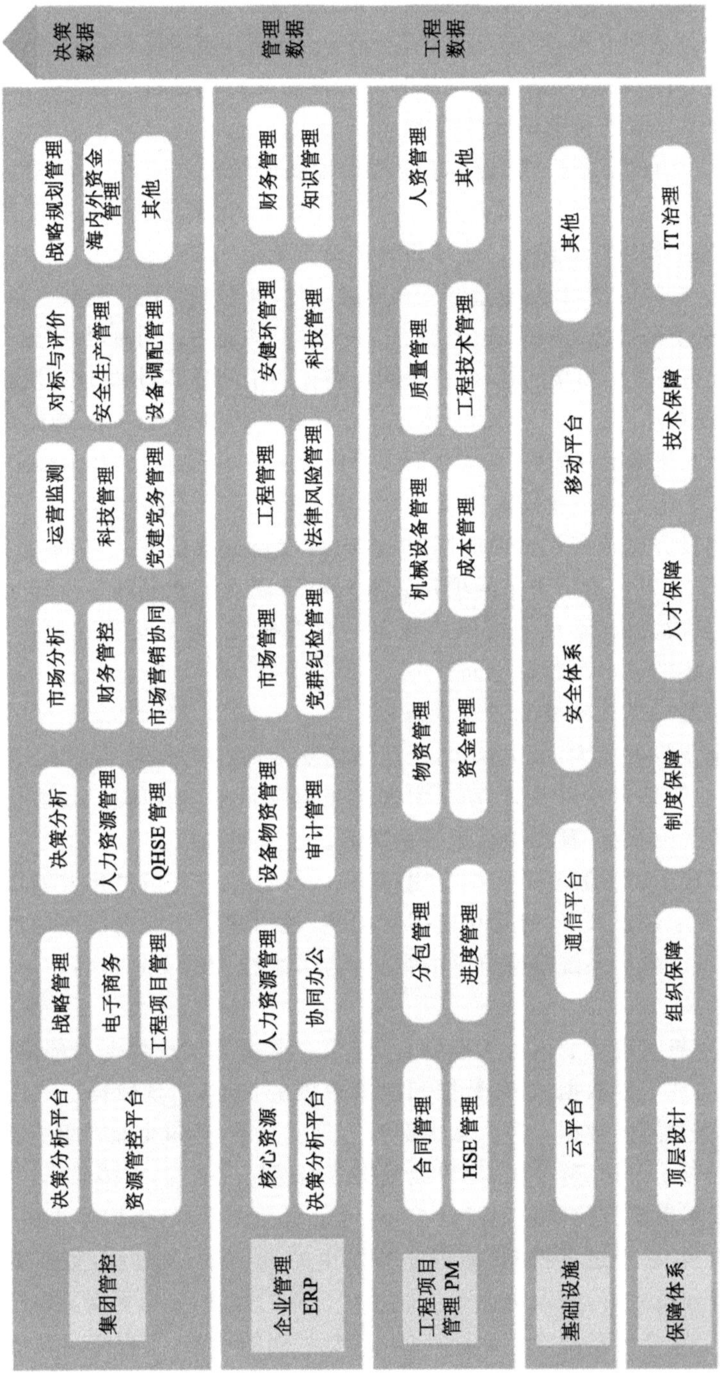

图 8-6 企业数据资源体系

建筑企业对数据认知逐年加深，通过深度挖掘数据价值，融合内部系统，建立了统一高效、互联互通、安全可靠的数据资源体系。同时应加快推进设计数据、工程数据、经营数据、市场数据、合作伙伴数据、竞争数据等数据资源建设，全面推进优化设计、成本管控、报价分析、精准建造等重点领域大数据的高效采集工作并加以有效整合、安全利用；深化内外部数据、产业链数据的关联分析、融合利用，提高全球市场态势把控、价值链效率监管、生态圈治理和共享服务的精准性和有效性。

建筑企业数据点多面广，不仅包括企业内部的各种数据，还包括企业外部可供选择和集成的各种数据，海量数据需要高速有效传输和流通，因此尤其需要在纵向上贯通，在横向上打通。数据纵向贯通是一个逐级传递的过程，既有项目部向分/子公司、集团总部的信息归集、抽取过程，也有集团公司向分/子公司、项目部分发数据的过程。数据横向贯通是数据纵向集成的基础，即在各层级之间实现内部数据横向打通，需将企业信息系统进行融合，将原有破碎割裂的信息进行整合，实现数据与业务流程高度吻合，打通数据通道，实现跨部门、跨企业、跨行业数据资源共享共用。通过实现企业内生态融合，数据实现贯通，为公司及各企业提供各种运营分析报表，形成具有竞争力的知识数据服务体系，为建筑企业的各业务板块提供数据分析服务，为管理层快速、准确决策提供及时可靠的数据支撑，提高建筑企业的决策与执行效率，提升经营管理能力。

（1）企业内部数据纵向贯通

企业内部组织集成的总体目标是使企业在信息技术支持下，开发集成产品，进行集成服务，提高企业集成度。它是以实现包括数据集成、产品集成和业务集成在内的全方位多维度企业组织内部集成。数据集成是企业内部和企业之间集成的基础，依靠互联网企业建立行业数据库，实现自身数据的实时更新反馈，以及数据驱动管理的集成化；产品集成主要有集成化设计产品、集成化管理系统等，如在设计阶段，打造以 BIM 为核心的设计集成化软件，其中包括各专业设计集成与各阶段信息集成；业务集成使各企业的服务链拉长，从全生命周期入手，发挥企业的最大价值，如总承包单位将自己的服务链延伸至设计乃至决策，提早参与到项目中，减少施工中设计、信息交流问题。

（2）企业之间数据横向打通

供应链组织集成的一个核心内容是企业之间的战略性合作。企业与供应商通过共享数据资源的方式建立协作供应机制。

数据是企业之间集成的基础，企业之间信息共享，建立良好的伙伴关系，采取订单模式，快速捕捉市场信息并在整个供应链范围内进行反馈，达到同步化。因此，对于企业之间的集成，需要满足以下条件：首先，信息共享是供应链中企业之间集成的前提，第一时间获得合作企业的需求信息，能够使本企业主动采取措施提供优质服务,必然使合作方的满意度大为提高,从而建立起相互的信任关系。其次,核心企业选择少而精的几个供应商并与之建立良好的合作关系,有利于供应链的稳定和建立快速的市场反应机制,例如 BIM 设计单位可与施工企业建立长期合作关系,以保证设计施工的信任协作;而业主也可选择物业企业作为长期合作对象,保证服务质量的同时可降低成本,实现双赢。最后,采用并行工程的订单模式,在装配式构件生产和安装中建立互信机制,建立标准化产品库,施工企业根据需要向构件工厂下达订单,构件工厂按时按需供货,保证工程顺利进行。

3. 企业供应链业务重构

建筑施工企业供应链是指工程建造过程中,施工企业与劳务、专业、机械等多个分包商共同协作而建立的供需链结构。传统的供应商存在着管理粗放、成本高、工程质量不达标等问题。施工企业在供应链方向上的优化和重构,有利于企业聚焦项目管理,提高供应链效率和应变能力,促进生产关系实现重大突破。智能建造生命周期包含 4 个阶段:决策阶段、设计阶段、施工阶段和运维阶段,各个阶段都有着自己的核心企业供应链。以网络数据建设为基础,以设计施工运营一体化为前提,实现集成系统中企业业务流程动态调整、信息高效传递、运行体系有效运转。企业供应链集成是在企业内部与企业之间集成基础上,推进智能建造在各个阶段上子产业供应链的集成,依靠数据信息在各个阶段的双向闭环传递打通各个阶段的壁垒,实现建设各阶段的数据实时更新、信息共享共建和业务协同,与内外部生态合作伙伴共同探索,形成融合、共生、互补、互利的合作模式和商业模式,推动供应链金融、网络化协同、个性化定制、服务化延伸等新模式,形成跨界融合的数字化产业生态。具体内容见表 8-6。

表 8-6 子产业集成发展阶段

建设阶段	10 年战略	15 年战略
决策阶段	前置介入项目决策的时间: 1. 设计、施工方一起参与到决策中,形成设计施工一体化的组织模式,基于施工工艺的可行性进行工程设计,可保证项目的可实施性,减少工程变更; 2. 运营方以顾问的角色介入决策中,站在顾客角度建造出更加满足客户需求的产品	围绕智能设备集成服务商打通上中下游各相关企业。供应链上游是硬件供应厂商,包括传感器、智能算法等,以芯片制造为核心,为智能设备提供硬件支持;中游以智能设备集成服务商为主,包括了智慧运维设备供应商、智能家居产品供应商及集成系统服务商等等,智能设备的布设是实现智能化运维的基础;下游主要是面向消费者的服务型企业,包括专业物业和地产物业管理企业

表 8-6(续)

建设阶段	10 年战略	15 年战略
设计阶段	以 BIM 技术的应用为核心，围绕 BIM 设计企业及上下游相关企业进行集成。一是设计专业集成，统筹建筑结构、机电设备、部品部件、装配施工和装饰装修设计等一体化，在 BIM 模型中承载所有的专业设计信息；二是数据集成，建立建筑信息的综合数据库，支持建筑全生命周期的信息共享和集成管理；三是服务集成，不仅在设计阶段提供专业服务，更多参与到前期的咨询策划工作，从项目咨询、可行性研究、勘察、设计到建造阶段提供全产业链集成化数据信息服务，从源头打通数据壁垒	围绕中游集成设计服务企业，将供应链上中下游企业集成。上游包括设计软件和智能设计云平台供应商；中游以集成设计服务企业为主，提供建筑、结构、管线、可视化设计等服务，同时也参与到前期的咨询工作与实施阶段的数据、信息管理服务等，包括建筑智能设计咨询单位、BIM 设计企业等，是实现整个集成组织的前期保障；下游是面向设计的应用类企业，包括施工单位(含总包、装配式企业)和建设单位
施工阶段	1. 运用建筑大数据平台，各参与方不断进行建设数据更新共享，减少各种冲突以及协调工作量； 2. 在各个环节中推进工艺流程数字化和建筑机器化，改变传统施工方式，实现生产施工的智能高效	围绕装配式工厂，集成上中下游企业。供应链上游是建筑材料设备供应商，包括新型建筑材料和机械设备；中游是装配式工厂，包括预制构件及装修部件供应商，在工厂中通过标准化、机械化方式加工生产预制的部品部件，还为施工单位提供装配式技术咨询服务，推动装配式建造的使用；下游是装配式施工单位，包括装配式主体和内装 2 个板块，实现整个建筑产品标准化、模块化构件组装
运维阶段	1. 依靠前期数据资料进行分析，并将产生的大量用户信息进行有效存储和挖掘； 2. 运维数据反馈到决策、施工中，指导下一个工程建设，建立数据知识的迭代更新机制	集成以信息管理软件开发商企业为核心的上中下游企业。供应链上游是信息技术供应商，包括云计算、物联网、人工智能等底层基础技术，技术的研发是实现行业信息化应用的基础；中游是信息管理软件开发企业，依托于上游的基础技术进行智慧建造相关软件平台开发，包括企业信息管理的软件和大数据应用软件，服务于企业自身的建筑数据信息管控；下游是关于信息化智能应用类企业，包括智能应用供应商和信息化集成企业，为智能建造全生命周期提供集成信息服务

(1) 资源由分散采购向集中采购转变

项目分散采购是建筑施工企业目前广泛采用的采购方式，这种方式灵活，供应商大多为本地企业，反应快速、发货补货及时，但由于大多数供应商为临时招募，专业能力参差不齐，材料和施工质量难以保证。因此，一些施工企业开始采用集采方式采购物资，集采的优势是可以规范采购管理流程，创造阳光采购环境，实现降本增效。

数字化对集采业务的支持，能够实现从寻源到支付的全链条、闭环的采购全业务的在线化，达到供需双方全程线上协同、业务全过程可追溯、可跟踪，提高采购效率，加强供应链风险管控，提升履约能力。借助数据积累和挖掘，建立供应商准入和退出机制；统一管理企业采购相关资源，如供应商资源库、物料库、标准库、价格库、评标专家库等；逐渐形成平台聚集效应，逐步筛选出优质供应商，建立稳定、高效的供应体系。

(2) 形成资源供应市场和产业联盟

随着在线合作的供应链伙伴越来越多，数字化资源集聚效应逐步形成。在材料分包、专业分包、劳务分包、服务分包等细分领域，都将形成高质量、专业化合作伙伴队伍集群。此时的数字化服务帮助企业不断完善供应链评估机制，智能优选出优质供应商，而优质供应商也将获得优质的项目资源，其专业能力和项目交付能力建设也将得到增强，促使供应商队伍的产业化。在此基础上，数字化的集采平台将吸引更多的建筑施工企业和供应商入驻，建筑施工企业和供应商之间将形成稳定的产业联盟，这将重新定义资源获取和配置方式。

(3) 设计数据向施工流转，建立紧密合作关系

构件供应商应该调整生产策略，从目前的定制构配件向“预制”转化，从而实现建筑工业化的规模化发展以及产业链的良性运行。随着建筑工业化在国内的不断发展，如何提高构件供应商“预制”的能力也显得十分重要。因此，构件供应商应提高自身的研发能力，加强生产环节、运输环节向着自动化、机械化方向发展。政府也应出台相应的激励政策来保证构件供应商有足够的研发资金。

4.“五化”并行推动企业由生产型向服务型转型

建筑施工企业服务升级，是指施工企业借助数字化手段，提供面向工程建造活动的生产性服务，探索“产品＋服务”的新业态，推进建造业务服务化。传统建筑施工企业业务模式单一，盈利能力有限，但积累了丰富的建造经验、具有强大的技术能力和专业能力，利用数字技术可以将这些沉淀的能力服务化，以服务产品的形式提供给产业链上下游的合作伙伴，创造一种高利润的新型建造模式。

建筑施工将施工业务能力解构并提炼成各项服务，以数字化服务的形式，对企业的生产力和生产关系进行革命性创新。建造前提供数字模拟服务，如设计过程中提供模拟生产服务；建造过程中提供模拟建造及项目管理数字化服务；为工业化建造提供数字生产及管理服务；运营阶段提供数字运营服务等。以数字

化服务能力推动施工企业由生产型企业向服务型企业转型。

数字化服务的分类大致有以下 3 种：

① 数字服务仍作为工具，服务单项业务和管理。在数字化转型初期，数字服务作为企业内部的管理和业务支持工具，仍将长期存在，在作业效率提升、流程优化、提供决策支持等方面继续发挥作用。

② 数字服务本身成为商品，围绕工程项目提供服务。在这个阶段，企业逐渐将成熟的数字化服务解构，形成适应各种业务场景的多个数字化服务工具，便于产业链伙伴用户按需购买使用。业务协同服务方面，提供给分包商项目采购信息的寻源服务，提供交易协同服务、对账服务、数据分析服务等。例如在 BIM 数字化服务中，以 BIM 为中心形成“族库”并将之作为标准化，可指导所有项目施工的 BIM 应用，建立基于 BIM 的全过程、全专业建设方案库，包含模板工程、钢筋工程等施工组织设计和专项施工方案，在云端提供培训课程、施工技术培训服务等。施工企业从为自身的产业伙伴服务，逐步转向为行业提供服务，数字服务不再只是工具，而是可以交易的商品，形成新的数字化商业模式。

③ 数字服务连接生态伙伴，形成数字建筑平台。企业提供的服务越来越多，覆盖的业务领域越来越广，施工企业着手打造数字经济，围绕施工企业所在的产业，在一定的时间和业务范围内聚集各种机构或企业实体，通过数字化连接和生态契约，聚焦多业务、全专业、全要素构建服务网络，以数字化连接策划、设计、采购、施工、运营维护等价值链上的行业资源，聚集行业优质的服务产品或帮助伙伴产品进行数字化改造，转换为可交付的服务产品，在线上完成一站式闭环业务。

在稳固企业现有业务的基础上，拓展项目管理、前期设计、工程代建、工程咨询、造价咨询、政府采购、招标代理等综合性服务，将单一品种的施工企业发展成为具有多种经营资质的综合性企业，可提供贯穿建设工程全生命周期“全产品”服务链的企业，实现产品要素与全过程工程咨询的需求高度重叠一致。与此同时，在面对新一轮的竞争中，应提升服务配套质量，以业主需求为导向，推进“五化”并行，为业主提供高附加值的咨询服务，如图 8-7 所示。

(1) 服务内容客制化

工程咨询公司以前主要以项目管理服务为核心业务，以工程设计、工程咨询、前期手续咨询为基础业务，以全过程项目管理咨询服务和设计施工总承包为支撑业务，从事全资质全过程服务的工程项目管理咨询服务工作。近年来随着国家实行简政放权，采取项目备案制，编制审批报告的需求大幅减少。在这种情况下，工程咨询公司需要提升服务质量，为客户提供精细化、定制化的咨询服务，应从原来的形式咨询向实质咨询转变。目前市场上已经出现了项目管理、第三方安全巡查、第三方监督及 TIS(technical inspection service，工程质量风险管理

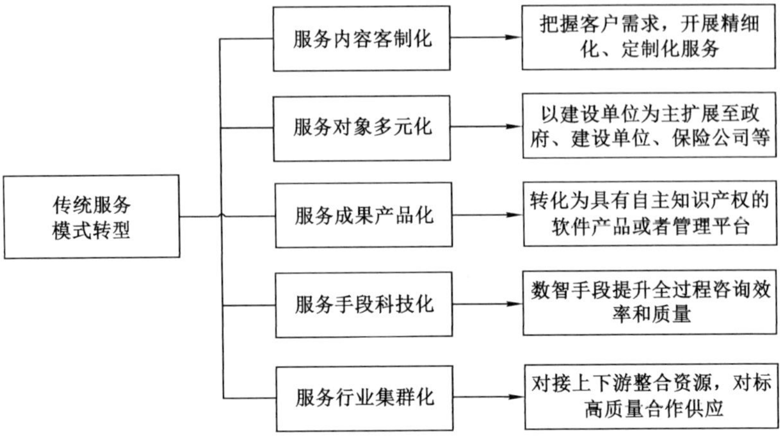

图 8-7 “五化”发展图

机构）等以客户需求为导向的新型业务。天津津港建设有限公司在朝着全过程咨询方向发展转型的同时，也需要积极整合内外部资源，特别是强化上下游企业的合作，通过合作积极提升在项目前期及勘察设计阶段的咨询服务能力，用市场换技术，实现服务内容客制化。具体见表 8-7。

表 8-7 服务内容客制化转型维度

服务创新维度	具体说明
服务组合模式	推出“1＋X”菜单式按需组合服务产品
风险防控管理	项目决策阶段介入，帮助客户做好风险防控
智库体系建设	进行政策研究，提供政策咨询

① 随着客户需求的变化，对各阶段服务内容进行有效整合，实现从单一管理服务向多项服务组合模式的转变。如提供“设计＋造价＋监理＋项目管理”的“四位一体”服务、“设计＋全过程代建”、“监理＋代建”、“设计监理＋施工监理”等一系列量身定制、按需组合的服务。

② 通过数字化技术手段提升售后服务，提升客户体验和满意度，可通过提前介入项目，在项目决策阶段进入，以帮助客户更好地进行风险防控，针对每个项目为客户提出具有前瞻性、战略高度、科学并有价值的咨询服务，提供能够解决实际问题和决策问题的咨询报告。

③ 智库体系中既包括政府公共研究机构，也可以包括私营研究机构，天津津港建设有限公司已经有多年工程咨询服务经验，未来的发展应该更多向政策

研究、智库建设领域发展，为地方政府提供政策咨询，专题性研究咨询服务，不再局限于工程咨询的传统领域，而是向高端智库方向发展。

（2）服务对象多元化

目前咨询企业的服务对象主要是建设单位，为了开拓更广阔的市场，需要挖掘更多样化的客户需求，见表 8-8。

表 8-8　服务对象多元化转型维度

机构名称	转型方向
建设单位	全过程咨询
政府机构	环境评估、社会风险评估
监督机构	质量安全检查
保险公司	工程质量风险评估
施工企业	项目管理
监理企业	部分专业的咨询

（3）服务产品成果化

服务产品成果化是提升咨询服务收入的有效手段，将工程企业的咨询服务能力转化为具有自主知识产权的软件产品或者管理平台，再辅之以少量的人员为客户提供技术支持和产品维护。为实现该目标，需要有效整合内外部产业链条上各个合作方的数据，如产品设计数据、供应商的原材料数据、物流数据、生产建造过程中各类传感器产生的数据，以及安全巡检记录等数据。这些数据有结构化的也有非结构化的，如何统一接入并上传至云，然后进行数据建模与分析，目前尚待解决。其具体内容见表 8-9。

表 8-9　服务产品成果化转型维度

产品输出阶段	10 年转型成果	15 年转型成果
设计阶段	1. 将设计知识、管理要求等按专业、岗位、职级、业务类型等不同维度进行管理，同时挖掘和收集外部、团队和个人的隐性知识，形成优秀经验库。 2. 将设计所需的标准规范、设计标准、设计方案、个人经验等非结构化数据进行结构化处理，通过 CAD 插件、被动检索、主动推送等方式，多维度展示各类知识，供设计师参考和使用，提高设计效率，提升设计质量	通过产品立项模拟，使用历史的客户消费数据、产品销售数据等进行产品销售仿真模拟，并构建研发人员资质能力图谱，以帮助产品研发的持续改进

表 8-9(续)

产品输出阶段	10年转型成果	15年转型成果
采购阶段	1. 利用数字化知识管理系统，对企业业务数据、知识进行统一管理，达到业务、信息、知识数据融合统一。 2. 全面构建市场管理、营销人员的数据库，并进行数据分析，辅助市场人员有针对性地进行投标	进行原材料采购预测、材料质量预测、原料价格预测等，提升采购效率与精准度
建造阶段	1. 建立项目指引地图，通过项目全生命周期管理，聚合项目各个阶段的知识，形成项目标准化模板与范例。 2. 项目推进过程中，动态展示项目各阶段任务，以及相关标准模板，提升项目管理水平。 3. 对优秀项目数据进行结构化、碎片化处理，实现项目地图、项目知识图谱，增强品牌与服务能力的综合展示	—
运维阶段	将数字化交付模型和核心信息纳入运营管理系统，实现全过程数字化管理，形成企业知识管理的积累、更新、迭代，形成基于数据的决策支持、精益管控和价值挖掘，持续提升企业全过程工程咨询服务效率和服务价值	1. 通过对产品内容、产品维修记录数据进行分析，提升产品维修效率，提高客户满意度。 2. 通过对舆情的分析，以及进行备品备件的预防性服务，努力消除负面影响，提升产品品牌影响力

(4) 服务手段科技化

以大数据平台和BIM综合管控平台为基础，以大数据、互联网、无人机、人工智能等技术为支撑，从管理职能(决策、组织、协调)、业务阶段(决策、设计、施工、运维)和业务要素(总体策划、前期咨询、设计管理、项目管理、组织协调)构建全过程工程咨询数字化协同管理平台，并与企业人力、运营等系统对接，分别建立各子系统业务模块的数字化工作流程，开展全过程咨询数字化服务。

(5) 服务行业集群化

行业集群化策略强调了企业和其他相关的企业、机构甚至是竞争企业，在资源、能力互补的条件下形成集群效应，该策略可弥补各个成员的相对短板，发挥各自优势，提升集群的议价能力。一方面，与国内上下游企业建立战略合作，如设计院、房产公司、信息安防企业、建筑信息化公司、保险公司以及施工单位、监理企业等；另一方面，与同行企业建立企业战略联盟，共同促进行业发展，合作的过程中，对标国际、实现高质量发展，促进企业健康发展。

8.2.3　长期阶段：产业链全面创新

1. 数据驱动产业链生态共赢

建筑企业产业链包含5种业务形态：规划设计、勘测设计、建筑施工、采购、运营维护。这5种形态的业务由政府、建筑单位、设计单位、中介公司、高等院校、服务公司等单位分别完成，在传统的行业里各单位是有边界的，每个单位都围绕自己的组织利益开展工作。但在数字化时代形成了新的生态圈，生态圈中各成员单位都围绕着一个共同的项目目标来开展工作。随着"互联网＋"、大数据、BIM技术、电子商务平台的应用，以及互联网金融服务等技术及模式越来越成熟，新生态圈正在逐渐完善。建筑企业在充分整合内部资源的同时，应适度拓展上下游业务，提升全产业链一体化的核心能力，将各参与方连接成为一个整体的链状形式，实现产业链共赢。如图8-8所示。

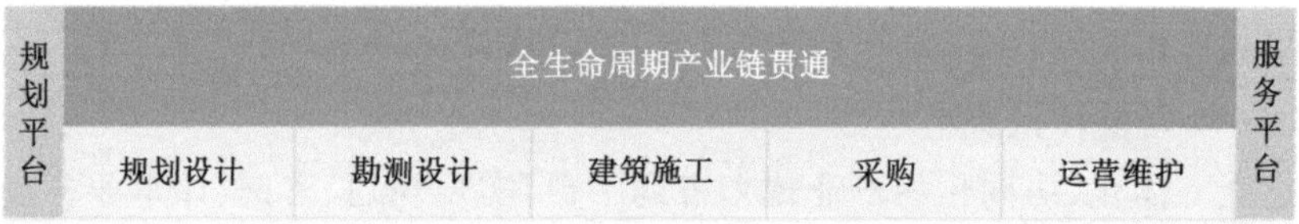

图8-8　建筑企业产业链

在数字时代，整个产业链需要依托信息技术加强各参与方解决方案的制定和优化能力，加强对风险进行全面分析的能力，加强产业链内配置人、财、物的管理能力，围绕产业策划、规划咨询、设计、采购、施工、调试、运营服务的全生命周期，整合产业链数据资源，把人、过程和信息有效地集成在一起，促使各个利益相关者之间进行风险的分摊和利益的分配，实现产业链的生态共赢。

产业链的生态共赢就是将建筑全过程各个环节集成到产业链中，实现建筑的生产建设、供给服务等一体化的产业组织模式。产业链的生态共赢实施首先要借助先进的技术手段、先进的管理理念、现代化的产业组织原理和工业化的生产方式，对建筑建设模式进行全面的改造升级，打造可持续的产业链集成模式，最终实现整个产业链的转型升级和规模效益最大化。这期间，通过信息系统的建设能够实现工程数据在产业链中的高效传递和共享，促进整个产业链的贯通，加强全产业链集成和整体解决方案服务能力的提升，提升产业链上下游的协同运营能力。对内实现全业务数据和流程集成，实现数据共享，优化资源配置，提升决策支持以及数据交换的能力，为企业的市场竞争和经营决策提供有力支持；对外从生态圈共赢和产业价值链整体效益最大化的角度，坚持开放协作的原则加强信息化建设。

产业链节点企业的无缝搭接实现了上下游产业活动，以及协同产业的集成化和一体化经营。围绕数据贯通的理念，打造工程全生命周期平台，增强过程数据全面管控与赋能增值，提升各业态全产业链的管控、集成与贯通。通过打通各类业态的信息系统，实现全产业链的数据贯通，最终实现产业链共赢。

建筑产业现代化产业链向前延伸可以到投资管理、规模设计、构建生产、建筑施工，向后延伸可以到运维管理、咨询服务，向外延伸可以到金融、化工、建材产业。所以它既是一个产业链，又是一个跨第二、三产业的产业群。产业链实现融会贯通，首先以各板块信息系统建设为前提，具体如下：

(1) 投资板块

投资业态可通过投资分析平台，收集国内外行业数据信息，进行动态分析、预测，提升公司的投资分析能力，动态掌控投资计划执行情况，强化投资管控，系统收集和分析相关信息，为后续投资行为提供指导。

(2) 规划设计板块

建立一体化、协同化的产业规划咨询平台，实现规划、咨询、评审业务规范化和精细化管理。通过 BIM 技术在工程设计、采购、施工、运营工程全生命周期中的应用，支持勘测设计施工一体化的信息集成与共享功能。

(3) 施工板块

建立项目管理周期全业务信息系统，即以提升企业管理层决策能力为目标，加强工程项目管理为重点，推行财务业务资金一体化为核心，履行工程施工总承包合同为主线，提升企业盈利能力为中心，全方位实现企业经营管理水平快速持续提升的信息系统。

(4) 采购板块

通过“互联网＋集中采购”新模式，为产业链提供专业的集中采购服务。

(5) 金融板块

推动“互联网＋金融”技术在金融业务信息系统的应用，通过互联网金融业态和互联网金融服务系统建设，实现金融服务、产业投资、资本运作，以服务支撑公司“互联网＋”业务，构建架构合理、功能完备、方便快捷和安全可靠的综合金融服务信息平台，最大限度地实现产业链金融信息资源共享，提供一站式综合金融服务。

建筑产业链是建筑产业现代化参与主体通过生产建设过程形成相互协作的联动作业模式，将产业链节点企业化及各协同单元连接成一个有机的整体。目前，建筑产业链可以依靠信息技术等实现产业链节点的控制以及产业化建造项目的模块化建设，实现项目生产建设过程成组化推进，实现了产品实体模块和流程的有效控制、分解和优化。先进的信息平台支撑也为建筑产业现代化的产业链节点企业提供了大范围协作的效率保证，更能实现跨地区、跨领域的大范围信息集成，提高产业化建设管理运营的效率。

2. 全产业链条的供应链服务模式

数字化时代，建筑企业面临着转型，技术的升级迭代以及管理思维的快速变革，颠覆了传统产业组织方式和商业模式。构筑全产业链的供应链服务模式，包含模式创新、技术创新、业务创新、生态创新等为内核的融合创新。

（1）模式创新

模式创新是个动态的过程。集中分析管理海量数据，能够实现信息之间的快速传递，加快信息的交流速度与传递速度，使企业能在最短的时间内准确应对市场环境的变化。对于企业决策层而言，大数据时代下创新企业管理模式，有利于信息之间的传递与交流。通过数字化平台，将企业所有项目的生产情况纳入实时动态监控范围，在整个企业范围内实现资源的有效配置和整合。

（2）技术创新

大数据为企业的技术创新创造了条件，为企业的发展带来了机遇。企业技术创新是一项复杂的、持续时间长的系统工程，它要求企业有较强的技术创新能力。因此，技术创新资源的获取和运用至关重要。数字化时代，企业技术创新的资源更多来自海量复杂的大数据中所获取的知识，大数据和由此产生的知识成为技术创新的推动力。企业要完成技术创新就需要将各种各样的大数据资源进行融合并综合利用，从而获取技术创新所需要的知识。

对于建筑企业而言，大数据、VR、人工智能、物联网等技术的应用，将逐步改变设计生产方式，优化建筑设计。综合应用大数据、云计算、图像识别技术等信息技术，可以与施工技术深度融合集成，对施工现场、安全生产、工程质量等进行实时掌控。例如通过“大数据＋物联网”技术，可以对建筑企业从业人员进行信息采集、分析和应用，提升劳务管理水平；在施工现场，可以对现场安全生产进行把控，降低安全风险。

此外，建筑企业通过利用云部署和扩展能力，集成人工智能、BIM 技术、物联网技术、移动互联网等技术，可以进一步提升企业数据资源的采集能力，并通过深入分析提升数据资源利用水平，为建筑业技术升级提供支撑。

（3）业务创新

数字技术的深入应用，不仅对工程项目的设计、生产、采购、施工、运维等全生命周期价值链的环节进行革新，还将拓展到全产业链上下游的各个环节。建筑业上下游企业可以在一个集成平台上进行相互协同，让建筑业原本分散的各个要素之间建立关系、产生关联，并进行产业链上下游的整合，形成产业互联格局。

同时，依托大数据技术，打破建筑业供应链个体间的壁垒，让企业与企业、企业与金融机构、企业与政府监管部门等要素之间的数据流动和互通成为可能。以集成平台底层数据为信用载体，为建筑企业提供增值金融服务，再通过在供应链上沉淀数据，逐步形成大数据分析，为平台上的各方提供全方位的供应链大数据服务，最终形成“供应链＋生态圈”的创新业务模式。

（4）生态创新

互通、互联、共创将成为数字化时代建筑企业的发展方向与典型特征。相比传统的建筑产业链，产业互联网构建了更为完整、高效的生态圈。在互联开放的平台上，不仅有传统的设计、施工、运维、部品厂商，还有征信服务机构、金融机构、软硬件厂商，各方通过平台实现信息共享、充分协作和资源整合，打破了企业边界和区域边界的限制，催生产业生态的创新。

8.3 技术创新领域具体举措

基于公司的项目维度，确立企业数智建造技术创新领域转型的具体举措。如图 8-9 所示，将企业的数智建造技术创新维度转型划分为 3 个阶段，围绕数智建造的前沿技术，以数据为关键要素，通过技术赋能企业数智化转型，帮助企业实现可持续发展的目标。

8.3.1 近期阶段：深化技术应用

1. 深化 BIM 技术应用水平

（1）深化设计

天津津港建设有限公司可从以下几方面加强 BIM 技术在深化设计中的应用：现浇混凝土结构深化设计、装配式混凝土结构深化设计、钢结构深化设计、机电深化设计，见表 8-10。

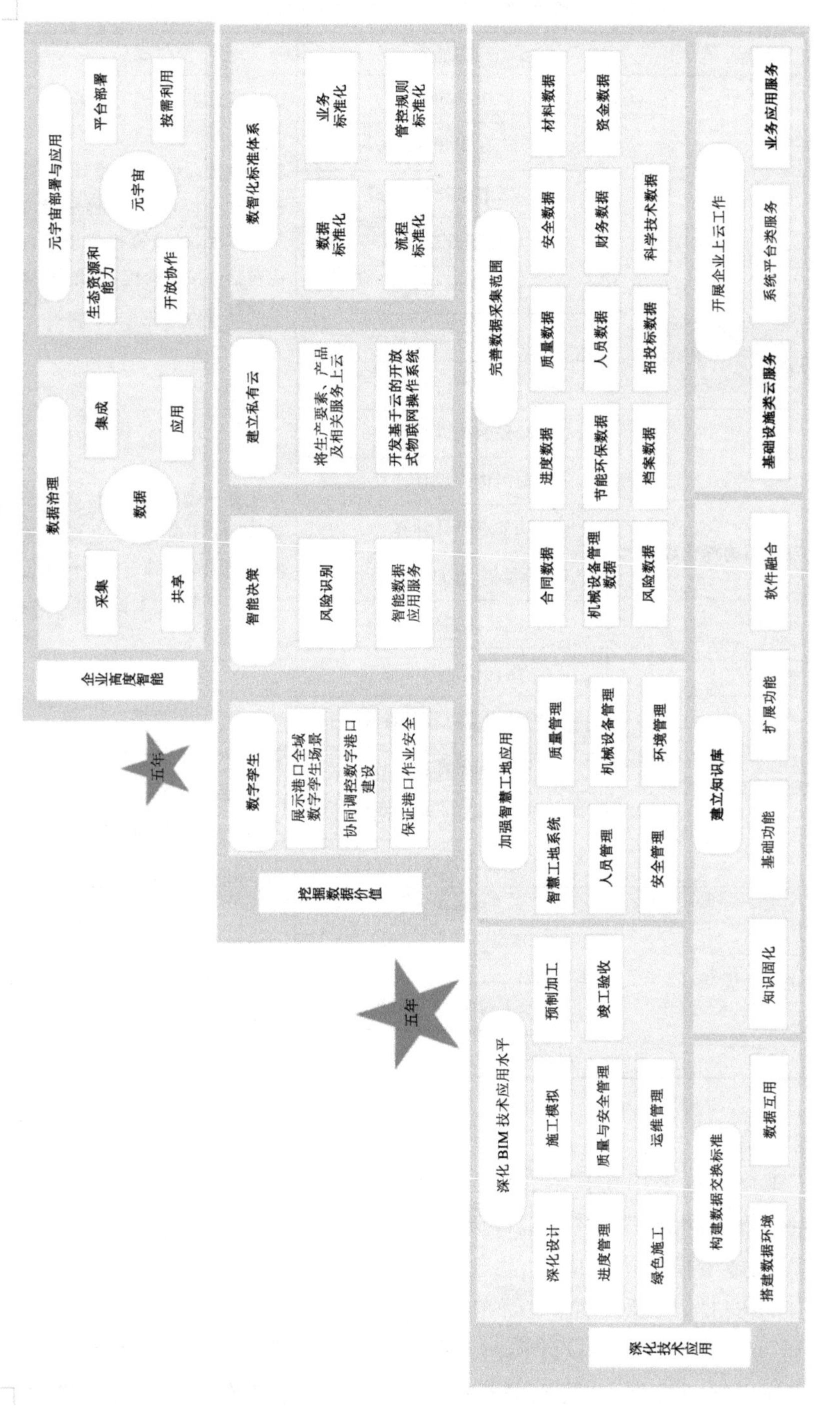

图 8-9　企业数智建造技术创新领域转型的具体举措

表 8-10　BIM 技术在深化设计中的应用

类型	功能	交付成果
现浇混凝土结构深化设计	二次结构设计	深化设计模型、深化设计图、碰撞检查分析报告、工程量清单等。其中，碰撞检查分析报告应包括碰撞点的位置、类型、修改建议等内容
	孔洞预留	
	节点设计	
	预埋件设计	
	模型的碰撞检查	
	砌块自动排布	
	深化设计图生成	
装配式混凝土结构深化设计	预制构件拆分	深化设计模型、碰撞检查分析报告、设计说明、平立面布置图，以及节点、预制构件深化设计图和计算书、工程量清单等
	预制构件设计计算	
	节点设计计算	
	预留洞、预埋件设计	
	模型的碰撞检查	
	深化设计图生成	
钢结构深化设计	钢结构节点设计计算	钢结构深化设计模型、平立面布置图、节点深化设计图、计算书及专业协调分析报告等
	钢结构零部件设计	
	预留孔洞、预埋件设计	
	深化设计图生成	
机电深化设计	管线综合	机电深化设计模型、机电深化设计图、碰撞检查分析报告、工程量清单等
	参数复核计算	
	支吊架选型及布置	
	与厂家产品对应的模型元素库	

(2) 施工模拟

当施工难度大或采用新技术、新工艺、新设备、新材料时，可应用 BIM 技术进行施工组织模拟和施工工艺模拟。天津津港建设有限公司可从以下几方面加强 BIM 技术在施工模拟中的应用：

① 在工序安排、资源配置、平面布置中应用 BIM 技术进行施工组织模拟，如表 8-11 所列。基于施工图设计模型或深化设计模型和施工图、施工组织设计文档等创建施工组织模型，并将工序安排、资源配置和平面布置等信息与模型关

联，输出施工进度、资源配置等计划，指导和支持模型、视频、说明文档等成果的制作与方案交底。

表 8-11　BIM 技术在施工组织模拟中的应用

功能	内容
工序安排模拟	根据施工内容、工艺选择及配套资源等，明确工序间的搭接、穿插等关系，优化项目工序安排
资源配置模拟	根据施工进度计划、合同信息以及各施工工艺对资源的需求等，优化资源配置计划
平面布置模拟	结合施工进度安排，优化各施工阶段的垂直运输机械布置、现场加工车间布置以及施工道路布置等

② 在土方工程、模板工程、临时支撑工程等过程中应用 BIM 技术进行施工工艺模拟，其功能如表 8-12 所列。基于施工组织模型和施工图创建施工工艺模型，并将施工工艺信息与模型关联，输出资源配置计划、施工进度计划等，指导模型创建、视频制作、文档编制和方案交底，BIM 技术在施工模拟中的应用总结见表 8-13。

表 8-12　BIM 技术在施工工艺模拟中的应用

功能	内容
土方工程施工工艺模拟	根据开挖量、开挖顺序、开挖机械数量安排、土方运输车辆运输能力、基坑支护类型及支撑等因素，优化土方工程施工工艺
模板工程施工工艺模拟	优化模板数量、类型，支撑系统数量、类型和间距，支设流程和定位，结构预埋件定位等
临时支撑工程施工工艺模拟	优化临时支撑位置、数量、类型、尺寸，并结合支撑布置顺序、换撑顺序、拆撑顺序
大型设备及构件安装工艺模拟	综合分析柱梁板墙、障碍物等因素，优化大型设备及构件进场时间点、吊装运输路径和预留孔洞等
复杂节点施工工艺模拟	优化节点各构件尺寸、各构件之间的连接方式和空间要求，以及节点施工顺序
垂直运输施工工艺模拟	综合分析运输需求、垂直运输机械的运输能力等因素，结合施工进度优化垂直运输组织计划

表 8-12(续)

功能	内容
脚手架施工工艺模拟	综合分析脚手架组合形式、搭设顺序、安全网架设、连墙杆搭设、场地障碍物、卸料平台与脚手架关系等因素,优化脚手架方案
预制构件拼装施工工艺模拟	综合分析连接件定位、拼装部件之间的连接方式、拼装工作空间要求以及拼装顺序等因素,检验预制构件加工精度

表 8-13　BIM 技术在施工模拟中的应用总结

类型	功能	交付成果
施工组织模拟	工作面区域模型划分	施工组织模型、施工模拟动画、虚拟漫游文件、施工组织优化报告等。施工组织优化报告应包括施工进度计划优化报告及资源配置优化报告等
	将施工进度计划及资源配置计划等相关信息与模型关联	
	进行空间冲突检查、时间冲突检查和净空检查等	
	对项目所有冲突进行完整记录	
	输出模拟报告以及相应的文档资料	
施工工艺模拟	将施工进度计划以及成本计划等相关信息与模型关联	施工工艺模型、施工模拟分析报告、可视化资料、必要的力学分析计算书或分析报告等。宜基于 BIM 技术应用交付成果,进行可视化展示或施工交底
	进行时间冲突和空间冲突检查	
	施工过程有关计算分析及设计	
	对项目所有冲突进行完整记录	
	输出模拟报告以及相应的可视化资料	

(3) 预制加工

BIM 技术在预制加工中的应用主要体现在混凝土预制构件生产、钢结构构件加工和机电产品加工。天津津港建设有限公司可从以下几方面加强 BIM 技术在预制加工中的应用(表 8-14):

表 8-14　BIM 技术在预制加工中的应用

类型	功能	交付成果
混凝土预制构件生产	创建、存储、读取混凝土预制构件库(建立混凝土预制构件编码体系和生产管理编码体系)	混凝土预制构件生产模型、加工图,以及构件生产相关文件
	钢筋进行翻样,生成钢筋下料文件及清单	
	记录、管理、展示加工生产和质检信息	
	输出仓储、运输及工程安装所需信息	

表 8-14(续)

类型	功能	交付成果
钢结构构件加工	对预制加工模型进行分批计划管理,结合加工厂加工能力形成排产计划,并反馈到预制加工模型中	钢结构构件加工模型、加工图,以及钢结构构件相关技术参数和安装要求等信息
	按批次从预制加工模型中获取零件信息,处理后形成排版套料文件,并生成物料追溯信息和材料采购计划	
	按工艺方案要求形成加工工艺文件和工位路线信息	
	将加工确认函、设计变更单、设计文件等管理图纸文件的版次、变更记录等,反馈到预制加工模型中	
	将数控代码等加工工艺参数按标准格式传输给数控加工设备;对构件生产和质量验收阶段形成的生产进度信息、成本信息和质量追溯信息进行收集、整理,并反馈到预制加工模型中	
机电产品加工	建立模块数据库	机电产品加工模型、加工图,以及产品模块相关技术参数和安装要求等信息
	与数字化加工设备进行数据交换	
	支持基于模型的产品模块拆分、工艺设计、虚拟制造、预装配及其性能评价	
	记录和管理产品模块准备、数字化生产、产品物流运输和安装信息	
	设计信息和生产过程的可视化,产品加工的虚拟仿真,虚拟加工模块产品的装配仿真,以及虚拟加工过程中的人机协同作业等	

① 在混凝土预制构件工艺设计、构件生产、成品管理中应用 BIM 技术。BIM 技术应用在混凝土预制构件生产中,可基于深化设计模型和生产确认函、变更确认函、设计文件等创建混凝土预制构件生产模型,通过提取生产料单和编制排产计划形成资源配置计划和加工图,并在构件生产和质量验收阶段生成构件生产的进度、成本和质量追溯等信息。

② 在钢结构构件加工的技术工艺管理、材料管理、生产管理、质量管理、文档管理、成本管理、成品管理中应用 BIM 技术。BIM 技术应用在钢结构构件加工中,可基于深化设计模型和加工确认函、变更确认函、设计文件创建钢结构构件加工模型,基于专项加工方案和技术标准完成模型细部处理,基于材料采购计

划提取模型工程量，基于工厂设备加工能力、排产计划及工期和资源计划完成预制加工模型的批次划分，基于工艺指导书等资料编制工艺文件，并在构件生产和质量验收阶段形成构件生产的进度信息、成本信息和质量追溯信息。

③ 在机电产品加工的产品模块准备、产品加工、成品管理中应用 BIM 技术。BIM 技术应用在机电产品加工中，可基于深化设计模型和加工确认函、设计变更单、施工核定单、设计文件创建机电产品加工模型，基于专项加工方案和技术标准完成模型细部处理，基于材料采购计划提取模型工程量，基于工厂设备加工能力、排产计划及工期和资源计划完成预制加工模型的批次划分，基于工艺指导书等资料编制工艺文件，在构件生产和质量验收阶段形成构件生产的进度信息、成本信息和质量追溯信息。

值得注意的是，预制加工 BIM 软件应具备加工图生成功能，并支持常用数控加工、预制生产控制系统的数据格式，并且预制加工模型可以附加或关联条形码、电子标签等成品管理物联网标识信息。

(4) 进度管理

天津津港建设有限公司通过虚拟进度与实际进度对比实现对项目进度的合理控制与优化，加强 BIM 技术在进度管理中的应用。结合虚拟设计与施工、增强现实、三维激光扫描、施工监视及可视化中心等技术，实现可视化项目管理，对项目进度进行更有效地跟踪和控制。在选用的进度管理软件系统中输入实际进度信息后，通过实际进度与项目计划间的对比分析，发现二者之间的偏差，分析并指出项目中存在的潜在问题。对进度偏差进行调整以及更新目标计划，以达到多方平衡，实现进度管理的最终目的。

(5) 质量与安全管理

天津津港建设有限公司可从以下几方面加强 BIM 技术在质量与安全管理中的应用(表 8-15)：

表 8-15　BIM 技术在质量与安全管理中的应用

类型	功能	交付成果
质量管理	根据质量验收计划，生成质量验收检查点	质量管理模型、质量验收报告
	支持施工质量验收国家和地方标准	
	在相关模型元素上附加或关联质量验收信息、质量问题及其处置信息	
	支持基于模型的查询、浏览及显示质量验收、质量问题及其处置信息	
	输出质量管理需要的信息	

表 8-15(续)

类型	功能	交付成果
安全管理	根据安全技术措施计划,识别安全风险源	安全管理模型及相关报告
	支持相应地方的施工安全资料规定	
	基于模型进行施工安全交底	
	附加或关联安全隐患、事故信息及安全检查信息	
	支持基于模型的查询、浏览和显示风险源、安全隐患及事故信息	
	输出安全管理需要的信息	

① 在质量管理中的质量验收计划、质量验收、质量问题处理、质量问题分析中应用 BIM 技术。BIM 技术应用在质量管理中,宜基于深化设计模型或预制加工模型创建质量管理模型,基于质量验收标准和施工资料标准确定质量验收计划,进行质量验收、质量问题处理、质量问题分析工作。

② 在安全管理中的技术措施制定、实施方案策划、实施过程监控及动态管理、安全隐患分析及事故处理中应用 BIM 技术。BIM 技术应用在安全管理中,宜基于深化设计或预制加工等模型创建安全管理模型,基于安全管理标准确定安全技术措施计划,采取安全技术措施,处理安全隐患和事故,分析安全问题。

(6) 竣工验收

天津津港建设有限公司可利用 BIM 技术,将竣工预验收与竣工验收合格后形成的验收信息和资料附加或关联到模型中,形成竣工验收模型(表 8-16)。

表 8-16 BIM 技术在竣工验收中的应用

类型	功能
竣工验收	将验收信息和资料附加或关联到模型中
	基于模型查询、提取竣工验收所需的资料
	与工程实测数据对比

(7) 绿色施工

天津津港建设有限公司可从以下几方面加强 BIM 技术在绿色施工中的应用:

① 根据场地布置模型并建立机械设备数据库,对机械和设备进行能耗模拟,采用高性能、低噪声和低能耗的机械设备。

② 依据绿色施工方案建立的相关模型进行性能分析(能耗、光照模拟分析等),根据分析数据评价绿色施工中的资源节约指标。

③ 通过BIM技术深化设计减少材料损耗，如线材下料方式、面材及块材镶贴排版。利用相关软件进行计算与模拟排布，优化钢筋配料和钢构件下料方案，优化装饰装修深化方案，减少浪费。

④ 依据绿色施工方案，建立施工废水循环再利用模型、防尘喷洒管线模型等各类绿色施工模型，模型的精细程度应能指导现场施工。

⑤ 通过BIM技术进行自然采光和人工照明模拟，计算不同类型照明设备的用电量、采光系数、照度和亮度，精确量化项目绿色施工的资源节约数据。

⑥ 通过BIM技术进行能效分析，计算可再生能源(风能、太阳能)生产量、节能效益、减排量，指导项目绿色施工方案的选定。

⑦ 通过土方模型，制定土方平衡方案，并模拟推演挖填运输方案。

⑧ 通过BIM技术关联施工进度，选取时间段及部位，确定材料使用量，制定采购和使用计划，降低材料库存，减少材料浪费。

(8) 运维管理

天津津港建设有限公司可从以下几方面加强BIM技术在运维管理中的应用：

① 运营系统建设：

a. 构建运营模型。从竣工模型中导出或编辑形成运营模型，可针对运营需求对模型实施简化。

b. 开发运营系统。以建筑项目运营需求为主，开发运营管理系统，可以整体开发或基于建筑现阶段的建筑设备自控系统、消防系统、安防系统等，集成开发基于BIM技术的运营系统。

② 运行管理：

a. 日常巡检：利用建筑模型和设施设备及系统模型，制定设施设备日常巡检路线。结合楼宇设备自控系统及其他智能化系统，对楼宇设施设备进行计算机界面巡检，减少现场巡检频次，以降低楼宇运行的人力成本。

b. 维保管理：编制维保计划，利用建筑模型和设施设备及系统资产管理清册，结合楼宇实际运行需求制订楼宇建筑和设施设备及系统的维保计划；定期维修，利用建筑模型和设施设备及系统模型，结合设备供应使用说明及设备实际使用情况，按维保计划要求对设施设备进行维护保养，确保设施设备始终处于正常状态；报修管理，利用建筑模型和设施设备及系统模型，结合故障范围和情况，快速确定故障位置及故障原因，进而及时处理设备运行故障；维护更新设施设备数据，及时记录和更新建筑信息模型的运维计划、运维记录(如更新、损坏/老化、替换、保修等)、成本数据、厂商数据和设备功能等其他信息数据。

c. 突发事件处理：利用建筑模型和设施设备及系统模型，制定应急预案，开展模拟演练。当突发事件发生时，在建筑信息模型中直观显示事件发生位置，显示相关建筑和设备信息，并启动相应的应急预案，以控制事态发展，减少突发事件造成的直接和间接损失。

d. 能源管理：一方面，利用BIM技术作为能源管理的载体，实现智能照明、空调管理、楼宇自控信息集成，并通过二维码、射频识别等手段将设备信息集成在模型中；另一方面，利用建筑模型和设施设备及系统模型，结合楼宇计量系统及楼宇相关运行数据，生成按区域、楼层和房间划分的能耗数据，对能耗数据进行分析，发现高耗能位置和原因，并提出针对性的能效管理方案，降低建筑能耗。

e. 空间管理：空间规划，根据企业或组织业务发展，设置空间租赁或购买等空间信息，积累空间管理的各类信息，便于预期评估，制定满足未来发展需求的空间规划；空间分配，基于建筑信息模型对建筑空间进行合理分配，方便查看和统计各类空间信息，并动态记录分配信息，提高空间的利用率；人流管理，对人流密集的区域，实现人流检测和疏散可视化管理，保证区域安全。

f. 资产管理：利用运营模型数据，评估、改造和更新建筑资产的费用，建立维护和模型关联的资产数据库。

2. 加强智慧工地应用

(1) 智慧工地系统

天津津港建设有限公司可从以下几方面加强智慧工地系统建设：① 集成性建设，集成项目现场使用的物联网硬件设备、BIM技术应用以及各个应用子系统。② 可靠性建设，系统中各项指标之间相互衔接、协调一致，在规定的条件下和规定的时间内，具备不引起系统失效的能力。③ 开放性建设，采用国内外主流标准的硬件、软件、接口和协议，保证系统的兼容性、灵活性和可扩展性。④ 具有可伸缩性，应能够在管理的设施数目增加和用户数目增加的情况下，保持合理的性能。⑤ 体现可定制性，根据不同需求的变化进行个性化调整。⑥ 体现良好的交互性，具有视频、语音、物联网采集终端、人工输入等多种信息搜集方式，能够通过网站、邮件、App、短信等多种方式实时发布信息。⑦ 管理可视化，实现施工现场和工程进度的监管、物料管理以及统计分析结果的可视化，提供直观快捷的监管手段。

(2) 人员管理

天津津港建设有限公司可从以下几方面加强人员管理：

① 为施工人员提供诸如智能安全帽、智能安全带、智能安全鞋等具有佩戴自检等功能的个人安全防护用品以加强人员穿戴管理。

② 智慧工地平台增添人员实时动态跟踪、位置显示、报警管理、运动轨迹回放、人员轨迹图形化展示模块，采用智能定位技术对工地现场人员分布、人员密

度、人员行为等进行显示和分析。

③ 采用地图标注重点巡查区域、危险源区域，显示重点监控区域内人员位置、设备分布、状态以加强人员定位管理。

(3) 安全管理

天津津港建设有限公司可从以下几方面加强安全管理的建设：

① 采用虚拟现实、增强现实、混合现实、二维码、多媒体、网络在线等多种技术手段，实现对从业人员的安全教育与现场监控。

② 应用智能烟感、红外热成像智能摄像头、深基坑监测设备、塔式起重机及施工升降机智能控制设备、模板脚手架监测设备等安全管理智能化设备。

③ 对容易产生较大安全事故的危险空间进行危险空间安全管理，主要包括深基坑、模架、临边、有限空间等危险作业环境，对相关危险源数据进行实时监测、传输与提示。

(4) 质量管理

天津津港建设有限公司可从以下几方面加强质量管理：

① 在 BIM 中设置质量控制点，定期进行检验和监测，可包括下列内容：

a. 对施工质量有重要影响的关键质量特性、关键部位或重要影响因素。

b. 工艺上有严格要求，对下道工序的活动有重要影响的关键质量特性、部位。

c. 严重影响项目质量的材料质量和性能。

d. 影响下道工序质量的技术间歇时间。

e. 与施工质量密切相关的技术参数。

f. 容易出现质量通病的部位。

g. 重要工程材料、构配件和工程设备的关键质量控制要素。

h. 隐蔽工程、技术含量较高工程、施工难度较大工程质量检查与验收关键要素。

② 对涉及工程质量和工程主体结构的工程材料、机械设备的检查、取样、检测、试验全过程进行有效监管，通过采集的验收数据、记录信息数据的统计、分析、查询，及时发现工程隐患信息和操作不规范行为，并发出警示和整改信息给相关责任人，实现工序验收的流程化管理。

③ 应用三维激光扫描仪、实测实量智能设备、实验室试块养护监测设备等质量管理智能化设备。

(5) 机械设备管理

天津津港建设有限公司可从以下几方面加强机械设备管理：

① 施工机械设备应加装传感设备监控记录其运行状态，监控设备应具备下

列功能：

a. 识别、管理塔式起重机操作人员身份。

b. 设定限制作业区域或者限制高度等。

c. 辅助作业人员可视化操作。

d. 实时采集运行数据，主要包括塔式起重机运行状态信息(应包括小车幅度、吊钩高度、回转角度、吊物重量、力矩百分比、风速)、施工升降机运行状态信息(应包括荷载、高度、运行速度)、盾构机运行状态信息(应包括盾构机注浆材料信息及使用量、每环出土量、地表沉降监测信息、轴线偏移信息)等。

e. 自动分析运行数据、报警、禁止危险动作。

② 按时间段对人员、运行状态数据、使用时间、频次、利用率、报警、维修保养等信息进行统计分析，据此对项目工程机械、设备与设施的配置、使用、维护技术与安全措施、使用效率和使用成本进行考核评价。

(6) 环境管理

天津津港建设有限公司可以从以下几方面加强环境管理：

① 工地现场设置包括扬尘监测、大气环境监测、噪声监测、温/湿度监测、风向/风力监测功能的小型气候气象监测站，并且当现场环境监测值接近限值和超过限值时，实时向工地监管中央系统、终端设备发送预警、报警信息。

② 环境设备管理宜支持对喷淋装置、雾炮装置、洒水装置、雨水装置、污水装置等环境设备的中央或终端控制，或实现设备独立的自动控制。

③ 实现工地现场对固废垃圾、废气、污水排放的智能监测和信息化管理功能。

④ 在绿色建造方面，应制定绿色建造与环境管理目标，实施环境影响评价，配置相关资源，落实绿色建造与环境管理措施；确立项目绿色建造与环境管理制度，确定绿色建造与环境管理的责任部门，明确管理内容和考核要求；实施对绿色建造计划的管理，主要包括绿色建造范围和管理职责分工、绿色建造目标和控制指标、重要环境因素控制计划及响应方案、节能减排及污染物控制的主要技术措施、绿色建造所需的资源和费用等；根据绿色建造目标进行绿色施工总体组织设计，实施绿色施工技术或措施，提高绿色施工效果，并对绿色施工过程与实施效果的数据进行搜集、分析、状态提示和评价。

3. 完善数据采集范围

天津津港建设有限公司可以从以下几个方面拓宽数据采集的范围：

(1) 合同数据

主要包括：合同当事人名称、发包人名称、承包人名称、承包人项目经理姓名、分包人名称、总监理工程师姓名、监理人名称、合同开工日期、合同工期、合同竣工日期、签约合同价、工程费用、暂列金额、质量保证金、暂估价、合同业务类别、合同编号、合同签订日期、合同签订地点、合同备案单位名称、合同备案日期。

(2) 进度数据

主要包括:进度计划名称、进度计划起始日期、进度计划结束日期、进度计划编制日期、进度计划编制人姓名、进度计划编制单位名称、进度计划报审日期、进度计划监理单位审查意见、进度计划监理单位审查日期、进度计划建设单位审查意见、进度计划建设单位审查日期、进度检查单位名称、进度检查人员姓名、进度检查日期、进度检查记录编号、进度纠偏措施、进度纠偏结果、进度纠偏负责人姓名、进度纠偏复查日期、进度纠偏复查人姓名、进度记录人姓名。

(3) 质量数据

主要包括:自年初累计验收鉴定的单位工程个数、自年初累计验收鉴定的房屋建筑竣工面积数量、自年初累计验收鉴定优良的单位工程个数、自年初累计验收鉴定优良的房屋建筑竣工面积数量、按单位工程个数计算优良品率、按竣工房屋建筑面积计算优良品率、本季度合计质量事故次数、本季度重大质量事故次数、自年初累计质量事故次数、自年初累计重大质量事故次数、本季度合计质量事故损失金额、本季度合计重大质量事故损失金额、自年初累计质量事故损失金额、自年初累计重大质量事故损失金额、按单位工程一次缴费计算一次交验优良品率、按竣工房屋建筑面积计算一次交验优良品率、试验项目名称、样品编号、样品名称、样品属性、样品数量、取样送检方式、取样见证人编号、取样见证人姓名、质量监督员编号、质量监督员姓名、试验委托单位名称、检测单位名称、见证单位名称、收样日期、检测日期、报告日期、质量检查人姓名、质量检查单位名称、质量检查日期、质量检查结果、质量检查依据、质量问题描述、质量问题发现日期。

(4) 安全数据

主要包括:安全管理目标、安全事故名称、安全事故等级代码、安全事故发生时间、安全事故发生地点、安全事故发生地域类型代码、安全事故发生区域类型代码、安全事故类型代码、事故简要经过、事故原因分析、安全生产监管单位名称、安全检查单位名称、安全受检单位名称、事故死亡人数、事故重伤人数、事故直接经济损失金额、事故报告单位名称、职工平均人数、伤亡事故件数、本月死亡人数、自年初累计死亡人数、本月重伤人数、自年初累计重伤人数、受伤害人损失工作天数、本月直接经济损失金额、自年初累计直接经济损失金额。

(5) 材料数据

主要包括:材料名称、材料规格型号、材料计量单位名称、材料数量、材料单价、混凝土强度等级代码、砌筑砂浆强度等级代码、材料分类编号、材料入库单编号、材料仓库名称、入库材料名称、材料入库数量、材料入库日期、材料出库单编号、出库材料名称、材料出库数量、材料出库日期。

（6）机械设备管理数据

主要包括：机械设备总台数、自有机械设备年末总功率、机械设备原值、机械设备净值、动力装备率（自有机械设备总功率与全部员工人数的比值）、技术装备率（自有机械设备净值与全部员工人数的比值）、机械设备名称、机械设备规格型号、机械设备生产厂家名称、机械设备出厂年月、机械设备出场号、机械设备调入年月、机械设备技术状况（技术性能现状描述）、动力设备名称、动力设备功率、动力设备出厂号。

（7）节能环保数据

主要包括：能源名称、能源消耗量、空气质量代码、空气污染物浓度、污水排放达标率、室内环境污染物名称、室内空气质量参数名称、地下水质量分类代码、地表水水域功能分类代码、土地利用率、建筑垃圾数量、建筑垃圾回收利用率、施工噪声值、钢材消耗量、木材消耗量、水泥消耗量、平板玻璃消耗量、铝材消耗量、煤炭消耗量、汽油消耗量、柴油消耗量、电力消耗量、水资源消耗量。

（8）人员数据

主要包括：人员类别、人员姓名、性别代码、身份证号、学历代码、专业证书代码、年龄、证件代码、证件号码、人员籍贯代码、人员出生地代码、工种类别、语种名称代码、婚姻状况代码、国籍代码、联系方式、绩效考核时间、绩效考核内容、绩效考核结果、绩效考核对象名称、绩效考核组织者名称、工资发放日期、企业工资总额、奖励时间、奖励原因、奖励内容、奖励经办人、处罚时间、处罚原因、处罚措施、处罚经办人姓名、培训机构代码、培训地点。

（9）财务数据

主要包括：存货金额、资产总计、流动资产合计、长期投资金额、固定资产合计、固定资产原价、生产经营用固定资产金额、累计折旧金额、本年折旧金额、无形资产金额、递延资产金额、负债合计、流动负债合计、实收资本金额、主营业务收入、主营业务成本、工程结算税金及附加金额、工程结算利润、营业收入、经营费用、管理费用、财务费用、营业利润、营业外收入、营业外支出、利润总额、劳动失业保险费、本年应付工资总额、本年应付福利费总额、应收工程款、劳务收入、从业人员劳动报酬金额、概预算额、决算额、计划成本、实际成本、预算成本、计划成本降低额、人工费、材料费、机械费、施工措施费、间接费、规费、企业管理费、现场经费、临时设施费、管理人员工资、办公费、差旅交通费、固定资产使用费、工具用具使用费、保险费、工程保修费、工程排污费。

（10）资金数据

主要包括：银行账户名称、银行账号、开户银行名称、开户日期、账户余额、银行对账日期、贷款银行名称、贷款金额、贷款日期、借款金额、借款利率、借款期限、借款单位名称、当期余额、承兑汇票出票银行名称、承兑汇票票面金额、承兑协议编号、承兑汇票起始日期、承兑汇票结束日期。

（11）风险数据

主要包括：风险管理目标、风险评估文件名称、风险评估单位名称、风险名称、风险来源、风险状态、风险类别、风险等级代码、风险发生概率、风险处理措施、风险处理结果。

（12）档案数据

主要包括：档案馆代号、文件编号、文件题名、档号、归档文件页数、文件页次、档案保管期限代码、档案密级代码、文件载体名称、归档日期、备注内容、工程名称、工程地点、结构类型、建筑面积、工程造价、建设工程相关许可证编号、建设工程项目名称、单位工程名称、分部工程名称、分项工程名称、建设单位名称、施工单位名称、勘察单位名称、设计单位名称、监理单位名称、城建档案管理机构名称。

（13）招投标数据

主要包括：招标人名称、投标人名称、授权代理人姓名、招标方式代码、资金来源、招标范围、评标方式代码、开标时间、开标地点、中标日期、中标金额、中标内容。

（14）科学技术数据

主要包括：新产品产值、新产品销售收入金额、科技活动类型、科技投入比例、工法名称、工法级别代码、工法完成单位名称、工法完成人姓名、工法审定机构名称、工法审定日期、专利名称、专利类型代码、专利申请号、专利申请人名称、专利申请日、授权专利号、专利发明人姓名、专利权人名称、专利授权日期、科学技术奖名称、科学技术奖获奖项目名称、奖励级别代码、奖励等级代号、科学技术奖颁奖机构名称、科学技术奖颁奖日期、科学技术奖获奖单位名称、技术标准名称、技术标准编号、技术标准类别代码、技术标准发布机构名称、技术标准发布日期、技术标准实施日期、技术标准主编单位名称、技术标准参编单位名称、施工组织设计名称、施工组织设计批准人姓名、施工组织设计审核人姓名、施工组织设计编制人姓名。

4. 构建数据交换标准

根据天津津港建设有限公司在项目层面数智建造举措的介绍以及实际的走访调研结果，目前建筑行业及其上下游产业对 BIM 技术的接受程度较高，因此可建立项目全生命周期和全产业链基于 BIM 技术的数据标准，实现各参与方在各阶段的协同工作和管理，提高工作效率。

(1) 搭建数据环境

项目参与各方首先做好数据软、硬件方面的准备工作,搭建数据环境,并确立软件和文件的版本控制、模型的一致性控制等管理运作机制。除此之外,在数据共享的安全管理方面,应该采取分级权限管理,建立共享监控机制,对数据交换的过程、对象、事件等建立日志及验证机制。通过统一模型和管理运作机制建立数据标准。

(2) 数据互用

针对数据互用需要解决3个关键问题:对所需要交换信息的格式规范、对信息交换过程的描述、对所交换信息的准确定义。工业基础类标准(industry foundation class,IFC)、信息交付手册(information delivery manual,IDM)、国际字典框架(international framework for dictionaries,IFD)分别对应并解决以上3个关键问题。IFC用于定义建筑信息可扩展的统一数据格式,以便在建筑、工程和施工软件应用程序之间进行交互。IDM用于指导数据的交换过程。IFD用于建立建筑行业术语体系,避免不同语种、不同词汇描述信息产生的歧义。IFC、IDM、IFD均已列为ISO国际标准,目前已是成熟的标准体系,支持各软件、各参与方之间准确、高效的数据交付与共享。

5. 建立知识库

天津津港建设有限公司可以从以下几个方面加强知识库建设:

(1) 知识固化

将组织中的业务流程、专业技能、专利技术、行业数据等知识,作为核心资产进行管理开发和保护,通过知识库和信息通信技术等形式固化到组织中去,有助于实现组织的可持续发展。一方面,在组织内部收集支持业务运作所需的知识,包括专业模型、人才技能、核心技术、重要文档等。另一方面,收集与组织自身发展密切相关的外部组织或个人的知识,包括客户和供应商、合作伙伴、政府、媒体、权威机构、竞争对手、权威专家。

(2) 基础功能

对收集到的知识进行分类和结构化的存储,形成企业数字资产库,包括模型库、价格库、人才库、供方库、承包商库、标准库等;搭建知识的统一展示平台,用于知识的发布、共享、获取、应用,可以根据用户需求进行个性化的定制;建立知识地图,将显性知识以图形化或文字等方式展现出来,便于用户直观地找到所需要的知识;设置知识检索,便于用户从知识库或跨知识管理应用系统中查找到自己需要的信息、资料或知识;增强保密措施,通过权限管理、密级管理、加密、日志、备份等措施,保护知识的保密性、完整性、有效性等。

(3) 扩展功能

除了上述的一些基本功能之外，还可以增加一些扩展性的功能，包括：专家网络，对内外部专家进行管理的网络体系，内容上侧重于隐性知识，功能上侧重于专家的技能展示、专业行为记录、专业合作、沟通互动等；知识问答，通过在线提问与回答的方式实现知识共享；实践社区，由专家、员工等自发建立的围绕共性的专题进行互动、交流的区域，在实践社区大家通过交流话题、分享知识、参与投票等方式增进员工与专家之间的交流，建立专家隐性知识管理、分享的渠道，并推动知识发现、知识创造；在线学习，通过计算机、移动通信设备或智能终端设备，在一个网络虚拟教室，结合电子课件进行自助式学习，还可以结合在线授课、三维虚拟现实等技术实现交互式学习；创意管理，以推进技术创新和产品进步为目的，充分发挥个人或团队的创造性思维，对创意产生、收集、评审、实施等环节进行全面的管理，针对现存问题，不断提出新想法、解决方案或改进建议；知识统计，从人员的角度，对知识的创造、共享、应用等知识活动进行记录、汇总和分析，知识统计结果可以作为知识管理绩效考核和激励、系统或流程改进、决策支持的依据；标签管理，在知识发布时对知识进行标识，在知识检索时辅助查询，贯穿于知识库，用于辅助分类、发现热点、趋势跟踪、多维关联；语义分析，利用本体、自然语言处理、叙词表、分类体系等语义网相关技术分析知识资源，用于支撑知识搜索、知识推送、文档关联、知识自动分类等。

(4) 软件融合

知识库也可配合各种应用软件使用。一方面，可以作为与其他应用系统进行数据交换、应用功能集成的接口，为其他系统提供知识的访问和交互，以及实现相关系统应用功能调用和集成；另一方面，借助即时通信工具、社交网络等，使在不同地区、不同时间工作的人员可以协同交互、充分交流，促进群体的合作以及资源分享。

6. 开展企业上云工作

天津津港建设有限公司可以从以下几个方面按需开展企业上云工作：

(1) 基础设施类云服务

① 计算资源服务。使用云平台的各种弹性计算服务，实现计算资源集中管理、动态分配、弹性扩展和运维减负。

② 存储资源服务。使用云平台的块存储、对象存储等云存储服务，提高数据存储的经济性、安全性和可靠性。

③ 网络资源服务。使用云平台的虚拟专有云、虚拟专有网络、负载均衡等网络服务，高效安全利用云平台网络资源。

④ 安全防护服务。使用云上主机安全防护、网络攻击防护、应用防火墙、密钥/证书管理、数据加密保护等安全服务，提高信息安全保障能力。

（2）系统平台类服务

① 数据库服务。利用云数据库系统，实现各类数据跨平台、跨业务的协同管理。

② 大数据分析服务。利用云端大数据平台推动数据资源集聚，进行数据采集、存储、分析、挖掘和协同应用。

③ 中间件平台服务。利用云上中间件服务，构建分布式系统架构，满足“互联网＋”转型的需要。

④ 物联网平台服务。将海量物联网终端设备接入云平台，实现设备高效可视化在线管理。

⑤ 软件开发平台服务。通过云上开发平台进行软件全生命周期管理，快速构建开发、测试、运行环境，规范开发流程、降低成本、提高效率。

⑥ 人工智能平台服务。利用云平台的计算资源，提供语音识别、图像识别、人脸识别等智能服务，提升业务智能化水平。

（3）业务应用服务

① 协同办公服务。使用邮件、会议、通信等云服务，搭建维护成本低、服务效率高的办公系统，提高办公效率。

② 经营管理应用服务。使用企业人力资源管理、行政管理、财务管理等云服务，提高企业经营管理的科学性和效率。

③ 运营管理服务。使用采购管理、生产管理、销售管理、供应链管理、客户资源管理等云服务，提升企业运营管理水平。

④ 研发设计服务。使用计算机辅助设计、产品开发等云服务，在云端部署开发、设计环境，提升研发效率和创新水平。

⑤ 生产控制服务。通过制造执行、生产数据等系统上云，优化生产控制流程，提升生产效率和水平。

⑥ 智能应用服务。整合企业全局数据，打造智能研发、智能生产、智能营销、智能服务等智能应用，提升企业智能化水平。

8.3.2 中期阶段：挖掘数据价值

1. 数字孪生

天津津港建设有限公司可以从以下几个方面进行港口数字孪生建设：

（1）展示港口全域数字孪生场景

港口数字孪生模型融合了小场景的建筑信息模型和大场景的 GIS 信息，同时结合了物联感知数据，形成港口范围的实时的信息模型。企业可以通过融入、展示摄影数据、城市白模数据、点云数据、三维模型数据、BIM 数据、智慧工地数据等多种数据格式，构建涵盖港区建设全部地理信息要素与基础设施的全要素场景，使项目管理系统从二维管理模式升级到三维管理模式，通过港口数字孪生平台直观掌握三维空间层次信息，提升港口建设过程中以及后期运维过程中的综合管理水平。

（2）协同调控数字港口建设

港口数字孪生模型汇聚了港口二维与三维数据信息、静态动态一体化数据信息、多元专题数据信息、实时监测数据信息等多方面、多部门信息，同时构建以分布式大数据集群技术为代表的数据基础支撑体系，实现了港口建设过程中多部门数据联通与协同。

（3）保证港口作业安全

通过数字孪生视频监控数据融合技术，结合港口视频监控设备和地理空间数据，实现数字模型与视频数据的无缝融合。通过对港区车辆、大型设备实时监控与监测，结合港口防风预警、消防警情预警等智能预警系统，共同打造预警信息提醒等功能，提高港口安全管控能力和应急管理能力。

2. 智能决策

组织搜集数据、整合数据，最终是为了利用这些数据进行科学决策。天津津港建设有限公司可以从以下 2 方面进行科学的分析和决策：

（1）风险识别

风险识别主要是通过在项目生产和管理过程中使用数字技术替代经验，以数据辅助对项目产生的风险进行识别并及时采取措施。数字化风险识别主要以项目生产管理和经营管理为核心，实现工程项目的虚实结合，集成各个业务系统并将不同业务、不同格式的数据进行集中式管理和多样化存储，供大数据分析计算，通过业务数据的综合分析生成各种风险识别模型和风险库以辅助决策。此方式可以缩短工期，节约成本，降低项目风险。

（2）智能数据应用服务

智能数据应用服务主要通过引入大数据技术和人工智能，不断丰富数据、算法、模型、服务，深入挖掘数据价值、不断充实完善风险库，以数据服务的方式完成项目建造过程中的智能风险预测、及时或实时预警和资源调度。

在项目建造过程中，智能数据应用服务能够自动预测风险，并推演出风险最小条件下最优的施工方案和生产计划。除此之外，智能数据服务能够对工厂生产和施工现场的人员、机械、设备进行协作风险预测，将风险最小化。

3. 建立私有云

天津津港建设有限公司可以在前期企业上云工作的基础上建立私有云，部署数据安全要求高的关键信息系统；可将连接客户、供应商、员工的信息系统采用公有云部署，并与私有云共同形成混合云架构。对于数据安全要求高且需对外连接提供服务的信息系统，可考虑采用数据存储于私有云、应用部署于公有云的混合云架构。

(1) 将生产要素、产品及相关服务上云

通过将软件、硬件设备、人员、机械、物料、法规、环境等要素资源上云，构造一个新的建造体系，可供企业动态调用和动态优化配置，实现基础资源和能力的模块化、平台化部署，全面提升企业的交易能力、设计能力、建造能力、物流能力、配送能力。

(2) 开发基于云的开放式物联网操作系统

该平台向下能够对各种软硬件资源进行接入和管理，向上能够借助各种各样的软件提供服务，将业务流程、经验、方法都不断地沉淀在这个平台上，省去重复性工作，可以调用、复用，重构企业的创新体系。

4. 数智化标准体系

企业的数智化转型要求有统一数据标准、统一分类标准、统一标准属性规范、统一标准管理的流程，这样才能保证数据质量、数据的整合和共享，打好项企一体化的基础。数智化标准体系主要体现在以下几个方面：

(1) 数据标准化

对组织、人员、甲方、供货方、物资、项目等信息进行标准化体系的梳理，形成主数据标准，保证共性、兼顾个性，支撑企业和项目不同业务场景的使用。

(2) 业务标准化

梳理业务，提取标准业务数据项，形成标准化业务表单，满足业务处理及管理决策的应用。

(3) 流程标准化

梳理流程，确定关键节点，明确范围、责任、权限、质量，优化、固化业务流程和审批流程，实现管理过程标准化、可执行、可衡量。

(4) 管控规则标准化

对不同的业务、组织的控制规则进行标准化设置，按不同的业务类型、管控要求设定管控规则(例如房建、路桥各有标准)，当标准化体系形成后，数智化是标准化的进一步提升，将标准化固化到系统中，以标准指导业务，供企业和项目在业务中使用。

项目使用标准化后，反馈意见给企业，企业继续改进标准化体系。标准化和数字化的融合，推动标准化的持续完善。随着数据的不断积累，逐步形成新的标准库，如风险库、质量库、族库、模板库、数据指标体系、数据模型、业务数据标签库、模型库等，此时的数字化开始输出标准。新的业务标准又可指导作用于业务，使业务更敏捷、管理更精细。

8.3.3 长期阶段:企业高度智能

1. 数据治理

(1) 在数据的采集方面,基于泛在连接,依托线上平台实现企业内部数据、供应链/产业链数据、生态合作伙伴关键数据、第三方数据等的生态圈数据按需智能获取。

(2) 在数据集成与共享方面,构建覆盖整个生态圈的数据共享体系,建立生态圈范围的数据标准规范,实现生态圈数据交换共享;共建社会化的数据交换平台,实现企业与生态合作伙伴数据的按需集成与共享。

(3) 在数据应用方面,数据成为业务转型、业态转变的核心驱动要素,可开展跨界利用,壮大数字新业务;将数据作为组织生存和发展的根基,数据开发利用和管理能力成为组织核心能力。

2. 元宇宙部署与应用

企业成为社会化能力共享平台的核心贡献者,以数字化、智能化技术为关键生产要素,以现代化信息网络作为重要载体,实现现实世界与虚拟世界的交互融合,与生态合作伙伴共同实现生态资源和能力的平台部署、开放协作和按需利用,最终以第三方为主构建产业生态园宇宙,在建筑产业互联网云平台的软件工具共享、业务系统集成基础上,叠加了建造能力开放、知识经验复用与开发者集聚的功能,大幅提升建筑知识生产、传播、利用效率。

8.4 人才强企领域具体举措

人才作为企业发展的第一动力,是企业数智转型必不可少的助推器。天津津港建设有限公司的人才强企领域具体举措路线图如图 8-10 所示。

8.4.1 近期阶段:人才发展

在"十四五"期间,也就是数智建造 1.0 阶段,天津津港建设有限公司的人才发展举措主要围绕组建信息创新团队、设立数智化岗位、培养员工数智化能力、制定绩效考核机制和打造市场化人才招聘配置体系,其目标是组建信息创新团队来实现项目层级的数智化改革,完善数智化人才相关管理制度(包括薪资待遇、绩效考核、人才晋升等),并赋能员工开展全员数智化理念和技能培训。

1. 组建信息创新团队

天津津港建设有限公司可通过如下方式组建信息创新团队:一是在公司各业务部门中选拔一批人员组建信息创新团队,被选拔人员应具有数字技术应用能力强、熟悉公司各业务部门业务并了解业务部门在信息技术使用过程中的优

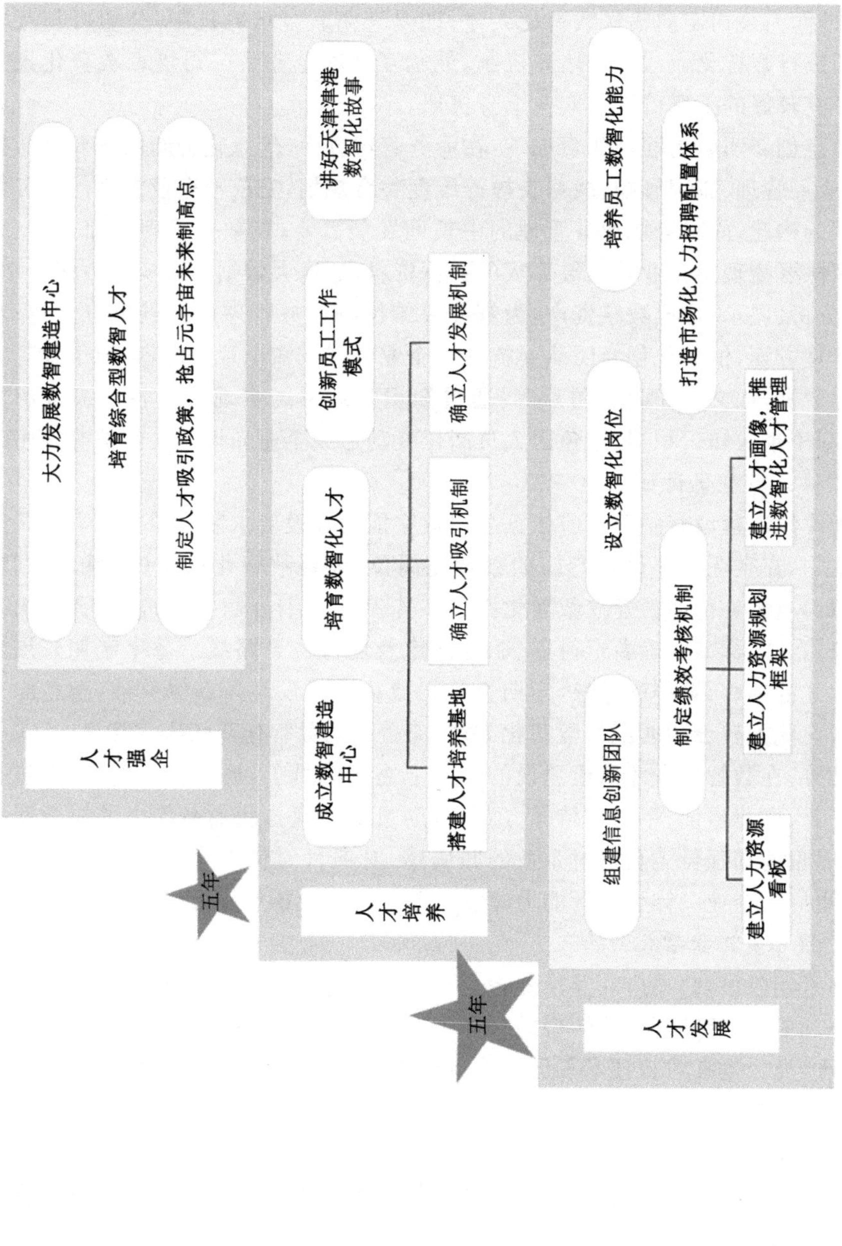

图 8-10　人才强企领域具体举措

劣势、熟练使用公司综合管控大平台、对数字技术及数智化转型感兴趣并愿意学习的一项或多项特征；二是外部招聘信息技术能力强并具备相应资格证书的人员；三是通过与高校、研究院等机构开展教育合作，鼓励高校培育与数字时代相匹配的数智化应用技术人才，并为之提供数智化应用场景基地，与高校签订就业协议，进而为公司定向输送数智化人才；四是开拓联合培养机制，公司可与互联网公司推行数智化人才联合培养机制，鼓励互联网企业为公司培育数智化人才并给予其较好的工资待遇与职业上升机遇。

信息创新团队的职能职责如下：在业务管理方面，信息化创新团队要从数据逻辑、业务管理、流程管控、战略支撑等维度整合规划，完成本企业各部门业务管理模型的构建，同时考虑业务管理的中长期发展需要；在数据管理方面，信息化创新团队要梳理出企业各层级形成的数据资料，通过大数据平台实现数据抓取、统计、分析、展示，形成数字资产，为管控决策层和业务管理层提供决策支持；在知识管理方面，信息化创新团队要梳理出企业各层级知识管理内容，用于管理非结构化数据，如文档、视频、图片等，通过知识管理系统实现公司各层级资源共享，有利于企业知识积累，避免因人员岗位变动造成企业知识流失的情况发生。

2. 设立数智化岗位

天津津港建设有限公司应依据公司数字能力建设要求制定数智化人才队伍建设规划，在企业内部设置专门的数智化岗位、完善数智化职位（如科长、副科长、科员）及薪资待遇。建立数智化岗位工作制度并细分职能职责，数智化人才按照公司人才标准明确薪资待遇、职称评定及职位晋升路线。每年定期开展数智化人才的招聘、培养和考核，定期为公司数智化建设注入新鲜血液，配备与公司数智化能力建设相匹配的数智化人才，完善公司数智化队伍人才建设。

此外，在数智化人才队伍建设的基础上需赋能员工，通过移动设备、先进技术和工具、增值培训、平台支持等方式，帮助员工实现自我业务能力的提升和拓展，同时也能加强员工自身对企业的归属感、对项目的获得感、对自身价值的认同感，更好为企业一体化运营能力建设和业务支持及拓展服务。

3. 培养员工数智化能力

在近期阶段，公司应注重培养普通员工的数智化能力，首先应重新定义个人的角色和职责，使其与企业转型的目标相一致，明确数智化企业所需要的员工能力；其次，充分发挥数智技术人员和业务管理者这两个角色的作用，弥补传统业务和数智业务之间的潜在差距。一般来说，数智技术人员需要拥有专业的技术能力，并领导公司的数智化创新工作；业务管理者需要将新的数智方法和流程转换并整合到现有工作方式中，既需要有业务方面的经验，也需要了解新的数智技术。因此，企业应改变过去做项目的方式，进行业务＋数智化双能人才培养，为公司数智化转型赋能。

同时，在工作过程中，赋予员工新的工作方式，在新规范中加入数智化内容，修改标准操作制度。通过数智技术让信息获取更透明、更高效，让广大员工以及管理者看到实实在在的数智化成果，直观感受到由数据驱动的决策机制和敏捷灵活的数智化适应能力，能真正为企业创造价值。

4. 制定绩效考核机制

公司人力资源部门应负责整个公司人才招聘、人才培养、绩效考核等事务，并建立数智化人才教育培养体系，定期采取数字知识培训、数字技能实操、数字知识趣味文化小组等形式让公司全员参与数智化学习，为员工搭建学习、交流的平台，并将公司员工参与数智化知识学习纳入员工绩效考核。同时制定覆盖全员的数智化转型考核激励机制并纳入企业整体绩效考核体系。目前，天津津港建设有限公司的考核形式主要是根据公司职位职级开展绩效管理，为适应数智化建设要求，考核形式应根据关键绩效指标(KPI)开展绩效管理，将数智化相关指标纳入企业年度考核中，让企业员工有明确的努力目标。

(1) 建立人力资源看板

高层管理人员、人力资源部、各业务部门都应参与设计与人力资源相关的业务指标。借鉴工业生产企业模式，建立“人力资源看板”，将组织设计和识别的指标数据实时显示，并不断更新，让数据产生价值，为企业生产、经营、管理、决策服务。

(2) 建立人力资源规划框架

框架涵盖人才需求预测、人才供给预测、外部环境因素、人才来源等多个方面，对需求与供给的差距进行合理的分析，综合考虑企业预算、劳动力市场的变化、相关法律政策、市场经济环境等因素，拓展人才来源的渠道，最终整理出人力资源规划的综合性方案。将绩效系统与业务系统打通，建立绩效执行过程中的反馈机制，进而将目标与日常工作计划相结合。一是将薪酬福利成本与业务产出相比较，看是否做到“把钱花在刀刃上”；二是实现绩效奖金的差异化分布，检验是否具有公平性、竞争性；三是询问员工意见，考察投入是否达到了设想中的效果，是否提高了员工的敬业度、忠诚度、满意度。

(3) 建立人才画像，推进数智化人才管理

通过建立企业自己的数智化人才画像，对全部人才进行调研测评，组建数智化人才库和人才梯队地图，更好构建人才全生命周期的管理体系，引领业务与数字融合。一方面，积极储备数智化人才，由公司提供学习培训资源，提升人才库成员的数智化能力，鼓励人才优化创新行业科技应用；另一方面，由公司提供多种机会，促进业务类与科技类人才进行交流沟通，将实际业务与数智化相融合，打造人才培养的“生态圈”，打破各条线的人才壁垒，突破外部业务边界，形成

多方融合的数智化人才生态。数智化转型是基于企业信息化基础上的全方位迭代创新，需要精通管理、业务、技术的人才引领，也需要复合型人才落地实施。

5. 打造市场化人才招聘配置体系

以打造雇主品牌、提升招聘质量为目标，参与以总部为平台的市场化人才招聘配置体系，提升公司的人才招聘效能。认真执行总部统一的人才聘用管理办法，规范招聘条件、流程、方法、渠道，促进公司与各单位形成分工明确、协调有力的分层次专业化招聘体系。规范人才引进标准，严把“入口关”，以建立岗位能力素质模型为契机，建立不同类型、不同层次、不同岗位人才的选拔任用标准体系，降低录用风险。整合公司专业人才，通过调配、调剂、招聘等方式，促进人才的内部合理流动。

创新人才使用方式，打破人才项目所有制，完善项目人才随工程进度逐步向后续工程转移的节约用人方式。提升对人才资源的社会化使用能力，通过短期聘用、兼职、劳务派遣、战略分包等柔性用人方式实现“用人不养人”；通过与科研机构、专家合作共建等方式实现“借脑不增人”；加强与合格分包商的战略伙伴关系，形成人才资源上的优势互补；加强与劳务机构合作，探索建立合格的架子队模式。通过创新人才使用方式，最大限度地提高人力资源投入产出比，低成本实现人才高地扩容。

8.4.2 中期阶段：人才培养

在“十五五”期间，也就是数智建造2.0阶段，天津津港建设有限公司的人才发展举措主要围绕成立数智建造中心、培养数智化人才、创新员工工作模式和讲好天津津港数智化故事，形成以价值贡献为导向的数智化人才选拔、任用、考核、薪酬和晋升激励制度，其目标是实现企业层面的数智化升级改造和制定数智化相关标准。在此阶段，通过多年来项目的实践经验，形成了一批有经验的数智建造工程师，这有利于数智化人才的培养，从而形成良性的人才发展链条。同时也通过公司内外部数智化宣传，加速推进公司数智化战略。

1. 成立数智建造中心

数智化转型是一个庞大的系统工程，应构建起覆盖全员的职能职责体系和协同工作机制。天津津港建设有限公司在已有信息创新团队的基础上，成立数智建造中心，牵头负责数智时代企业内外部环境分析，制定各阶段数智化转型战略，承担数智转型的建设工作，统筹开展数智化转型的跨部门沟通，以及评价和改进，并将其定位为公司一级业务单元。同时做好“塑形”工程，打造天津津港数智建造模式，编制天津津港数智建造相关标准。

在数智建造2.0阶段，公司下属各个项目已经初步完成数智化的升级改造，数智建造中心要着手于公司层级的数智化转型，整合公司整体的数据资源，搭建数智化平台，能够利用大数据等技术辅助公司相关决策。

2. 培育数智化人才

天津津港建设有限公司进行数字化转型，需认清企业的发展需求，拟订数字化人才培养计划。储备胜任企业数字化转型的员工，满足企业数字化转型的组织目标与岗位职能。在企业内部栽培具备潜质的员工成为企业数字化转型的培训教师及负责数字化转型的专家。同时，不仅注重业务部门数字化员工的技能提升，也要有效培养职能部门的数字化员工，为其搭建人才培养基地、确立人才吸引机制及确立人才发展机制。

(1) 搭建人才培养基地

通过建立数智化人才培养基地以选拔符合企业数字理念和价值观的人才，并将数智化人才聚集在统一地点进行系统全面地培养，利用规模效益优化资源配置，可缩短员工培训周期，从而整体提高团队胜任程度。数智化转型不仅关乎技术革新，更关乎组织整体转型，因此在数智化人才培养过程中，应注重组织全新数字文化理念输入，逐步培养员工对数智化转型的认同感。同时，将数智化人才培养纳入企业核心战略层面进行顶层规划，通过企业的发展愿景传递出企业对数智化人才发展的态度，让数智化人才战略与企业总体发展战略相协调。

(2) 确立人才吸引机制

天津津港建设有限公司在人才招聘时，应将战略分析与人才盘点相结合。通过战略分析明晰企业战略目标，确定企业数智化人才需求；借助人才盘点，对企业人才发展现状进行摸底，从而判断公司的人才储备是否能够推进数智化转型。人才吸引机制包括：一是基于企业内部长期需求确定雇佣人数，避免员工过剩；二是职位需求与工作能力匹配；三是企业人力资源部门负责实施和设计有效的测试与选拔程序。

(3) 确立人才发展机制

对关键人才进行分析，设计数智化人才培养方法、确立人才发展规划，推动数智化人才的持续培养与发展，解决员工学习状态不连续、自律性缺失、难以持续系统性获取知识等问题。主要培训方式是课堂培训与在职培训相结合，主要培训内容是业务知识与 IT 技术深度融合。课堂培训可通过整合外部数智化资源，即加强与高校、科研团队和数智化服务机构的战略合作，引进外部数智化专家进行授课讲解，提升员工数智化意识和数据分析等能力。除了积极引进外部专家和技术，企业也应注重栽培内部员工，通过提供系统性的技能学习为企业储备大量内部职能专家，有效融合数字技术与企业核心业务。在职培训是指通过开展场景化模式培训，进行数智化场景模拟训练，提高员工数智化素养和专业能力，实现数智化人才培养目标。此外，应针对不同层级、不同部门、不同专业，根据属性特征与岗位要求等需求设计最适合的培训课程体系。

进一步完善市场化选拔为主的竞争性人才择用机制。初级岗位人才主要以社会化公开招聘方式选拔，以引进和补充紧缺专业人才为重点，通过与市场专业人才机构和重点高校合作，及时了解和掌握人才供给信息，提前锁定优秀人才；中级岗位人才主要以内部竞聘方式产生，重在选拔各岗位具有实践经验的专业化人才；高级岗位人才以选拔培养后备梯队方式优中选优，后备人选在领导与群众推荐基础上，结合绩效考核与能力评价动态产生。拓展人才引进渠道，多途径、多渠道加强与国内外、省内外各类人才的联系，健全各类选人用人机制，适时引进各类稀缺人才

3. 创新员工工作模式

目前，天津津港建设有限公司的员工能够基于数智化技术手段进行单项应用，辅助履行岗位职责。通过提升公司全员数智化能力，使员工能够借助移动化、知识化的数智化平台开展工作。同时，公司创建开放的工作环境使员工工作不受时间与空间的限制，员工可通过远程办公、虚拟团队等工作方式提升自己工作效率、缩短时间界限、提升工作与时间的灵活性。企业在人力资源管理方面应建立灵活工作机制，员工利用信息技术将采集的数据进行上传，达到有纸化办公到无纸化办公的转变。同时，加强员工激励，以业绩成果为考核对象调动员工工作的积极性。

4. 讲好天津津港数智化故事

数智化既然是变革，就离不开变革宣传。企业在数智化转型中期，不管是管理者还是普通员工，对数智化转型涉及的各种变化总是不适应的。历史越久、越传统的行业，表现出的抗拒性越强，昔日业务骨干养成的良好习惯，也可能成为今天数智化转型的阻力。数智化转型不仅要调整现有的工作流程、习惯，还会牵涉到各方面的利益，所以要通过各种内外部宣传，让员工理解公司数智化转型战略的意义和必要性，以及未来对个人的影响。

首先，自上而下进行数智化变革宣传。公司高管会议、数智化管理委员会会议都是很好的宣传机会，只有高层管理者理解了公司数智化战略，才会逐级传播数智化文化和意识，提升数智化在整个公司的正面影响，减少项目推进的阻力。其次，有时候公司数智化取得的成果，在公司内部人员看来往往算不了什么，通过外部媒体进行宣传后，外面的正面信息反馈到公司内部，反而可取得更好的效果，刷新了大家对公司数智化进展和成绩的认识。最后，数智化转型是一个长期渐进的过程，实施数智化转型措施对许多项目业务的作用和效

果不可能立竿见影，这种项目的宣传需要有长远目光，聚焦长远影响，轻视短期成效是比较好的策略。当然，宣传必须基于方案的科学性和结果的可确定性。

讲好天津津港数智化故事的另外一种方式，是对外开放合作交流，以及将成果向政府申报奖励。公司在数智化转型过程中，自主研发了许多系统，积累了大量值得推广的经验，公司应本着开放、共享的理念，将经验在行业共享，推动行业的数智化转型，进而提升公司在全社会的影响力，打造公司数智化新品牌。同时，通过申报国家、行业、省、市数智化转型项目，获得政府的相关专项奖励，进一步推动了公司数智化项目的立项审批。内外部数智化宣传所带来的影响相互作用，将会让公司数智化战略的推进取得 1+1>2 的成效。

8.4.3 长期阶段：人才强企

在“十六五”期间，也就是数智建造 3.0 阶段，天津津港建设有限公司的人才发展举措主要围绕大力发展数智建造中心、培育综合型数智人才，以及制定人才吸引政策、抢占元宇宙未来制高点，在此阶段公司能够与其他生态合作伙伴共建数智化人才共享和流动管理机制，并且数智化建设已经成为公司全员的理念。

1. 大力发展数智建造中心

在数智建造 3.0 阶段，天津津港建设有限公司数智建造中心已经基本完成了本公司的数智建造转型，公司数智化业务能力在行业内处于先进地位，公司数智建造中心已经具备成为单独经营业务单元的能力。公司应大力发展数智建造中心，扩大人员规模，培养综合型数智人才，在天津港数智建造模式的基础上，为同类型公司的数智化升级改造提供咨询服务。

2. 培育综合型数智人才

天津津港建设有限公司数智建造转型已经到了中后期，在多个项目形成了一批能力突出且经验丰富的职工，公司领导班子应考虑采用轮岗的方式，使其快速成长为既掌握一定的信息通信技术专业技能又具备行业的业务知识和经验，既拥有数字化能力与思维又熟悉管理的综合型数字人才，更好地满足公司发展需求，为公司成为智力型公司打好铺垫。

3. 制定人才吸引政策、抢占元宇宙未来制高点

元宇宙是利用科技手段进行链接与创造的，与现实世界映射与交互的虚拟世界，具备新型社会体系的数字生活空间。元宇宙是一个新型的概念，它代表了未来市场发展的方向，到 2035 年或许元宇宙技术已经成熟，此时，天津津港建设有限公司应前瞻布局发展元宇宙，做大做强天津津港的数字经济，抢占未来建筑业元宇宙竞争制高点。

8.5 组织保障

1. 统筹协调组织部门

天津津港建设有限公司内部应认识到企业加快进行数字化转型的重要性和紧迫性，统筹协调各部门、建立部门协调机制、细化工作实施措施，扎实推进企业数字化转型实施步伐。公司各有关部门可建立“项目化、清单化”任务要求，细化目标任务、压实工作责任、明确时间节点、形成工作合力。坚持部门与部门间必须有明确的完成配合事项的工作流程，在明确的绩效目标下，特别注意互相之间目标的关联性，树立正确的大局观和全局意识，统筹安排项目管理。项目完成后可加入一定的反馈和激励机制。

2. 完善监督组织机构

建立数智建造监督委员会，并且以监督委员会为核心，构建出 2 个层次的内部监督体系。第一个层次，建立企业内部各监督部门。这些监督部门具体负责各自职责范围内的监督和管理工作。需要明晰的是，各监督职能部门接受监督委员会的直接领导，为监督委员会的业务单位。在监督委员会的直接领导下，企业内部的监督职能部门不但可以加强信息交流，还能实现内部有效的监督合力，发挥良好的监督效能。第二个层次，建立监督委员会，监督委员会隶属董事会。监督委员会向董事会负责，帮助企业的董事会实现其监督功能。在上述两个层次的内部监督体系的合理监督下，天津津港建设有限公司数智化转型阶段发展战略将切实得到保障。

3. 成立专家咨询委员会

专家咨询委员会要深入开展企业管理诊断咨询服务，重视高等院校、科研院所和专业机构的优势，利用社会各方面人才力量，围绕企业管理创新需求，以战略管理、组织设计、技术攻关、成果转化、知识产权、管理信息化、管理认证、内部控制等方面为重点，指导企业数字化转型实施路径总体路线，提供咨询诊断服务；帮助企业构建和完善研发管理体系，推进企业管理模式、组织架构和管理流程优化；促进产、学、研协同创新，推动企业数智建造技术中心建设，增强企业发展的内生动力，提高企业自主创新能力和核心竞争力。

4. 深化组织思想觉悟

要强化企业员工的思想政治引领，深入学习领会习近平总书记关于推动数字经济和实体经济融合发展的重要指示精神，研究落实党中央、国务院有关政策，将数字化转型作为提升传统动能、发展新动能的重要手段，不断深化对数字化转型艰巨性、长期性和系统性的认识。发挥国有企业在新一轮科技革命和产业变革浪潮中的引领作用，进一步强化数据驱动、集成创新、合作共赢等数字化转型理念，系统组织员工进行数字化转型理论、方法和实践的集中学习。

5. 强化企业组织上下执行力

在数智建造转型改革过程中，执行力最为关键。企业执行力的强弱往往与管理者直接相关。为提高天津津港建设有限公司数智建造具体举措执行力，一方面，由管理层推动战略执行，董事长应亲自担任公司数智建造转型改革的第一领导人，各部门的第一负责人担任公司数智建造转型改革的第一负责人；另一方面，将公司数智化转型变为每个员工的工作，使公司全体员工都参与到数智建造举措执行中去，只有这样，具体举措才能取得成功。

8.6 制度保障

1. 建立完善科学合理的薪酬体系

薪酬作为人力资源管理的重要内容，是协调企业日常运转的核心驱动力。在确定员工薪酬时企业要充分地进行市场调研，并知悉《中华人民共和国劳动合同法》《企业最低工资规定》等相关法律法规要求，在考虑行业和所在地区的物价水平后给出合法且具有竞争力的岗位工资与员工福利。与此同时，还要不断地丰富薪酬构成，促进长期工资与短期工资相互协调，满足公平公正的基本要求，在综合分析岗位的难易程度、风险评估、日常工作量、外部竞争压力等多重因素后再进行分级定酬，实现付出与收获相匹配。另外，最关键的一点在于薪酬体系应同企业的发展战略相适应，企业要想实现数字化发展就要将高质量创新性、技术型人才放于首位，在全公司内保持科学合理薪资水平的同时适当提高该类人才的福利待遇，对外展示企业创新转型的坚定态度，吸引更多的拔尖人才，加速企业战略转型发展进程；对内传递革新信号，形成追求卓越与创新的企业氛围，号召更多员工潜心学习，增强自身综合实力和市场竞争力，不断聚集高素质，高质量人才。

2. 制定执业资格考试奖励制度

为有效提升在职员工的理论技术水平，并保持企业整体的专业水准，企业可以制定相关奖励制度来鼓励员工自觉参加执业资格考试，考取工程咨询相关的资质证书。该奖励机制应呈现多层次、多样化、多方面的特点，可包括实物奖励、薪酬奖励、福利奖励、资格奖励等多种奖励模式，以此来激励和号召企业更多的员工积极主动参与其中。另外，企业还可以主动为员工提供良好的学习环境，搭建学习角，购买相关的学习资料供员工查阅和借读，并将员工为考取执业资格的相关路程费和住宿费等合理费用纳入公费报销范畴。由此一来不仅可以提高员工的综合素质与技术水平，增强实操能力，还能维护公司在工程咨询行业的权威，增强企业的核心竞争力。

3. 完善监督评估制度

企业应不断完善监督评估制度，将其融入内部的各个经营管理环节中，对不同的部门和工作小组进行权责划分，厘清各方的权力和责任范围，并对不同的工作领域进行持续性的清查监督。另外，还要严格遵循企业内部的规章制度，强化监察管理，切实加强对转型方案的跟踪分析，全面掌握方案的实时开展进程，及时化解重大问题，并对违纪行为进行严格处理，发挥管理人员的领导指挥职能。与此同时，要建立健全年度评估、中期评估与总结评估相衔接，定量评估与定性评估相配套，部门自我评估与第三方评估相结合的规划评估体系，提高规划评估的客观公正性。针对评估提出的调整或修订方案，经专家论证或征求意见后再上报并经批准后实施，以此来确保评估的科学合理性，为企业的转型发展保驾护航。

4. 建立协同机制

企业的发展不能囿于现有的环境和资源，而应加强资源的整合和市场主体的协同发展。企业要想实现数智化转型，并在激烈的竞争中始终处于优势地位，就要切实提高企业外部和内部的协同能力。在外部，企业应充分利用市场机制，在不影响市场经济发展规律的基础上，以自身需求为核心，将与自身发展相关联的其他上下游业务或服务链融入自身的发展体系中，将能利用到的所有生产资源进行整合，搭建出紧密性较强的全过程服务整体；在内部，企业要借助数智化系统调整管理工作的时间沟通顺序、业务先后顺序等，合理划分各部门主管的管理权限和范围，并搭建起正式的沟通渠道，以此来解决企业的“业务壁垒、沟通不畅、管理差错、多头管理、管理缺失”等协同问题，并通过大数据和知识库来建立天津津港建设有限公司协同制度。

5. 深化技术保障体系

通过深化技术保障体系，采用先进技术手段进行项目实地调查、现场管理和公司运营，公司可以为客户提供更高质量的咨询服务，提升咨询业务水平。同时，公司投入资金对原有企业信息平台系统进行升级改造，使其能够满足企业运营数智化的需要。通过采取以下先进技术手段加强企业的数智化建设，将大大改善企业的运营效率、资源利用率和合理调配问题：

(1) 加强现有信息化平台的有效应用。进一步优化企业信息门户系统，通过信息共享、内容管理、决策支持等重要功能的建设提升管理效能，保证结构灵活性、流程精益性和决策独立性。

(2) 构建开放式创新体系，不断优化信息化平台系统。企业高层、总部创新中心、各业务单元和职能部门需要共同努力，充分利用强大的技术工具，建立一个内外资源互补的开放式创新体系，根据业务发展需要，适时引进、建立与产品、港口业务开展相配套的业务管理平台和专业设计、管理软件，打破天津津港建设有限公司的“边界”，实现内部知识资源和外部知识资源的利用、整合。

(3) 强化数据安全。在数字化转型浪潮中，数据安全是数据应用和数据价值实现的护城河，天津津港建设有限公司可以从制度、流程和技术 3 个角度对数据安全进行体系化管理。一是完善数据安全制度体系，制定信息安全管理办法和数据安全分级标准，将数据安全分级纳入数据标准体系范畴，明确数据安全分级目标、原则和范围，规定数据安全分级依据和规则等，为完善数据安全保护机制奠定基础；二是将数据安全要求严格落实到业务流程，在数据采集源头落实数据安全管控要求，切实把好入口关；三是依托科技赋能数据安全管理，强化数据使用环节的安全风险防控能力。积极探索先进技术在数据安全领域的应用场景，依托科技完善和强化硬件与软件保护，将静态防护与动态防护进行结合，综合提升数据安全管控能力。通过 3 个角度的信息安全管理，真正形成由外向内多级防护的信息安全保障体系。

8.7 资金保障

1. 拓宽多种资金渠道

强化资金保障，减少转型顾虑。企业创新、研发、人才队伍建设、发展壮大都需要有足够的资金予以保障。企业管理者应当转变观念，不能只满足于现状，应考虑拓宽多种资金渠道为企业长远发展注入活力。应关注以下几方面：一是关注国家政策层面对企业创新和研发的奖励和优惠政策，争取获得资金支持；二是考虑债权融资，加大财务杠杆效用，利用银行和非银行金融机构的资金来加大对研发和创新项目的资金投入力度；三是考虑股权融资，借助资本的力量将企业做大做强。

2. 建立数字化转型专项资金

专项资金的投入是企业数字化转型的持续保障。数字化转型具有前期成本投入大、回报周期长的特点，对此建立数字化转型专项资金，确保数字化转型基础平台、功能应用、数据采集、互联互通、成效展示等方面的有效投入，依托激励政策调动人员自主探索积极性，从企业战略统筹和长期发展的角度，保障转型工作有序开展。企业应结合国家政策思路和区域实际，设立企业数字化专项资金，合理规划财政预算，简化、缩短企业申报审批流程，发挥财政资金的杠杆作用。

加强对企业数字化专项资金的绩效跟踪与评价，确保资金、资源投入和使用效率。

3. 统筹安排资金使用

在公司层面确保实施数字化转型实施路径的资金投入，落实员工数字化职业培训、考核评价补贴等政策，结合实际情况，明确一定比例的数字化转型专项费用用于企业培训、招聘以及与高校联合培育数字化人才。同时加强监督管理，确保专款专用。对符合条件的人员参加数字化职业培训以及高技能人才培训的，按规定给予培训补贴。引导相关咨询企业建立数字化人才培育合作伙伴关系，组建数字化人才培育平台，共同出资培训数字人才，统筹安排资金使用，提高资金利用效率。

4. 制定专项大修基金管理制度

成立专项大修基金，依据相关的资金管理程序严格管理，专款专用，严禁挪用，并制定相应的资金管理制度。按照批准的经费预算，按任务提出年度预算，列入部门预算。资金的使用要接受财务和审计部门的监督和审计。为确保生产、经营、生活、工作的有序进行，上级拨付的资金应合理支配，提高计划管理的权威性、可实施性，财务部在这一环节除了承担主要的控制任务外，还有义务指导监督其他部门的有关费用支出情况，随时跟进计划并与实际情况对比，发现问题，予以调整，对资金到位情况、转型的运营情况、质量、成本的控制等进行实时监控，从而做出科学的计划调整决策，以保证运营的高效、安全。公司应以目标成本为基础，实时统计企业实际发生成本，并与目标成本进行对比分析，实现成本的动态控制。

8.8 人才保障

人力资源及人事管理始终是企业内部管理的核心因素，也是其获得竞争优势的重要基础。工程咨询行业普遍存在人员流动性大的问题，人才的流失将会直接导致其服务质量的下降，甚至会使前员工成为自己公司的竞争对手。由此可见，人才的竞争和管理是工程咨询公司的重中之重。

1. 加强人才结构的分析与调整

进一步开展员工能力素质情况、人员发展潜力和机会成本、人才素质模型构建、当前后备人才与预期人才素质结构差异分析等工作。注重高端人才、技术专家、经营管理人才 3 个队伍建设；优化人才发展通道，积极进行绩效薪酬体系改革探索，建立适应集团战略发展需要的人才队伍和管理制度体系。

2. 积极引进人才

根据科研目标、品牌建设目标和业务发展的需要，在对人才市场分析的基础上，拓宽人才引进渠道，吸引紧缺专业人才和复合型人才，为若干重点业务发展奠定基础。随着数字化转型的工作不断推进，企业对数字化技术人才的需求也越来越多。据《中国数字化领军企业调查报告》调研结果显示，在调查的所有企业中位列高位的数字化亟须人才有人工智能专家、供应链专家和中台专家等。数字化战略的实施需要大量对大数据、云计算、移动互联网、物联网、人工智能及区块链深入了解的人才，企业数字化相关人才缺乏，这就需要通过外部招聘、内部培养等多种渠道予以解决。

3. 加大培训力度

充分发挥专家、技术带头人重要作用，组织各生产单位开展各层次的专业技术培训，推动技术信息共享和专业技术能力提升，增强信息服务部门保障能力。提高企业全体员工信息素养，加强员工信息技能培训，弘扬信息文化，营造人人积极拥抱信息技术的企业发展氛围。鼓励公司各类管理、技术人员学习专业知识和管理知识，积极参与个人技术、项目管理等方面的资质认证考试，不断提升个人和企业竞争力。随着企业在决策层配备数字化负责人的占比升高，数字化人才不仅需要精通专业技术，还需要拥有业务管理和跨部门协调等多方面综合能力。因此，企业需要培养一个具有创新性和高水平的复合型数字化人才团队来统筹管理数字化进程，为数字化转型提供高水平人才保障。企业应加强对人才的引进和培养，努力塑造人才成长和锻炼的环境，从而为数字化转型的成功奠定坚实的基础。

4. 完善奖励措施

完善学习型组织建设相关物质奖励和精神激励综合措施，组织开展年度企业信息化先进集体及先进个人评选，推进企业信息化工作的持续健康发展。优秀的数字化人才往往是稀缺的，人才流动率较高，因此，企业需要完善数字化人才的激励机制，例如为数字化人才开辟专门的职业发展通道、采用年薪制而不是行业常用的产值提奖模式等，以达到留住人才的目的。

8.9 技术保障

充分利用现代化技术手段，如 BIM、物联网、大数据、人工智能、云计算、3D 打印、区块链、虚拟现实、智能装备和建筑机器人等，为天津津港建设有限公司的数智建造转型助力。为了让科技创新落到实处，可以从以下 3 个层次入手：

首先，构建一个科技创新平台，促进实用型创新性技术的发展，做到理论与实践相互促进、相互发展，形成以科学技术委员会为向导，以专业技术委员会和生产部门为主体，工程研究中心为核心，技术质量部组织统一协调的一体化科技创新体系。

其次，要加强科技人员之间的相互交流，推动科学技术的创新与发展。鼓励员工分享经验、传播技术，充分发挥人才集聚效应。同时，加大对省部级获奖的宣传，建立开放型、激励型的技术共享平台，从政策层面上鼓励各部门积极申报省部级科研奖项，积极争取国家和地方企业政策的经费。

最后，尽快推动理论转化为实践，加大对理论转化为实践成果的奖励，以技术创新为企业发展导向。在公司内部，设立专项资金，为技术标兵、创新能手颁发奖金、奖状。围绕省部级的科研项目加以攻关，以点带面进行突破创新，同时也要加强对科技成果的转化。

9 结论与展望

9.1 主要结论

本书综合使用理论研究和实证分析研究相结合、宏观认识和微观分析相结合、定性分析和定量分析相结合的方式进行系统研究，采用了文献分析法、引文空间方法、内容分析法、案例调查及访谈法、SWOT分析模型、层次分析法、比较借鉴法及实证分析多种研究方法，系统分析了企业数智建造的整体解决方案，并提出了具体转型路径，具体内容如下：

（1）本书通过文献分析与引文空间等方法，深入挖掘计算机领域、建筑行业、港口企业3大领域内的数智建造技术，详细分析了人工智能、物联网、云计算、区块链、BIM5大技术的研究热点及发展方向。在此基础上，界定了数智建造的研究概念，它是将新一代信息技术与工程建造融合形成的工程建造创新模式，是数字建造＋智能建造的综合过程，即在实现数字化的基础上，进一步提高智能水平。厘清了建筑业新兴技术的现有应用水平及未来的探索发展路径，从顶层规划入手，从全局的角度去搭建数字技术发展的综合应用平台，与此同时，加大人才培养力度，致力于技术型人才全面培养，为后续提出企业数智化转型整体解决方案提供了技术手段的指引。

（2）本书基于内容分析法和政策分析工具对数智建造政策文本进行导向解读，构建基于政策工具-参与主体-价值导向的三维分析政策文本框架，并用此框架来分析国家层面与建筑业发展密切相关的政策文本。一方面，发现政府多从政策鼓励、技术支持等方面去推进企业数智化转型，但在相关资金支持等方面的措施不足，这些都给企业的数智化转型带来了困难；另一方面，在政策文本技术应用、业务优化、组织治理、人才培养、绿色建造5个方面为企业的发展提供了方向指引，如大力发展装配式建筑、推进智能建造机器人的运用、探索“BIM＋”发展路径、推进标准化建设进程、构建集成管控平台、促进业务集成、全面推广绿色建造等措施。此部分研究有助于客观分析企业数智建造整体解决方案的科学性和合理性。

（3）本书通过实地调研和案例对比分析的方法，调研了港口领域的宁波舟山港、大连港、日照港、欧洲鹿特丹港4个数智化水平处于行业领先地位的港口企业。从系统全面的顶层规划、互联互通的信息化建设、集成技术的智慧港口、绿色可持续的港口建设4个方面提供了经验和借鉴；同时调研了工程咨询行业的龙头企业中国国际工程咨询公司、上海建科工程咨询有限公司、重庆赛迪工程咨询有限公司、美国AECOM设计集团，从BIM技术的建设发展、信息管理平台建设、智慧工地建设、全生命周期管理4个方面提出了天津津港建设有限公司数智转型升级策略，此部分研究为后续天津港数智建造转型的发展提供经验借鉴。

(4) 本书利用SWOT分析法对企业数智建造的战略环境进行有效识别。通过SWOT-AHP结合的定量分析方法构建层析分析模型，得出天津津港建设有限公司数智建造劣势大于优势、机遇大于威胁，并为其提出企业数智建造转型的6大发展对策：完善顶层设计、健全安全治理体系、发展数智建造技术、开拓数字化新业务、发挥品牌特色、重视人才培养。此部分研究将定量分析和定性分析相结合，为企业选择最优战略方案，也为其他建设企业发展提供了案例借鉴。

(5) 本研究在上述研究内容积淀的基础上，结合天津港组织结构、管理流程及管理人员的知识水平和能力，提出了天津津港数智建造战略定位、发展目标和主要任务，以“三大支撑、四个平台、五条路径、七项内容”为框架，制定了技术创新、组织治理、业务优化、人才强企4大维度的具体转型举措，形成天津津港建设有限公司数智化业务转型未来5～10年发展规划。此部分研究为建筑领域施工企业及咨询企业探索具体的数智转型路径提供了方向。

9.2 研究不足与展望

本书通过对数智建造研究现状、国内政策导向及数智建造典型案例的分析，结合天津津港建设有限公司实际情况，提出天津津港数智建造发展战略和实施保障，但是对于企业数智建造整体解决方案的应用研究还有很多问题值得探索，未来可以在以下几个方面展开研究：

(1) 为保证政策文本研究的权威性，本书仅筛选了发文单位为国务院及省部级层面的政策文件，尚未包含副省级及以下层面的政策，因此在分析的过程中可能会存在一定的局限性；此外，研究只针对政策文本的内容进行测算和计量，并未对政策的实际实施效果进行测算和评价。因此，在进一步的研究中，也将对这些不足进行适当的改进，结合副省级和地市级层面颁布的系列政策，进行更为全面的分析，与此同时，利用数据挖掘等方法对政策的实际效果进行评估，得出更为可靠的结论。

(2) 由于篇幅有限，对于企业未来15年的发展规划仅提出总体目标，未来的发展未做过多详述。后续随着传统信息系统的智能化升级，四大平台的集成融合将不再是幻想，企业“智慧大脑”将拉开企业智慧运营的帷幕，如灵活的“人脑”一般，成为企业的“智商”核心，更好地为公司、为社会、为国家做出贡献。

参考文献

[1] 中华人民共和国住房和城乡建设部.建筑信息模型应用统一标准:GB/T 51212—2016[S].北京:中国建筑工业出版社,2017.

[2] 唐峻峰,汪洁.BIM技术在成都环球贸易广场超高层建筑施工中的应用[J].施工技术,2017,46(11):151-153.

[3] 周继登,高路,周雅文,等.上海浦东规划馆基于BIM的智慧建造工程实践[C]//2020第九届“龙图杯”全国BIM大赛获奖工程应用文集.北京,2020:171-174.

[4] 柴国威,詹坤豫.港口设计中BIM技术应用探讨[J].港工技术,2020,57(5):83-87.

[5] 唐鑫,泉金,陈正鹏.BIM技术在港口设计中的应用研究[J].工程质量,2021,39(6):30-33.

[6] 于丽娜,吴迈,耿会宣.BIM技术在基坑施工中的应用研究[J].图学学报,2017,38(4):582-588.

[7] 马智亮,毛娜.基于建筑信息模型自动生成施工质量检查点的算法[J].同济大学学报(自然科学版),2016,44(5):725-729.

[8] 马智亮,蔡诗瑶,杨启亮,等.基于BIM和移动定位的施工质量管理系统[J].土木建筑工程信息技术,2017,9(5):29-33.

[9] 马辉,张红滨,王艳娜.基于BIM的装配式建筑并行施工作业空间冲突识别[J].中国安全生产科学技术,2020,16(2):97-103.

[10] 王婷,池文婷.BIM技术在4D施工进度模拟的应用探讨[J].图学学报,2015,36(2):306-311.

[11] 张裕超,曾绍武,杜文忠,等.基于BENTLEY的桥梁快速智能建造BIM系统解决方案研究[J].公路工程,2019,44(4):140-148.

[12] 薛建英,谭萍,孟繁敏.BIM与挣值法在施工进度及成本控制中的应用研究[J].建筑经济,2019,40(6):115-119.

[13] 赵洪岩,李秋凤,王浩.BIM在施工成本管理中的应用[J].建筑经济,2020,41(1):91-94.

[14] 彭文.基于BIM港口智慧监控平台的研究[J].福建交通科技,2021(1):114-116.

[15] 陶飞,刘蔚然,张萌,等.数字孪生五维模型及十大领域应用[J].计算机集成制造系统,2019,25(1):1-18.

[16] 陶飞,戚庆林,王力翚,等.数字孪生与信息物理系统:比较与联系[J].Engineering,2019,5(4):132-149.

[17] 刘占省,史国梁,孙佳佳.数字孪生技术及其在智能建造中的应用[J].工业建筑,2021,51(3):184-192.

[18] 沈苏彬,杨震.物联网体系结构及其标准化[J].南京邮电大学学报(自然科学版),2015,35(1):1-18.

[19] 买亚锋,张琪玮,沙建奇.基于BIM+物联网的智能建造综合管理系统研究[J].建筑经济,2020,41(6):61-64.

[20] KANAN R,ELHASSAN O,BENSALEM R.An IoT-based autonomous system for workers' safety in construction sites with real-time alarming,monitoring,and positioning strategies[J].Automation in construction,2018,88:73-86.

[21] 蒋小锐,刘建友,高宇宇.京张高铁八达岭长城站智能建造技术[J].铁道标准设计,2020,64(1):28-33.

[22] 张伟,廖阳新,蒋灵,等.基于物联网的塔式起重机安全监控系统[J].中国安全科学学报,2021,31(2):55-62.

[23] 何光辉,李晓伟,李鑫奎,等.基于有限元与物联网的塔式起重机安全监测系统[J].中国安全科学学报,2020,30(11):88-94.

[24] 吴朝来.基于物联网技术的盾构油液在线监测系统研究[J].隧道建设(中英文),2019,39(6):940-945.

[25] 刘占省,刘诗楠,王文思,等.基于低功耗广域物联网的装配式建筑施工过程信息化解决方案[J].施工技术,2018,47(16):117-122.

[26] 樊冬冬,连腾欢,颜斌,等.高支模架体变形监测施工技术[J].施工技术,2017,46(增刊1):418-420.

[27] 陈旺,张社荣,潘飞.基于物联网的边坡工程稳定性评价方法及系统开发[J].水力发电,2015,41(12):36-39.

[28] 柳盛霖，许斌锋，于洪波，等.顶管施工对既有管线服役状态影响的物联网监测与分析[J].中外公路，2019，39(6)：287-291.

[29] JIN R, ZHANG H, LIU D H, et al. IoT-based detecting, locating and alarming of unauthorized intrusion on construction sites[J]. Automation in construction, 2020, 118: 103278.

[30] YANG X C, YU Y T, SHIROWZHAN S, et al. Automated PPE-Tool pair check system for construction safety using smart IoT [J]. Journal of building engineering, 2020, 32: 101721.

[31] LIU Y X, ZHONG D H, CUI B, et al. Study on real-time construction quality monitoring of storehouse surfaces for RCC dams[J]. Automation in construction, 2015, 49: 100-112.

[32] 韩君.大体积混凝土施工质量管控[J].建筑施工，2021，43(9)：1807-1809.

[33] WANG D, REN B Y, CUI B, et al. Real-time monitoring for vibration quality of fresh concrete using convolutional neural networks and IoT technology[J]. Automation in construction, 2021, 123: 103510.

[34] 王新刚，杨润来，陈智军.大体积混凝土智能温控系统的研发及应用[J].水运工程，2020(1)：118-121.

[35] ZHAO Y H, CAO C F, LIU Z S, et al. Intelligent control method of hoisting prefabricated components based on internet-of-things [J]. Sensors, 2021, 21(3): 980.

[36] SALEM A, MOSELHI O. AI-based cloud computing application for smart earthmoving operations[J]. Canadian journal of civil engineering, 2021, 48(3): 312-327.

[37] 熊学玉.基于物联网的预应力智能化张拉成套技术开发应用[J].施工技术，2015，44(21)：55-59.

[38] 王飞，刘金飞，尹习双，等.高拱坝智能进度仿真理论与关键技术[J].清华大学学报(自然科学版)，2021，61(7)：756-767.

[39] 隋祥.工业化建筑信息化建造新技术应用[J].科技风，2018(31)：104.

[40] CHENG M Y, CAO M T, JAYA MENDROFA A Y. Dynamic feature selection for accurately predicting construction productivity using symbiotic organisms search-optimized least square support vector machine[J]. Journal of building engineering, 2021, 35: 101973.

[41] CHENG M Y, WIBOWO D K, PRAYOGO D, et al. Predicting productivity loss caused by change orders using the evolutionary fuzzy support vector machine inference model[J]. Journal of civil engineering and management, 2015, 21(7): 881-892.

[42] 张涛，刘晓华，常晓敏，等.大语言模型驱动的建筑环境营造与能源高效利用探索[J/OL].建筑节能(中英文), 1-10[2025-05-09]. http://kns.cnki.net/kcms/detail/21.1612.tu.20241212.1001.002.html.

[43] WU R J, FUJITA Y, SOGA K. Integrating domain knowledge with deep learning models: an interpretable AI system for automatic work progress identification of NATM tunnels[J]. Tunnelling and underground space technology, 2020, 105: 103558.

[44] LIU Z S, SHI G L, ZHANG A S, et al. Intelligent tensioning method for prestressed cables based on digital twins and artificial intelligence[J]. Sensors, 2020, 20(24): 7006.

[45] CHENG M Y, HOANG N D. Groutability prediction of microfine cement based soil improvement using evolutionary ls-svm inference model[J]. Journal of civil engineering and management, 2014, 20(6): 839-848.

[46] 丁杨，周双喜，董晶亮，等.人工智能方法在土木工程监测中的运用[J].材料导报, 2019, 33(增刊 1): 274-277.

[47] 张庆龙，马睿，胡昱，等.大体积混凝土结构温度应力智能控制理论[J].水力发电学报, 2021, 40(5): 11-21.

[48] 樊启祥，段亚辉，王业震，等.混凝土保湿养护智能闭环控制研究[J].清华大学学报(自然科学版), 2021, 61(7): 671-680.

[49] 倪彤元，周若虚，杨杨，等.基于智能手机 APP 的图像法检测混凝土表面裂缝研究[J].计量学报, 2021, 42(2): 163-170.

[50] 崔兵，张金月，刘相池.基于计算机视觉技术的施工机械操作员疲劳作业检测方法[J].土木建筑工程信息技术, 2021, 13(3): 65-74.

[51] 谢逸，张竞文，李韬，等.基于视频监控的地铁施工不安全行为检测预警[J].华中科技大学学报(自然科学版), 2019, 47(10): 46-51.

[52] 李明山，韩清鹏，张天宇，等.改进 SSD 的安全帽检测方法[J].计算机工程与应用, 2021, 57(8): 192-197.

[53] 徐守坤，倪楚涵，吉晨晨，等.基于 YOLOv3 的施工场景安全帽佩戴的图像

描述[J].计算机科学,2020,47(8):233-240.

[54] 李文龙,李慧民,裴兴旺,等.基于结构熵权-可信性测度理论的装配式建筑吊装施工安全风险评估[J].武汉大学学报(工学版),2020,53(5):410-417.

[55] 杨奇,周红波,唐强达.考虑系统特征的概率风险分析方法在塔吊施工安全风险评估中的应用[J].安全与环境学报,2020,20(5):1637-1644.

[56] 金爱梅.BP 神经网络在装配式建筑工程造价估算中的应用[J].智能城市,2024,10(11):105-107.

[57] 祁兵,李忠富.利用排队论确定挖土机数量及其在 BIM 中的应用[J].工程管理学报,2015,29(5):109-113.

[58] 林佳瑞,张建平,钟耀锋.基于 4D-BIM 的施工进度-资源均衡模型自动构建与应用[J].土木建筑工程信息技术,2014,6(6):44-49.

[59] JI Y S,LEITE F.Automated tower crane planning:leveraging 4-dimensional BIM and rule-based checking[J].Automation in construction,2018,93:78-90.

[60] 孙钧,温海洋.人工智能科学在软土地下工程施工变形预测与控制中的应用实践:理论基础、方法实施、精细化智能管理(示例)[J].隧道建设(中英文),2020,40(1):1-8.

[61] 张宇,阳军生,祝志恒,等.基于图像点云的多维度隧道初期支护大变形监测研究和应用[J].隧道建设(中英文),2021,41(5):795-802.

[62] 王志坚.高速铁路山岭隧道智能化建造技术研究:以郑万高速铁路湖北段为例[J].铁道学报,2020,42(2):86-95.

[63] 谢辉,刘煜光,闫龙.面向智能碾压机的位姿感知算法[J].天津大学学报(自然科学与工程技术版),2021,54(6):551-560.

[64] ZHANG P,CHEN R P,DAI T,et al.An AIoT-based system for real-time monitoring of tunnel construction[J].Tunnelling and underground space technology incorporating trenchless technology research, 2021, 109:103766.

[65] BELLO S A,OYEDELE L O,AKINADE O O,et al.Cloud computing in construction industry:use cases,benefits and challenges[J].Automation in construction,2021,122:103441.

[66] 丁烈云.数字建造导论[M].北京:中国建筑工业出版社,2019.

[67] 乔晓刚.基于 BIM 的工程造价大数据下的施工项目成本控制[J].山西建筑,2017,43(8):218-219.

[68] 李德智,陈铮一,钟健雄.多元参与视角下我国建筑 3D 打印研究应用综述[J].土木工程与管理学报,2019,36(6):1-7.

[69] 程敵华,钱厚亮,胡鹏,等."互联网+"未来居所定制系统[J].自动化博览,2018,35(增刊 1):15-17.

[70] 周乐.区块链技术在工程管理中的应用[J].中国招标,2018(24):14-16.

[71] 梅松,蒋丹,楼皓光,等.区块链技术在建筑工程领域的应用研究[J].建筑经济,2019,40(11):5-8.

[72] 王萍,元黎明.基于 VR 技术的建筑工程体验式安全培训的 SWOT 分析[J].建筑安全,2018,33(6):23-26.

[73] 霍礼鑫,李罗婷,沈丽玲,等.VR 技术在建筑行业的应用前景分析[J].时代金融,2020(18):83-84.

[74] 刘勇.VR、AR 在建筑工程信息化领域的应用[J].土木建筑工程信息技术,2018,10(4):100-107.

[75] 韩靓.智能制造时代下机器人在建筑行业的应用[J].建筑经济,2018,39(3):23-27.

[76] LUNDEEN K M, KAMAT V R, MENASSA C C, et al. Scene understanding for adaptive manipulation in robotized construction work[J].Automation in construction,2017,82:16-30.

[77] 孟庆禹,陈越,杨柳溪,等.建筑工程施工机器人现状分析、应用实例及发展探究[J].产业科技创新,2024,6(5):44-49.

[78] 车平,李军平,邹勇,等.港珠澳大桥组合梁钢主梁机器人自动焊试验及应用[J].焊接,2017(10):59-63.

[79] 陈伟乐,宋神友,金文良,等.深中通道钢壳混凝土沉管隧道智能建造体系策划与实践[J].隧道建设(中英文),2020,40(4):465-474.

[80] 周冲,郑义,黄铁群,等.预制 PC 构件生产线工业机器人系统设计[J].施工技术,2020,49(5):80-84.

[81] 龙森,裘秋波,柴志军.无人化智能设备上路,公路养护新拐点:浙江营运高速路面无人智能化集群施工技术全球首试[J].中国公路,2021(4):71-73.

[82] 王志坚.高速铁路隧道机械化修建技术创新与智能化建造展望:以郑万高速铁路湖北段为例[J].隧道建设(中英文),2018,38(3):339-351.

[83] 李俊红,徐明星.CRTS 双块式无砟轨道智能化建造设备研究[J].智能城市,2020,6(8):170-171.

[84] 张赛，黄声享，张文.基于 Android 的移动端自动放样系统设计与实现[J].测绘通报，2019(增刊 2)：181-184.

[85] 曹启光，韩立柱.RTS 放样机器人在钢结构工程测量中的应用[J].施工技术，2017，46(18)：30-31.

[86] 张亮.BIM 与机器人全站仪在场地地下管线施工中的综合应用[J].施工技术，2016，45(6)：27-31.

[87] 童鹏程，张同波.BIM 技术结合测量机器人放样功能在高层建筑领域的应用[J].测绘通报，2018(11)：161-163.

[88] 郭俊可，王杜娟.基于视觉导航定位的盾构机器人换刀技术研究[J].隧道建设(中英文)，2021，41(2)：300-307.

[89] 陶璐璐，李帅.碧桂园博智林："机器人建房" 梦想照进现实[N].中国建材报，2021-04-14.

[90] 王艳超.基于 BIM 技术在幕墙施工图设计中的质量管理研究[J].智能建筑与智慧城市，2021(12)：9-12.

[91] 纪凡荣，徐友全，曾大林，等.BIM 技术在某项目管线综合中的应用[J].施工技术，2013，42(3)：107-109.

[92] 张建平，刘强，张弥，等.建设方主导的上海国际金融中心项目 BIM 应用研究[J].施工技术，2015，44(6)：29-34.

[93] 孙澄宇，柯勋.建筑设计中 BIM 模型的自动规范检查方法研究[J].建筑科学，2016，32(4)：140-145.

[94] 陶桂林，马文玉，唐克强，等.BIM 正向设计存在的问题和思考[J].图学学报，2020，41(4)：614-623.

[95] 钟炜，张凯乐，杨岗营，等.BIM 视阈下工程项目管理业务流程再造研究[J].图学学报，2017，38(6)：896-903.

[96] 王晓觅.BIM 技术在全过程工程咨询项目管理中的应用综述[J].建设监理，2021(3)：18-19.

[97] 李巍，王华林，张赡.全过程工程咨询和深圳新代建模式：设计牵头 EPC 的渐进式发展之路[J].建筑设计管理，2018，35(7)：18-25.

[98] 习明星.代建＋监理一体化是实现全过程工程咨询的有效途径[J].建设监理，2020(12)：8-10.

[99] 毛志兵.推进智慧工地建设助力建筑业的持续健康发展[J].工程管理学报，2017，31(5)：80-84.

[100] 候小虎,高晋凯,冯雷,等.智能招投标资格预审技术的研究与应用[J].电力大数据,2021,24(4):86-92.

[101] 王佩光,杨小蕾,郭素芹,等.基于人工智能的智能评标系统[J].信息技术,2019,43(9):11-15.

[102] 赵旭升,赵前.人工智能在合同审查中的应用[J].中国石油企业,2020(12):65-67.

[103] 李玲,魏国华,杨旸,等.基于自然语言处理的合同智能审查应用设计[J].中国信息化,2020(2):54-56.

[104] 甘晨.基于IFC和本体的建筑施工图合规性审查研究[D].武汉:华中科技大学,2018.

[105] XU X, CAI H B. Semantic approach to compliance checking of underground utilities[J].Automation in construction,2020,109:103006.

[106] 沈益锋,陈乐燕,上官宗珊,等.基于BIM的民用建筑工程施工图二三维联审系统研究[J].施工技术(中英文),2024,53(11):136-141.

[107] 董波.BIM技术在建筑设备运维管理中的应用研究[J].建设科技,2021(14):76-78.

[108] 胡康.基于BIM的智慧园区运维管理信息系统研究[D].合肥:合肥工业大学,2017.

[109] 叶文锋.智慧设备运维系统的研究与设计[J].物流技术与应用,2021,26(2):120-122.

[110] 罗以东,储召翔,郭敏,等.基于大数据的智能设备资产管理解决方案在汽车厂的应用[J].中国设备工程,2020(增刊2):223-226.

[111] 段昌森.基于BIM的机场设施设备运维管理技术研究与应用[J].网络安全和信息化,2021(12):70-73.

[112] 解晓明.BIM技术在建筑设备运维管理中的应用研究[J].建筑经济,2020,41(12):74-78.

[113] 朱贺斌.基于BIM及大数据技术的列控中心智能运维系统研究[D].北京:中国铁道科学研究院,2021.

[114] 金菊.基于BIM的建筑消防设备运维管理及轻量化平台实现[D].镇江:江苏科技大学,2021.

[115] 高可欣.PN公司生产设备运维监测系统设计与实现[D].大连:大连理工大学,2021.

[116] 刘展鹏.BIM 集成技术在公共建筑应对疫情防控中应用研究[D].长春:长春工程学院,2021.

[117] 丁烈云.智能建造创新型工程科技人才培养的思考[J].高等工程教育研究,2019(5):1-4.

[118] 黄恒琪,于娟,廖晓,等.知识图谱研究综述[J].计算机系统应用,2019,28(6):1-12.

[119] 李杰,陈超美.CiteSpace:科技文本挖掘及可视化[M].2 版.北京:首都经济贸易大学出版社,2017.

[120] 陈悦,陈超美,刘则渊,等.CiteSpace 知识图谱的方法论功能[J].科学学研究,2015,33(2):242-253.

[121] 施树荫,任汉诗,鞠海涛.全球首套高压变频数字化船用岸电系统在连云港港启用[J].中国港口,2010(11):12.

[122] 陈钢.高压变频数字化船用岸电系统[J].港口装卸,2010(6):1-3.

[123] 徐凯,李建丽.物联网技术对港口生产力的影响[J].港口科技,2011(5):1-4.

[124] 郑静,陆路.宁波智慧港口发展现状及对策研究[J].物流工程与管理,2012,34(11):40-41.

[125] 倪鹏.如何高效打造智慧港口?[J].珠江水运,2016(增刊 2):73-74.

[126] 杨桦.关于港口信息化发展方向的分析[J].通讯世界,2013,20(13):51-52.

[127] 盛金凤.计算机技术在物流行业的应用[J].计算机光盘软件与应用,2013,16(1):165-166.

[128] 韩燕萍.基于港口企业的档案信息化建设研究[J].中国港口,2013(6):51-56.

[129] 刘亚飞,潘洪军,王广伟,等.基于 IDL 的岛屿岸线及港口码头的人工智能提取[J].测绘与空间地理信息,2014,37(2):96-98.

[130] 焦超.港口现有模拟化视频监控系统的数字化改造[J].港口科技,2014(4):7-10.

[131] 李军生.日照港的全面信息化建设[J].企业管理,2015(6):110-112.

[132] 王永祥.基于物联网技术构建智能港口的可靠性研究[J].智能建筑与城市信息,2015(6):63-65.

[133] 严新平,柳晨光.智能航运系统的发展现状与趋势[J].智能系统学报,2016,11(6):807-817.

[134] 王瑞玺，毕金强，寇黎瑛，等.面向港口企业的港口设施数字化管理平台架构设计研究[J].中国水运(下半月)，2016，16(4)：85-86.

[135] 刘伟.大连港港口设施数字化管理平台建设与应用研究[J].水道港口，2016，37(2)：208-212.

[136] 寇黎瑛，杜磊，王志国，等.连云港港口设施数字化综合管理平台建设的顶层设计[J].港口科技，2017(8)：1-5.

[137] 马巍巍.对我国智慧港口建设的认识与思考[J].水运管理，2018，40(1)：4-6.

[138] 周超，拂晓.全球首款“无人驾驶电动港口牵引车”(L4)在天津港试运营[J].商用汽车，2018(4)：22-24.

[139] 范柘.视频分析在智慧港口的应用[J].港口科技，2018(6)：19-20.

[140] 黄良丰，张冉.基于人工智能的集装箱码头智能理货系统[J].港口科技，2018(6)：13-18.

[141] 胡志强，杜海玲.高新技术助力大连航运业改革[J].商业经济，2018(11)：74-75.

[142] 阎雪梅，范海燕，卢志峰，等.基于大数据与人工智能的航运生产分析决策系统[J].港口科技，2019(2)：14-19.

[143] 沈汝超，姜军.港口无人区人形入侵智能识别报警系统[J].港口科技，2019(5)：1-3.

[144] 黄桁.5G 通信技术在集装箱码头的应用[J].港口科技，2019(6)：8-11.

[145] 李克武.未来港口数字化转型之路[J].中国水运，2019(11)：9.

[146] 柳遵梁，吴晓芬.港口集团“数字化转型”的一些思考[J].中国港口，2019(8)：33-36.

[147] 蔡中堂.智慧赋能推动港口转型升级：日照港智能化建设成果及发展目标[J].水运管理，2019，41(9)：1-2.

[148] 饶恒.招商局集团：数字化转型 平台化发展[J].中国产经，2020(16)：49-52.

[149] 张杰.天津港 5G＋智慧化探讨[J].中国新通信，2021，23(11)：13-14.

[150] 叶艳霞.天津港数字化能力平台建设路径[J].信息技术与标准化，2021(6)：64-68.

[151] 梅叶.基于生态系统理论的智能港口集装箱运输工匠型人才培育模式[J].广东交通职业技术学院学报，2021，20(1)：81-85.

[152] 林华,张学俊.人工智能背景下港口机械与自动控制专业人才培养的思考[J].江苏科技信息,2021,38(11):62-64.

[153] 冯明,张怡阁.内容分析法在企业管理研究中的应用评述[J].科学决策,2012(2):83-94.

[154] 马文峰.试析内容分析法在社科情报学中的应用[J].情报科学,2000,18(4):346-349.

[155] 汪涛,谢宁宁.基于内容分析法的科技创新政策协同研究[J].技术经济,2013,32(9):22-28.

[156] 马续补,吕肖娟,秦春秀,等.政策工具视角下我国公共信息资源开放政策量化分析[J].情报理论与实践,2019,42(5):46-50.

[157] 黄红华.政策工具理论的兴起及其在中国的发展[J].社会科学,2010(4):13-19.

[158] 陈振明.政策科学:公共政策分析导论[M].2 版.北京:中国人民大学出版社,2003.

[159] HOWLETT M,RAMESH M.Studying public policy:policy cycles and policy subsystems[J]. American political science association, 2009,91(2):548-580.

[160] ROTHWELL R, ZEGVELD W. An assessment of government innovation policies [M]//Government innovation policy. London: Palgrave Macmillan UK,1988:19-35.

[161] 李健,高杨,李祥飞.政策工具视域下中国低碳政策分析框架研究[J].科技进步与对策,2013,30(21):112-117.